# A sabedoria *das Noviças*

Ana Garriga *e* Carmen Urbita

# A sabedoria *das Noviças*

## Conselhos do *século XVI* para problemas do *século XXI*

*Tradução*
Débora Landsberg

1ª edição

BestSeller
Rio de Janeiro | 2025

**TÍTULO ORIGINAL**
*Convent Wisdom: How Sixteenth-Century Nuns Could Save Your Twenty-First-Century Life*

**TRADUÇÃO**
Débora Landsberg

**DIAGRAMAÇÃO**
Abreu's System

**CIP-BRASIL. CATALOGAÇÃO NA PUBLICAÇÃO**
**SINDICATO NACIONAL DOS EDITORES DE LIVROS, RJ**

G225s

Garriga, Ana
A sabedoria das noviças : conselhos do século XVI para problemas do século XXI / Ana Garriga, Carmen Urbita ; tradução Débora Landsberg. – 1. ed. – Rio de Janeiro : BestSeller, 2025.

Tradução de: Convent wisdom : how sixteenth-century nuns could save your twenty-first-century life
ISBN 978-65-5712-539-7

1. Freiras - História. 2. Mulheres - Igreja Católica - História. 3. Vida religiosa feminina. I. Urbita, Carmen. II. Landsberg, Débora. III. Título.

25-100766.0 CDD: 271.9
CDU: 2-788-055.2(09)

Gabriela Faray Ferreira Lopes – Bibliotecária – CRB-7/6643



Direitos exclusivos de publicação em língua portuguesa para o Brasil adquiridos pela
Editora Best Seller Ltda.
Rua Argentina, 171, parte, São Cristóvão
Rio de Janeiro, RJ – 20921-380
que se reserva a propriedade literária desta tradução.

Impresso no Brasil

ISBN 978-65-5712-539-7

Seja um leitor preferencial Record.
Cadastre-se e receba informações sobre nossos lançamentos e nossas promoções.

Atendimento e venda direta ao leitor:
sac@record.com.br

*Para Laura Bass, nossa madre superiora.*
*Por sempre ser mentora, refúgio e amiga.*
*Porque jamais teríamos prosperado sem seus cuidados e sua confiança.*

# *Sumário*

# Introdução: Ninguém sabia mais do que as freiras

Você acorda no seu apartamento com aluguel superfaturado sentindo uma leve ressaca, com a vista embaçada, e se arrepende de novo de ter aceitado sair com um cara na noite anterior em vez de ter ficado em casa com as amigas. Você tinha prometido a si mesma que ia começar o dia fazendo alongamento em jejum, em seguida tomaria água morna com limão e gengibre, mas se pega vegetando na cama, rolando o *feed* das redes mais alienadas da internet sem pensar em nada. O algoritmo, totalmente a par da sua desilusão com um mundo em colapso, mostra um tema inusitado: freiras.

O meme de um grupo de freiras alegres acompanhado das palavras "mais um ficante premium e eu entro para o convento" provocam um sorriso de identificação. Outra freira, essa com uma vestimenta mais ousada, e legenda no vídeo: "Eu, depois de levar ghosting de mais de oito horas e receber só um 'e aí'." Você suspira em concordância. Agora vê uma freira segurando o rosário: "Eu, se ouvir mais uma vez 'quando você menos esperar, vai acontecer'." No seu quarto vazio, você dá outro suspiro. Quase uma hora depois, ainda na cama, ainda presa à tela, você se dá conta de que seu *feed* foi tomado por uma obsessão por freiras que não se resume mais aos comentários animados e irônicos de uma geração fascinada por fantasias com conventos: a rolagem infinita a levou ao mundo viciante do conteúdo criado em uma clausura de verdade. Freiras coreografando covers de Karol G e Nicki Minaj. Freiras resgatando axolotes no México. Freiras ensinando a fazer sushi. Freiras com peles inacreditáveis de tão radiantes. Freiras dividindo o conhecimento de irmãs de séculos passados — freiras transparecendo uma imagem de calma que nos parece mais desejável do que nunca. Você rola o *feed* até encontrar novamente o meme da freira em êxtase, levitando com a legenda "Quando você e suas amigas cogitam virar freiras", lê os comentários intermináveis deixados abaixo da imagem — "Não me deem ideias", "Já me candidatei HAHA", "Menina, estou considerando seriamente", "A um passo de fazer isso" — e fica tentada a comentar também: "A essa altura já nem é mais piada."

As freiras estão em todos os lugares — de Chappell Roan e sua banda vestindo hábitos de freira no palco de um mega festival de música a Bad Bunny num esquete do *Saturday Night Live* com o título "Reunião do convento". Por trás de cada meme nos incentivando a ir para o convento e de todas as piadas que fazemos sobre a vida religiosa, no entanto, existe um fascínio em relação às freiras que transcende a sátira. Não é apenas um olhar nostálgico para um passado utópico ou um encanto pela estética sóbria das religiosas. A bem da verdade, o ressurgimento da cultura monástica parece revolucionário e prazeroso porque seria uma afronta ao isolamento e à alienação da vida no século XXI. Você não pensou seriamente em fazer um voto de castidade, mas quantas vezes não se imaginou fugindo do caos do mundo e se refugiando na tranquilidade e no aconchego de uma comunidade solidária e sustentável com suas amigas? Os aluguéis altíssimos, os caras das *big techs* mexendo os pauzinhos da geopolítica internacional, a carga horária de trabalho inconcebível, a complexa hierarquia das multinacionais, o buraco negro dos aplicativos de relacionamentos... Enquanto você continua rumo ao post seguinte, a simplicidade da vida monástica lhe parece bizarramente tentadora.

Um aviso: não somos duas freiras. Nós, Ana e Carmen, nunca fizemos votos religiosos. No entanto, sentimos uma espécie de chamado quando (ainda sem nos conhecermos) ambas decidimos, aos 9 anos e contra a vontade dos nossos pais agnósticos, ser batizadas na igreja católica. Talvez tenha sido o fascínio inquestionável da iconografia católica que permeava as paredes cheias de virgens das nossas avós, o magnetismo que a ética religiosa exercia sobre duas meninas obcecadas pela ideia de serem virtuosas ou o simples despertar dos primeiros sinais de lesbianismo latente entrando em cena diante das imagens hipnotizantes da armadura blindada bem caminhoneira de Joana d'Arc. Mas o que nos levou a fazer essa inesperada confissão pública de fé não foi forte o bastante para nos levar ao convento. No entanto, o monastério não desapareceu por completo do nosso imaginário e acabamos nos comprometendo com outro tipo de clausura. A certa altura, aos vinte e poucos anos, ambas decidimos (ainda sem ter tido qualquer contato uma com a outra) entrar para o mundo acadêmico. O voto de pobreza que fizemos quando resolvemos fazer o doutorado basicamente equivale ao das austeras carmelitas descalças. A submissão acadêmica a professores e orientadores não era menos inflexível do que a negação das próprias vontades intrínseca ao voto de obediência das freiras. Para matar a sua curiosidade: não fizemos o voto de castidade, mas você ficaria impressionado com a facilidade com que seis anos de pós-graduação em Providence, Rhode Island, nos Estados Unidos, podem levar alguém praticamente ao celibato.

Não escolhemos consagrar nossas vidas às deidades obscuras do Ensino Superior após sermos seduzidas por piadinhas na internet sobre as alegrias da vida acadêmica (esse é um tipo de meme que nunca vai existir). E sabe-se lá se não estaríamos escrevendo estas palavras entre uma oração e outra atrás de janelas com treliças caso o frenesi das freiras tivesse dominado nossos celulares dez anos antes. Mas o que de fato nos levou ao retiro de autoflagelação do mundo acadêmico foram nossos primeiros encontros (também sem nos conhecermos) com as freiras dos séculos XVI e XVII. Embora a princípio elas nos parecessem muito distantes, pouco depois já estávamos impressionadas com a palpabilidade de suas vozes. Não foi só o fato de que, ao ler suas autobiografias, correspondências e tratados espirituais, sentíamos uma facilidade inesperada de nos colocarmos no lugar de mulheres que viveram quatro séculos antes. Foi, acima de tudo, a constatação assombrosa de que a sabedoria das noviças tem uma resposta satisfatória para todos os males contemporâneos. Em pouco tempo, percebemos que um grupo de carmelitas descalças da Espanha do século XVI poderia analisar as complexidades dos relacionamentos atuais com um requinte que nenhum episódio de *Sex and the City* teria, que o jejum das clarissas capuchinhas na Itália do século XVII pode ser mais útil do que qualquer guru de autoaceitação e que mesmo os melhores conselhos de Oprah Winfrey sobre como lidar com um chefe jamais fariam jus às lições de uma freira jeronimita mexicana. Quando enfim nos conhecemos, na Brown University, achamos que nossos estudos se restringiriam apenas à área acadêmica. Mas, acima de tudo, aprendemos a sobreviver no nosso tempo em Providence. Nossas leituras nos ensinaram que, do século XII ao XVII, as freiras construíram juntas um clube trans-histórico de leitoras e orientadoras — do qual de repente nos sentíamos parte. Às vezes, entediadas na Biblioteca Rockefeller, nos imaginávamos sobrepondo todas aquelas correspondências, autobiografias, tratados espirituais e manuais do governo só para tentar medir a altura da pilha. Era uma brincadeira ridícula, dada a nossa falta de noção de espaço, porém, era meio reconfortante saber que todas aquelas páginas estavam ali, como almofadas macias, prontas para amortecer a queda se a vida nos lançasse alguma questão imprevisível, fosse ela mundana ou existencial. Um e-mail agressivo? Infidelidade? Um corpo que simplesmente se recusa a cooperar? Um divórcio? As freiras sempre tinham a resposta.

Fossem as clarissas capuchinhas, as carmelitas descalças, as jeronimitas ou as dominicanas, as freiras haviam acumulado uma sabedoria coletiva que parecia ter sido feita sob medida para nós. Assim como aquelas pessoas que dão um jeitinho de entrar em aplicativos de relacionamentos exclusivos (e, convenhamos, cafonas) como o The League, falsificando diplomas universitários, tínhamos herdado um guia de autoajuda elaborado séculos atrás sem precisar fazer votos de pobreza, obediência e castidade. Mas isso não nos fazia sentir como bisbilhoteiras intrusas: éramos verdadeiras devotas. Com o tempo, aprendemos a nos ver como as herdeiras legítimas dessa longa linhagem de comportamento exemplar. E, como costuma acontecer, uma freira já exprimiu isso com mais clareza. Maltratada e silenciada pela hierarquia masculina de sua ordem, a carmelita descalça María de San José, que nós adoramos, estava decidida a transformar seus escritos em um legado duradouro — algo que parecesse um leve tapinha nas costas, um sussurro carinhoso no nosso ouvido: “Escrevo isso, conforme já declarei, para lhes contar das virtudes de nossas Irmãs, a fim de que a memória e o exemplo delas perdure para as freiras vindouras."[1] Talvez não sejamos as "freiras vindouras" imaginadas por María, mas sentimos que suas palavras eram para nós: "Meu desejo, minhas irmãs, é de que todas as pessoas conheçam esta vida angelical."[2]

A vida, você deve estar pensando, não é nem de longe angelical, e qualquer uma de nossas freiras concordaria. Percebemos que é por isso que todas nós precisamos deste guia que está longe de ser santo para lidar com os dilemas cotidianos. Pois este livro é sobre claustros, velas acesas, penitências e preces sussurradas, mas também é sobre amizade, dinheiro, FOMO [Medo de ficar de fora, em tradução livre], amor, lesbianismo, procrastinação, síndrome do impostor, trabalho, fama e cultura pop. É uma obra sobre nós duas e os anos a que sobrevivemos rodeadas por freiras, mas acima de tudo, é um livro sobre você — porque temos certeza de que qualquer situação que esteja enfrentando, uma freira do século XVI ou XVII já enfrentou. "Confesso", escreveu María de San José, "que tudo o que sei aprendi com estas freiras."[3] Esperamos — e somos duas criaturas cheias de expectativas — que, ao final de *A sabedoria das noviças*, você já tenha feito das palavras dela as suas.

# *Amigas*

*Se você me amar tanto quanto eu a amo, perdoo tudo o que já fez e o que fará.*

Santa Teresa a María de San José

## Como um crush de amizade pode mudar sua vida para sempre

A freira está em sua cela. Sabe que deveria estar rezando pelas irmãs, pensando no sofrimento de Cristo crucificado ou escrevendo uma carta arrependida ao seu padre confessor, mas só consegue pensar em Teresa. Ninguém se esquece do evento repentino que é um crush de amizade — nem mesmo uma freira do século XVI lidando com a retaliação pesada da hierarquia eclesiástica. Aquele não era o primeiro Domingo de Páscoa que María de San José passava trancafiada na prisão do convento português que ela mesma fundou seis anos antes. A ideia de mais uma Semana Santa afastada das irmãs sem qualquer comunicação com o mundo exterior é horrível, mas por sorte ela ainda tem um pedacinho de papel e um pouco de tinta quase seca. Precisa levantar o astral: "Ele [Deus] exulta,/ e, portanto, encontro satisfação,/ ainda que oculta/ nesta lamentável prisão."[1] É um soneto para lá de pobre, María sabe disso, mas por enquanto é o suficiente para distraí-la e evitar que a amargura diante da detenção injusta (imposta por certos frades de sua própria ordem religiosa) a consuma. Na mesa está a carta que escreveu dois dias antes, cheia de raiva: *Carta redigida por uma freira descalça pobre e encarcerada para consolar a si e a suas irmãs e filhas que estão aflitas por vê-la nesta situação.* Ela se orgulha do título — é dramático, orgulhoso e promissor. Embora ainda não possa compartilhá-lo com as irmãs, espera que um dia o texto seja divulgado e sirva de lição para as futuras gerações de freiras carmelitas.

Ao reler a carta, todas as palavras a levam de volta ao começo de tudo. Durante seus dois anos de isolamento, María passou muitas noites em claro revivendo a memória da primeira vez que viu Teresa no meio de um arrebatamento místico. Para uma garota nascida em 1548, a coreografia encantada de um corpo extasiado não devia ser menos hipnotizante do que os passos bem-ensaiados de Dua Lipa nos tempos atuais. Os gestos lânguidos, os lábios entreabertos, as mãos se contraindo ao ritmo do arrebatamento espiritual: um repertório de expressões primorosas que todo aspirante a místico sabia replicar e que María analisava com a atenção devota de uma fã recém-convertida. O que ela não sabia era que um dia se tornaria melhor amiga da grande estrela do misticismo. No primeiro encontro das duas, Teresa ainda não tinha sido santificada, e María de San José tinha outro nome.

Em 1562, María era apenas María de Salazar, uma estudante mimada de 14 anos que passou a adolescência no palácio opulento de uma parente rica e distante chamada Luisa de la Cerda. Com uma vaidade acima da média, alguns de seus hobbies preferidos eram a manutenção do farfalhar de seus vestidos engomados e da brancura impecável de seus rendados. Naquela noite, no entanto, ela não se importou de deixar de lado a pompa e arrastar a saia pelo chão, machucando os joelhos só para olhar pelo buraco da fechadura do quarto de Teresa. Assim como alguém dando a vida para chegar à grade de um festival superlotado, María se esforçou para conseguir uma boa posição em meio à multidão de cortesãos curiosos, todos ajoelhados, batalhando por um vislumbre fugaz, resplandecente, da moradora mais popular e fascinante do palácio: Teresa de Jesus.

A mulher era uma freira carmelita de 47 anos. Depois de duas décadas no anonimato, o carisma místico, a teimosia e as ideias revolucionárias começaram a diferenciá-la das diversas religiosas espalhadas pela região de Castela do século XVI. Teresa é aquela amiga para a qual olhamos desconcertadas quando ela decide abandonar tudo para se dedicar a um projeto de moradia compartilhada — mas no fim, acaba sendo bem-sucedida na empreitada. Teresa tomou a decisão de fundar uma nova ordem religiosa, as carmelitas descalças, inimigas do exibicionismo religioso e da ostentação de riqueza. Durante quarenta anos, preces mentais, austeridade e intimidade (ao contrário das duzentas freiras que viviam no convento onde Teresa estivera em clausura durante seus 20 anos, as casas das carmelitas descalças nunca teriam mais do que 13 freiras) seriam os pilares do sonho ambicioso da mulher. Logo começavam a circular boatos de que ela não era apenas uma freira, mas uma santa em formação.

Muitos séculos se passariam até Teresa se tornar um ícone global, com estátuas suas enfeitando igrejas do mundo inteiro. Mas, como sua reputação já a precedia, a nobre Luisa — na esperança de aliviar o tédio arraigado de sua viuvez recente — se encantou com a ideia de abrigar a celebridade espiritual no palácio por alguns meses. Enquanto Teresa dividia consolações sussurradas com a mulher, um bando de adolescentes deslumbradas a seguiam para cima e para baixo. Pelas cortinas e tapeçarias, espiavam as conversas emocionantes da freira, os exercícios espirituais e o espetáculo horripilante e violento das autoflagelações de uma pessoa que, em termos de corpo físico, era uma senhora que beirava os 50 anos. Era impossível não olhar. Todos estavam em polvorosa, mas María intuía que, apesar de cativarem qualquer observador, essas demonstrações incomuns eram direcionadas a ela mais do que a qualquer outra pessoa. María nunca foi a amiga menos tóxica de Teresa, mas acabaria sendo a mais leal.

Dos confins da prisão do convento onde estava agora, e com aquela saudade da época livre e aventureira da juventude que nos assombra a partir do momento em que chegamos aos 30 anos, María não conseguia parar de pensar naquelas espiadinhas da adolescência que mudaram para sempre o rumo de sua vida. Anos antes, em seu *Livro das recreações*, escrito em 1585, ela já tinha tentado colocar em palavras o arrebatamento repentino de um crush de amizade: "Eu tinha 13 ou 14 anos, ela estava na casa, naquela ocasião, havia cerca de seis meses. Pois bem, Irmã, eu gostaria que outra língua que não a minha contasse a transformação gerada em todas nós por sua conversação sagrada e sua prática de oração e penitência."[2] Antes que fosse tarde demais, María quis deixar um testemunho da primeira vez que viu Teresa, um relato que transmitisse a personalidade fascinante e implacável que aqueles ao redor identificaram na futura santa. Apesar de fingir humildade com um vago "todas nós", María queria mesmo era parecer uma exceção ao revelar o turbilhão único de emoções que, durante mais de vinte anos, tinha sido a espinha dorsal de sua relação com a mulher mais estimada da Espanha do século XVI. Mesmo que tivesse sido capaz de prever os tormentos com os quais precisaria lidar por conta de sua lealdade a Teresa — entre eles, difamação, o martírio de fundar novos conventos e sua reclusão naquele momento —, María não teria mudado nadinha. E nós também não.

✝

Nosso primeiro encontro também aconteceu entre tecidos ornamentados e tetos decorados. Sem os corredores e as câmaras do palácio renascentista, nos conformamos com o saguão de um hotel da década de 1920 que no passado foi chique, mas há tempos entrou em decadência. Para chegar ao Biltmore Hotel, em Providence, é preciso atravessar uma praça deserta, amaldiçoada por uma má decisão do governo nos anos 1980: a de que o local deveria se tornar um terminal de ônibus a céu aberto. Agora, os alunos mais corajosos da Brown e da Rhode Island School of Design (RISD), as duas universidades mais ricas do estado, esperam os ônibus evitando ao máximo tocar em qualquer coisa enquanto pensam em como discutir com perspicácia a crise dos opioides quando já estiverem sãos e salvos do outro lado da cidade. Em uma noite de março de 2016, tomadas pela adrenalina da novidade, ambas cruzamos a praça com passos leves, uma decidida a impressionar a outra. Todo começo de amizade é, em certa medida, um cortejo.

Em *Instruções a noviças*, seu manual para freiras iniciantes, María de San José dá orientações bem precisas sobre o protocolo que duas mulheres religiosas devem seguir assim que se conhecem: "Entre iguais, farão uma ligeira reverência e abrirão caminho uma para a outra."[3] Por sorte, tínhamos um cardápio de drinques para nos ajudar a espantar a ameaça inicial da rigidez carmelita. O lustre, o carpete empoeirado e as flores de plástico do saguão do Biltmore nos emprestavam certo incômodo que o dry martíni superfaturado não era capaz de dissipar. Circulavam boatos de que Emma Watson tinha morado em uma das suítes do Biltmore quando estudava na Brown. E, por alguma razão inexplicável, imaginar a atriz da nossa infância pegando o elevador que tentava evocar (sem sucesso) o antigo esplendor da cidade nos dava uma sensação muito bem-vinda de aconchego. Aquele era nosso primeiro encontro oficial; na verdade, diferente de María, sem um jeito de nos espiarmos pela fresta da porta, ambas tínhamos sucumbido, semanas antes, ao ritual constrangedor de rolar obsessivamente o *feed* do Instagram uma da outra. No lugar de cenas místicas ou penitências, encontramos uma ilusão de intimidade que nos mantinha cativadas enquanto tentávamos decifrar em nossos gestos o segredo para nossas próprias decisões de vida incompreensíveis. Aos 26 anos, já tínhamos passado tempo demais no mundo acadêmico, dedicadas a dissecar as minúcias da Contrarreforma Católica, as políticas da santidade e o fervor sensorial dos tratados demonológicos da Renascença. Esse valioso acúmulo de conhecimento talvez acabasse servindo para sairmos vencedoras em algum *game show* na TV ou até parecer mais atraentes em dates do Tinder com alguém com fetiche por acadêmicas, mas se mostrou bastante incompatível com a alegria dos vinte e poucos anos. Sem nenhuma intenção de conduzir nossas vidas a rumos mais rentáveis, naquela noite no bar do Biltmore, brindamos à nossa decisão incomum de nos enclausurarmos por cinco anos (que acabariam virando sete) no silêncio solitário de um programa de doutorado a seis mil quilômetros de casa:

— Carmen, vamos fazer um brinde.
— Ao doutorado?
— A Santa Teresa.
— Tem razão, sempre a Santa Teresa.

E então trocamos alguns cartões religiosos que sempre levávamos na carteira.

A verdade é que tínhamos passado mais tempo imaginando a aridez da vida de uma freira do século XVI em clausura do que refletindo sobre nossa jornada desoladora no mundo acadêmico. A claustrofobia da cela apertada; a barriga roncando de desespero após semanas de jejum rigoroso; as melhores horas do dia consumidas em orações e penitências; os olhos vermelhos de cansaço quase se fechando, impotentes, diante do bordado inacabado de uma toalha de altar — acreditávamos saber tudo sobre os rigores do cotidiano no convento. Mas optamos por ignorar o martírio diário que enfrentaríamos nos anos seguintes: angustiantes catorze horas por dia sentadas na cadeira, os olhos sempre fixos em uma tela cruel e impiedosa, a atenção volta e meia perdida num arranhão no papel de parede úmido; a sensação de culpa porque desobedecemos à ordem sacrossanta de exibir por aí um corpo tonificado, cheio de vitaminas, como se estivéssemos no auge da existência; o coração eternamente dividido entre a vontade irresistível de termos uma identidade única nas redes sociais e o isolamento imposto pela vida acadêmica. Naquela primeira noite, não tínhamos ideia de que, um ano depois, passaríamos a enxergar em nossas trajetórias peculiares um espelho de nossas ídolas do século XVI.

Durante a nossa primeira conversa, falamos sobre muitas freiras. Depois que as duas deixaram de lado a inquietação provocada pelo fato de estar diante de uma sósia de pesquisas sobre conventos, a timidez se dissipou e começamos a trocar nomes de personalidades religiosas com o mesmo fervor irreprimível típico dos colecionadores de selos de sessenta e poucos anos e o mesmo ardor pessoal e incompreensível de adolescentes trocando cartas de Magic no recreio da escola. No saguão cada vez mais vazio, conversamos sobre Santa Teresa e María de San José. Declaramos nossa admiração pela mexicana Sor Juana Inés de la Cruz e pensamos nos trechos mais suculentos da autobiografia de Jeanne des Anges (seus sonhos eróticos com o confessor da cidade, a insubordinação de seus 666 demônios), a freira ursulina possuída. Na época, não falamos sobre as mulheres enclausuradas nos conventos venezianos do final do século XVI, pois figuras como a beneditina Arcangela Tarabotti seriam parte do imenso catálogo de descobertas que faríamos juntas num futuro próximo.

✝

Mais tarde, descobrimos que, dos 135 mil habitantes de Veneza em 1581, o número de freiras enclausuradas era de 2.508. Na época, a cidade era um centro comercial movimentado, que prosperava com a indústria têxtil e a produção de artigos de luxo muito procurados, inclusive o famoso vidro murano. Veneza também estava se tornando um grande centro de recrutamento da ordem monástica. Com o valor dos dotes subindo vertiginosamente e as famílias endinheiradas temendo a fragmentação de sua riqueza cada vez menor, muita gente não via vantagem em continuar realizando matrimônios. O resultado é que milhares de adolescentes, com e sem vocação, acabaram recolhidas nos claustros. Assim como lojistas, famílias e noivas que participam do programa de TV *O vestido ideal* conspiram para transformar a procura pelo traje perfeito em um prelúdio choroso ao acordo conjugal, a Veneza barroca, com algumas poucas decisões astutas de *branding* foi capaz de seduzir uma geração inteira de mulheres com um tipo de celebração contratual bem diferente das que eram historicamente submetidas. Para evitar o aborrecimento dos conflitos domésticos e acalmar a rebeldia adolescente, a classe alta da cidade criou um pacote tentador cujo objetivo era convencer suas filhas de que entrar para o noviciado era o único caminho para ter um casamento dos sonhos: uma cerimônia luxuosíssima para vestirem o hábito. A imagem dos grupos de noviças desfilando em vestidos de seda branca até a porta dos conventos, prontas para se tornarem esposas de Cristo, aos poucos despertou na liturgia católica um fascínio dramático que nem o Met Gala seria capaz de superar. Esses rituais ficaram famosos por seus banquetes fartos, presentes requintados e enxovais repletos de roupas íntimas de cetim, véus bordados e talvez uma ou outra joia de ouro. Diante de uma realidade que oferecia poucas alternativas generosas, muitas mulheres aprenderam a aguardar ansiosamente o dia da entrada no convento. Era um ótimo casamento, e sem o inconveniente da existência de um marido. Se nós também estávamos ansiosas pela nossa cerimônia de iniciação? Jamais admitiríamos algo do tipo, mas estávamos no mínimo curiosas com a Convocatória de Abertura da Brown e a procissão de novos alunos atravessando os lendários portões Van Wickle, que só se abriam três vezes por ano, com uma solenidade inflexível. Portanto, deixando de lado a indiferença típica dos pós-graduandos, cedemos e cruzamos os portais simbólicos. Embora o rito em si parecesse bem menos glamouroso do que a profissão de votos de uma freira veneziana, assim como elas, estávamos dizendo sim a uma vida de conflitos aplacados apenas pelo afeto e pela devoção de novas amizades.

Nem todas as adolescentes de Veneza foram convencidas pelas promessas de um dia cheio de festejos e trajes de alta-costura. Por toda a cidade, jovens trocavam versos eloquentes que transmitiam a desilusão de uma geração de forma similar às letras de um trap: "Mãe, por favor, não me obrigue a vestir o hábito,/ Não quero falar sobre o assunto./ Não costure uma túnica que não desejo usar./ O dia inteiro nas vésperas e o dia inteiro na missa/ Com a madre superiora gritando, não vou me sentir viva."[4] Estava claro que, sob todo o frenesi nupcial, havia a consciência de que assim que o hábito era vestido, a miragem romântica desaparecia, substituída pela disciplina severa do noviciado. Se conhecêssemos esses versinhos ao bebericar os dry martínis mais caros da década, talvez não tivéssemos sido tão receptivas aos charmes metidos à besta de uma universidade privada. Antes dessa primeira viagem a Providence, ambas já tínhamos devorado *A trama do casamento*, romance de Jeffrey Eugenides no qual o autor instaura sobre o departamento de pós-graduação da Brown da década de 1980 uma atmosfera que nos fez ver a matrícula na universidade como um acordo conjugal muito instigante. E, embora jamais tenhamos recebido algo parecido com um enxoval veneziano, descobrimos bem cedo que tínhamos um espírito facilmente seduzido por qualquer oferta de luxo, por mais trivial que fosse. Confessamos que, nas duas noites que passamos no Biltmore com tudo pago pela universidade, nos rendemos a uma cama de dossel e às travessas de queijo manchego e geleia de marmelo trazidas pelo serviço de quarto. Se essa era a estratégia da Brown para conquistar possíveis futuros pós-graduandos, o truque sem dúvida funcionou com a gente. Se já tivéssemos nos deparado com *L'Inferno monacale*, o manuscrito autobiográfico em que a freira beneditina veneziana Arcangela Tarabotti condenava as tiranias da reclusão monástica, talvez pensássemos duas vezes antes de assumir um compromisso com o inferno acadêmico: anos de apartamentos minúsculos impregnados por milênios de sujeira, hábitos de sono ascéticos, crises de fé intelectual, o estrago causado pelo halogênio da biblioteca na nossa pele antes macia, o FOMO e a ruína estética (olheiras de dar dó, uma palidez doentia, fios brancos precoces) que hoje exibimos com a dignidade de sobreviventes. Mesmo assim, não nos arrependemos de nada.

†

María de San José nunca se arrependeu do caminho que escolheu depois da primeira noite em que vislumbrou Teresa. E não foi por falta de motivo — ela passou um ano inteiro isolada numa cela minúscula, sem nem mesmo o refúgio escapista de ficar rolando o *feed* das redes. Com o olhar perdido nos azulejos azuis do Convento de Santo Alberto, em Lisboa, María provavelmente nem conseguia mais distinguir os sinos que tocavam para as laudes, para a Eucaristia, para as vésperas e para todas as missas das quais não podia mais participar, enquanto se perguntava onde estaria se não tivesse dito sim ao hábito carmelita aos 22 anos. Depois de arranjar um casamento decente para María, Luisa de la Cerda poderia muito bem ter bancado seu dote. Nessa realidade alternativa, seu futuro teria sido uma gravidez atrás da outra e tardes intermináveis e entediantes recebendo visitas de parentes distantes na sala de estar pomposa de uma casa mais ou menos imponente. Mas e as amigas que tinha agora? Na cela, estava isolada, mas não sozinha. Sabia que tinha um grupo de carmelitas lá fora, incentivando-a a escrever. Era motivada, como a própria María diria, pelo dever "que o amor e a ternura que sinto por elas me leva a cumprir, de zelar pelo conforto e bem-estar das irmãs como se fossem minhas filhas do coração".[5] O caminho da vida na clausura tinha mesmo a arrastado para um cativeiro diabólico, isso não se pode negar. Mas, assim como Arcangela Tarabotti descreveu seu inferno monástico em *L'Inferno monacale* [O inferno monástico, em tradução livre] e seu oposto luminoso em *Paradiso monacale* [Paraíso monástico, em tradução livre], María nunca se esqueceu do fato de que a amizade com Teresa também lhe trouxera décadas de uma montanha-russa de emoções. Em meio aos ritmos compartilhados, às estratégias coletivas e às ambições espirituais do convento, María encontrou o amor e a ternura que todo mundo procura.

De modo geral, as pessoas chegam aos 30 anos meio desnorteadas pelo caos que ocorre entre 20 e 30 anos e aliviadas por terem evitado grandes desastres. Com graus variados de perdão pelos próprios atos, todos nós acabamos tendo que aceitar que, dentro do cenário absurdo e opressivo com que somos obrigados a viver, a única alternativa que nos resta é nos reconciliar com a arbitrariedade do caminho que nos pôs num ótimo lugar no presente. Para as freiras do século XVI, talvez as opções fossem mais limitadas, mas isso não diminuía a confusão vertiginosa na hora de tomar decisões importantes. Algumas faziam os votos por obrigação, outras por vocação, muitas para evitar o casamento e várias por gostar da ideia de usar aqueles hábitos beneditinos descritos por um viajante do século XVII que passeava por Veneza como "um traje mais adequado para ninfas do que para freiras que dedicam a vida à penitência e às orações".[6] Algumas buscavam a fama por meio da santidade, e muitas, talvez a maioria, apenas faziam seus votos porque as tias, amigas e primas já tinham feito o mesmo. Todos os caminhos são imprevisíveis, mas quem é movida pelo desejo de estar com as amigas enfrenta as incertezas com outro tipo de tranquilidade. María de San José poderia ter seguido o caminho dominicano ou beneditino, mas, a partir do momento em que sentiu uma paixão profunda por Teresa, o único caminho possível para ela era o carmelita.

Naquela primavera de 2016, poderíamos ter escolhido Harvard, Yale ou Columbia, mas no fim das contas decidimos, quase ao mesmo tempo, ficar em Providence. Podemos botar a culpa no Biltmore, em Jeffrey Eugenides ou até em Emma Watson, mas a responsabilidade é atribuída principalmente àquela noite em que tivemos o pressentimento de que ali nascia uma amizade que ditaria os anos seguintes de nossas vidas. Independentemente do século, nunca deixe a proposta de um salário alto ou o brilho de uma carreira prestigiosa ofuscarem a possibilidade de uma vida em comunidade quando for tomar decisões importantes. As freiras nos uniram para sempre no jantar que tivemos na cidade. Pouco depois, elas deixaram de ser um objeto de pesquisa e se tornaram uma espécie de kit de sobrevivência precioso, transmitindo lições terapêuticas sobre como suportar o isolamento navegando pelas águas bravias da amizade. Como sempre dizemos: "Tudo o que está acontecendo com você agora deve ter acontecido com alguma freira séculos atrás." E isso inclui a euforia, a insônia, a turbulência, o zelo, o rigor e a devoção da amizade.

## Como sobreviver aos chiliques da sua amiga sem expulsá-la da sua vida

Toda amizade tem sua triangulação. Todo mundo já passou por aquele momento em que sua mão treme segurando o telefone e os lábios ardem de vontade de despejar todas as reclamações sobre a lealdade ferida no vértice simpático de uma terceira pessoa neutra e compreensiva. Porque só é possível falar mal de uma amiga para outra amiga em comum, assim como só é possível falar mal da sua mãe para um irmão. Para Lindsay Lohan e Paris Hilton, Britney Spears foi o vértice que completou essa icônica Santíssima Trindade. Entre Santa Teresa e María de San José, a ponta do triângulo sempre foi Jerónimo Gracián.

Jerónimo era o provincial da ordem carmelita e o principal aliado de Teresa em todas as suas iniciativas monásticas. A devoção mútua era tão profunda que, quando o túmulo da freira foi aberto, nove meses após sua morte, revelando seu corpo completamente conservado — quem precisa de Botox quando se tem santidade? —, o frade, seu melhor amigo, arregaçou as mangas sem hesitar e cortou a mão esquerda do cadáver para levá-la aos carmelitas de Lisboa. Mas os discípulos em Portugal não receberam a mão inteira: Jerónimo ficou com o mindinho. Quase dez anos depois, ainda carregando o dedo de um lado para o outro, embarcou numa viagem de Nápoles para Roma que sofreu uma interceptação dramática de piratas da Barbária. A sola do pé de Jerónimo foi marcada com ferro em brasa e ele ficou dois anos em cativeiro sob ameaças de ser queimado vivo, mas nada lhe causou mais dor do que o momento em que o mindinho de Santa Teresa em sua posse foi confiscado. Quando enfim foi libertado, em 1595, a ideia de sair da Turquia sem o dedo de Teresa nem passou pela sua cabeça. Mais tarde, escreveu uma anedota na margem da primeira biografia impressa da santa: "Eu o recuperei [o mindinho] por cerca de vinte *reales* e algumas moedas de ouro que tinha conseguido com os pequenos rubis que enfeitavam o dedo."[7] Jerónimo sabia que, apesar do absurdo e da natureza macabra, a relíquia de uma amiga querida e as lembranças que continha valiam o risco de uma negociação que poderia lhe custar a vida.

O frade tinha várias razões para se apegar ao amuleto anatômico de Teresa. A viagem desastrosa fazia parte de uma peregrinação ao Vaticano com o objetivo de convencer o papa Clemente VIII de que Jerónimo sofria uma perseguição implacável e injusta por parte da própria ordem. Em fevereiro de 1592, depois de um processo judicial humilhante e bastante público, ele foi expulso da ordem carmelita. Por trás da campanha um tanto hostil havia uma mistura complexa de mágoas pessoais e opiniões completamente contrárias sobre até que ponto a governança dos conventos e a orientação espiritual das freiras deveria ser externa ou autônoma. Além disso, preocupavam-se havia tempo com relação à amizade entre o frade e María de San José. Já em 1578, quando María era a jovem prioresa do convento de Sevilha, duas de suas freiras, Beatriz de la Madre de Dios e Isabel de San Jerónimo, começaram a ter visões e profecias (um dia normal na Espanha do século XVI). Durante as investigações sobre o caso, o próprio Jerónimo acabou envolvido no escândalo, acusado pelos inimigos de ser um Sean "Diddy" Combs carmelita, que dançava despido na frente das freiras e passava noites nada devotas com María de San José. As alegações não deram em nada e foram consideradas meros boatos de revista de fofoca. Em 1585, porém, o burburinho ressurgiu. A liderança da ordem desconfiou do tempo que Jerónimo passava com María no convento em Lisboa. Corriam rumores de que o frade deixava as freiras lavarem suas camisas e prepararem seus pratos preferidos, porque — como sempre acontece — homens feministas invariavelmente têm um plano secreto em benefício próprio. Pouco depois de seu sequestro durante a viagem a Roma, Jerónimo recebeu o documento papal com seu cancelamento ministerial. María, que já tinha um número considerável de inimigos por defender o legado de Teresa, também causou um baita alvoroço com suas cartas em defesa do amigo Jerónimo. Em 25 de setembro de 1587, escreveu uma carta — no mínimo atrevida para os padrões das freiras do século XVI — ao vigário da província Antonio de Jesús, ameaçando tanto o destinatário quanto todos os frades em posição de destaque dispostos a arruinar sua reputação: "Tomamos conhecimento de que dizem que a província inteira está escandalizada com a intimidade e as conversas que o frei Jerónimo Gracián teve conosco durante o período em que aqui esteve como vigário-geral. Por essa razão, nossa consciência nos instiga, em nome da honra do padre, bem como da nossa, a buscar um meio para que a verdade seja reconhecida e o escândalo desapareça."[8] María acabou presa e isolada em uma cela em Lisboa.

Teresa sabia que Jerónimo amava María tanto quanto a amava. Por isso, quando sua discípula mais próxima testou sua paciência e ela se viu segurando a pena com força até as articulações dos dedos doerem, só conseguia se imaginar desabafando com ele. Em 4 de outubro de 1579, Teresa escreveu para Jerónimo o tipo de mensagem que faz qualquer um torcer para que suas conversas jamais sejam hackeadas e suas traições reveladas:

> É com imensa tristeza que sou importunada pela insensatez dessa prioresa [María de San José]. Ela perdeu boa parte da estima que eu tinha por ela. Temo que o demônio tenha começado a trabalhar nessa casa, o que considero detestável, e que a prioresa seja mais esperta do que seu cargo exige. Portanto, temo que nos engane, como já disse a ela uma vez, pois nunca foi sincera comigo. Tem muito da natureza andaluza. Eu lhe digo que já aguentei muito. Como ela me escreveu muitas vezes, demonstrando grande arrependimento, imaginei que tivesse mudado, pois parecia consciente de suas falhas. Escrevi cartas terríveis para ela, mas foi tão eficaz quanto martelar ferro frio.[9]

A carta é raiva pura. Teresa tinha recebido a notícia de que María, movida pelo desejo de adquirir imóveis, estava pensando em transferir o convento de Sevilha para outro edifício. Ela tentou manter a calma, mas já estava perdendo a paciência com as impertinências de uma amiga que a fazia pensar que, às vezes, voto de pobreza algum seria capaz de libertar alguém das regalias de uma infância mimada. Apenas quatro anos haviam se passado desde a conquista do prédio onde viviam as freiras carmelitas de Sevilha. Na calada da noite, Teresa, María e outras duas freiras haviam ocupado o edifício vazio que um grupo de frades franciscanos estava relutante em vender. Teresa acreditava que nenhuma delas jamais se esqueceria do "medo terrível" que enfrentaram naquelas primeiras noites em que "todas as sombras pareciam ser frades"[10] nem do pesadelo do mês seguinte, quando foram obrigadas a morar juntas num porão apertado enquanto trabalhadores consertavam a estrutura principal do edifício. O que mais a surpreendia era a rapidez com que María parecia ter deixado para trás o entusiasmo compartilhado pela finalização da obra no terreno, com sua fonte de água perfumada com flores de laranjeira e a vista panorâmica da qual sentia tanta saudade. Teresa não sabia para onde María pretendia se mudar, mas sabia, e disse a Jerónimo, que em qualquer casa nova "não terá as vistas que nos alegram, que são um deleite para as freiras e o melhor aspecto do lugar. São alvo de muita inveja".[11] Sua raiva é a frustração que todos sentiríamos ao ver uma amiga abandonar um apartamento com aluguel baratinho no melhor bairro de uma cidade assolada pela especulação imobiliária. A explosão, porém, esconde algo mais profundo: a dor de perceber que María está descartando, sem nem um pingo de culpa ou nostalgia, um projeto emocional compartilhado.

†

Hoje em dia, Teresa seria aquela amiga que insistiria que todo mundo ativasse o compartilhamento de localização no celular por segurança, a que saberia de cor os horários de trabalho e as datas das férias e das consultas ginecológicas de todas do grupo. Às vezes, ela conseguia disfarçar sua necessidade de vigilância com palavras gentis. Em outros momentos, era incapaz de manter as aparências e acabava mostrando sua natureza controladora: "Eu lhe digo", confessou a Jerónimo, já mais do que acostumado com o jeito autoritário da amiga, "que fico muito chateada por não ter a liberdade de fazer eu mesma o que mando as outras fazerem."[12] Sejamos justas: María não facilitou a vida de Teresa, pois seu jeito por vezes dissimulado e misterioso se mostrava um fardo constante para a relação das duas. Quando as freiras Isabel e Beatriz, em 1578, colocaram o convento de Sevilha inteiro numa situação muito desconfortável com suas evocações visionárias, Teresa deu apenas três conselhos para María: Isabel devia comer carne por alguns dias, Beatriz devia diminuir a intensidade de seus jejuns e María devia fazer o possível para acalmar as coisas com o confessor das freiras a fim de evitar tensões que pudessem aumentar ainda mais as desconfianças da Inquisição. María leu as cartas de Teresa, respondeu com carinho e obediência e, então, virou o plano de cabeça para baixo, dispensando o confessor de maneira grosseira. Teresa nunca entendeu por que ela fez isso pelas suas costas. Por que procurar outro edifício às escondidas? Por que não contar sobre a dispensa tumultuada? Além disso, por que esconder o fato de que estava tentando obter o dinheiro com o frei Nicolás de Jesús María? (Talvez tivesse sido mais cautelosa se soubesse que, dali a alguns anos, o mesmo frade calculista e manipulador acabaria sabotando a reforma carmelita.) "O que me desagradou", Teresa a repreende em uma carta, "é que vocês dois, no fim das contas, agiram contra a minha vontade."[13] No fundo, Teresa sabia o porquê. É porque María é uma menina mimada e maliciosa, uma "raposa ardilosa",[14] como diz à própria, quase quebrando a pena contra o papel com a mesma raiva que deve ter levado Paris Hilton a dar uma risadinha maldosa quando ouviu seu amigo Brandon Davis dizer que Lindsay Lohan tinha "pelos pubianos cor de fogo".[15] As cordas vocais de Teresa se contraem num espasmo enquanto ela segura a vontade de gritar. María era uma criatura esperta e escorregadia, em quem jamais deveriam ter confiado.

O afastamento repentino das duas carmelitas foi tão melodramático como a briga entre Lindsay e Paris, mas, ao contrário das freiras, as turbulências e reviravoltas na amizade das celebridades extrapolaram a privacidade das correspondências. A cobertura das revistas sensacionalistas sem dúvida alimentou os conflitos, mas, depois de décadas sem uma representação da amizade feminina, vinte anos de exposição midiática demonstraram publicamente as complexidades sutis que sempre fizeram parte da história de amizades entre mulheres. Depois de ler que a dupla voltou a se falar após o noivado de Lindsay, em 2021 — "Não estamos mais na escola", declarou Paris[16] —, qualquer garota do século XXI pode sonhar em reatar amizades desfeitas. Mas onde Teresa procuraria exemplos?

Ela volta e meia pensava no último abraço de duas amigas, a Santa Felicidade e a Santa Perpétua, mártires de Cartagena que morreram juntas num anfiteatro do século III depois de se recusarem a adorar deuses pagãos. (Se você vive na Antiguidade Clássica e sua amiga se recusa a adorar deuses pagãos, você se recusa junto.) Ela também vivia refletindo sobre Santa Justa e Santa Rufina, duas irmãs de Sevilha que, também no século III, escolheram suportar a tortura da roda e dos ganchos de ferro em vez de renunciar a Cristo e venerar a imagem de uma deusa babilônica. O fim da amizade deveria ser marcado pela coragem desafiadora e fanática de Thelma e da Louise da Contrarreforma, não arruinado por confusão e segredos. Verdade seja dita: Teresa queria replicar a relação orientadora que Santa Ana tinha com a filha, a Virgem Maria, em sua amizade com María. Queria muito ver na amiga a mesma discípula deslumbrada que tinha inspirado anos antes, no palácio de Luisa de la Cerda. Mas María já não era mais criança: sua prioridade eram os próprios planos. O modelo de Santa Ana não funcionava mais. Na verdade, só servia para intensificar inseguranças antigas.

Teresa nunca teve acesso à educação formal. Quando criança, precisou aprender na prática com as leituras e orações da mãe. Nunca teve o refinamento intelectual de dominar o latim e jamais conseguiu se livrar da inveja que sentia ao ver María exibir sua educação. Para a amiga, o palácio de Luisa de la Cerda tinha servido como um colégio interno de elite, pois nele aprendeu gramática castelhana e ficou excelente em francês e latim, mergulhou de cabeça nas formas metrificadas do soneto italiano e interpretou a Bíblia como bem quis. Um pouco como nós. Não raro, nos consolávamos pensando em como a excentricidade do nosso sacrifício acadêmico talvez tivesse sido muito útil para encantarmos María. Mas esse nem sempre foi o caso. Os fantasmas da síndrome do impostor nos assombraram em muitos dias naquele primeiro ano na Brown: a possibilidade de nos esquecermos o que responder durante a sessão de perguntas em alguma palestra bastava para nos arrepiar. Diante de tamanha insegurança, uma de nós decidiu abrir mão de um verão com amigos, cerveja e vitamina D para buscar a própria erudição palaciana num curso intensivo de latim com duração de três meses numa universidade prestigiada de Nova York, que prometia a oportunidade de adquirir um grau de habilidade que normalmente só se alcançaria com uma década de estudos. Ambas ficamos tentadas diante da promessa de validação intelectual que viria com o domínio de uma língua morta. Talvez juntas conseguíssemos sobreviver ao intensivão. Mas a ideia não se concretizaria:

— Carmen, você vai continuar me amando quando voltar em setembro falando latim como se fosse sua língua materna?

— Ana, eu não aguento mais. A disciplina militar tirânica que a pessoa precisa ter para aprender latim é absurda. Um passo em falso na declinação é uma humilhação pública insuportável. Se às quatro da manhã você não estiver suando, falando ao telefone com o professor, discutindo as várias versões de uma tradução de Catulo, é como se estivesse fazendo algo errado. Não quero passar o verão chorando por causa desses latinistas com tendência à sociopatia, mas não como largar o curso.

Felizmente, a amizade pode nos salvar de quase tudo, inclusive de uma situação como essa. Aos prantos, uma garantiu à outra que ninguém merecia arriscar a própria sanidade por algumas migalhas em forma de bolsa de estudos. Melhor não saber latim do que passar por um suplício desses. Além do mais, será que nossa amizade sobreviveria a um desequilíbrio em termos de conhecimento do latim? A de Teresa e María quase não sobreviveu.

De modo geral, Teresa via o intelecto de María com orgulho e carinho, referindo-se a ela como "minha pequena erudita"[17] em várias ocasiões. Mas, em certos momentos, Teresa teve vontade de dar na cara da amiga por ser uma sabe-tudo, como aconteceu em 1576, quando María escreveu uma carta para Ambrosio Mariano de San Benito (um padre da Ordem dos Carmelitas Descalços famoso pelos conhecimentos de engenharia e matemática) e tentou ostentar seu aprendizado salpicando suas frases com citações em latim. A bronca de Teresa foi direta: "Que Deus livre todas as minhas filhas de exibirem seu latim",[18] escreveu bem direta. "Prefiro que se orgulhem de sua simplicidade, uma grande virtude, e não de sua retórica." Essa explosão tem um cheiro de anti-intelectualismo que não representa o verdadeiro espírito de Teresa ("Prefiro ela [uma freira inteligente sem dote] a receber freiras burras", já tinha dito).[19] Mas também não queria que as mulheres de seu convento fossem presunçosas ou arrogantes, e muito menos que se gabassem de ter mais instrução do que ela. Acima de tudo, achava insuportável a ideia de que a prioresa entendesse códigos que fugiam à sua compreensão. Como a futura santa sabia que a amiga tinha enchido a carta de frases em latim? Isso porque María, por algum motivo que só a própria saberia explicar, tinha decidido enviar a carta sem selar o envelope.

✝

E tem também uma verdade dolorosa: é impossível deixar a questão espinhosa do dinheiro de fora de uma amizade. Nem mesmo a riqueza infinita de Beverly Hills impediu Lindsay e Paris de tropeçarem nesse assunto delicado em 2006, quando um bando de paparazzi flagrou Paris dando risada, os dentes brilhando, do suposto problema financeiro de Lindsay (o "problema" era que, tragicamente, os bens da atriz não passavam de 7 milhões de dólares). Não devemos pensar que o ambiente homogeneizante e comunitário de um convento tornaria inexistentes as preocupações financeiras na relação entre as carmelitas. Com María de San José, como Teresa estava cansada de saber, isso era impossível.

Num dia quente de 1576, o convento de Malagón, na Espanha, recebeu de María um pacote inesperado contendo uma marmelada amassada, alguns peixinhos e um pouco de atum. Teresa abriu um sorriso, contente com o gesto, mas logo fechou a cara quando começou a calcular os custos da entrega carinhosa e relativamente modesta. Foi então que o presente de María deixou de ser uma gentileza. Enquanto as noviças a cercavam fazendo alvoroço, examinando os itens, sujando a bochecha na marmelada na pressa para comer, a fundadora do convento se dava conta de que seria inútil repreender a mulher. Tampouco criara muitas expectativas quanto à carta que tinha escrito com raiva apenas dois dias antes. Sem muita vontade, ela agradecera pelo envio inesperado de água de flor de laranjeira para as freiras e de um véu para o frade carmelita Juan de la Cruz. Mas não poderia agir da mesma forma em relação ao dinheiro. Aquilo era diferente. Ao abrir o embrulho, a visão das moedas fez seus olhos arderem como uma ferida aberta: "Como você tem a audácia em já mandar dinheiro! Achei curioso", escreveu, disfarçando o sarcasmo com a surpresa, "já que estou muito preocupada com o seu sustento."[20] Lembre-se: a fundação do convento de Sevilha tinha sido um pesadelo. A ocupação da propriedade havia sido um sucesso, mas a esperança que as freiras tinham de que o espírito caridoso das famílias abastadas da cidade garantiria seu sustento se mostrara um erro tenebroso. Ninguém lhes oferecera apoio financeiro. Durante meses, só tinham estrados frágeis de vime espalhados no chão e alguns colchões encardidos e corroídos por percevejos. Naquela época, em Malagón, Teresa ainda passava muitas manhãs queimando as velas do convento, fazendo anotações em papéis amassados, tentando equilibrar os gastos para ajudar as irmãs de Sevilha. Ela ficou desesperada com o fato de que, passando por tudo isso, María ainda tivesse a arrogância de dar presentes caros. "Você deve achar que é uma rainha", criticou Teresa um ano depois.[21] "Não ouse agir dessa forma de novo. Quando eu precisar de alguma coisa, aviso." As regras tácitas que regem a troca de presentes sempre colocam amizades em risco. Teresa sabia que todos os atos de generosidade traziam consigo a possibilidade de uma dívida eterna. Tinha consciência de que, em toda amizade, luxos como aquele com frequência eram uma *red flag* ou uma cortina de fumaça.

Em dezembro de 1577, ainda sem saber direito como lidar com o atrevimento de María, Teresa ficou sabendo que a amiga andava procurando um imóvel. A essa altura, já conseguira controlar a raiva, atribuindo os presentes à natureza generosa de María. No entanto, quando começou a fazer as contas das moedas que a tola María precisaria gastar para saber quanto sairia a brincadeira, sua irritação virou aquela raiva reservada apenas a traições financeiras envolvendo amigos e familiares. "Eu não entendo", escreveu Teresa para María em 10 de dezembro de 1577, "com que dinheiro vocês pretendem comprar outra casa." Por fim, abandonando o comedimento, Teresa foi mesquinha: "Se você tem tanto dinheiro assim, não se esqueça do que está devendo ao meu irmão."[22] Abriríamos mão do privilégio de um vale-compras vitalício da seção de artigos domésticos da nossa loja de departamentos preferida (e nós duas somos fãs entusiasmadas de qualquer item para casa) só para ver a cara de María ao ler essa carta. A prioresa sabia muito bem que o edifício de Sevilha era delas graças ao investimento providencial de Lorenzo de Cepeda, irmão de Teresa. Quando a situação financeira do convento melhorou, María continuou adiando o pagamento do empréstimo. Mais doloroso ainda foi o fato de que, em 1579, Teresa pediu várias vezes o capital necessário para construir uma capelinha em homenagem ao irmão recém-falecido. María nunca enviou o dinheiro.

✝

Na última carta enviada por Teresa a María, os parágrafos escritos com a letra cansada da santa, consumida pelo câncer de útero que tiraria sua vida dali a alguns meses, são intercalados com a letra clara de um escriba. Apesar das tensões crescentes entre as duas e da "mente enevoada" de Teresa, o bem-estar de María era sua prioridade, sobretudo diante das notícias horríveis que chegavam de Sevilha: a peste estava dizimando a população da cidade. A ideia de que María, 33 anos mais nova, pudesse definhar, sofrendo dores de cabeça terríveis, vômitos, ficar com o corpo cheio de feridas purulentas, causava uma angústia indescritível na mulher. Quando finalmente recebe algumas cartas esperançosas de María, que lhe garante que ela e todas as irmãs estão seguras — o isolamento forçado era uma maneira muito eficaz de evitar pestes —, Teresa encontra a paz que buscava para se entregar à fraqueza de seu corpo: "Sua carta foi um grande consolo por me informar que as freiras não adoeceram — não tiveram nem sequer uma dor de cabeça. Não me surpreende que estejam bem, considerando as orações que todas as casas lhes oferecem; elas deveriam até ser santificadas depois de tantos sofrimentos. Eu, pelo menos, estou sempre preocupada com todas vocês e jamais as esquecerei."[23]

Cuidar das outras para jamais serem esquecidas sempre foi uma característica das carmelitas, personificada por Teresa, María e muitas outras, que lutaram com todas as forças para garantir a sobrevivência de seu cantinho no mundo. Nem por isso traições deixavam de machucar e ofensas eram esquecidas. O pacto de clausura e a devoção ao projeto comum criaram um círculo pequeno e íntimo de vulnerabilidade e dependência mútuas. Nesse ambiente, episódios de conflito não bastavam para que as freiras abandonassem afetos que deveriam durar para sempre. Talvez por isso, quando recebeu uma carta de María em julho de 1576, cheia de remorso por não ter passado mais tempo com a amiga quando estavam juntas no convento de Sevilha, Teresa logo tranquilizou a jovem prioresa com uma explosão de amor que nenhuma das duas jamais esqueceria:

> Garanto a você que estou comovida pela solidão que você diz sentir na minha ausência. A carta em anexo já estava escrita quando a sua chegou. Fiquei tão contente em recebê-la que me sinto esmorecer e estou pronta para lhe conceder o meu perdão. *Se você me amar tanto quanto eu a amo, perdoo tudo o que já fez e o que fará*, pois minha principal queixa contra você agora é que deu pouca importância a estar comigo.[24]

Nenhuma de nós duas teria aguentado os anos do doutorado sem os manuais de sobrevivência de nossas freiras, tampouco sem a ajuda profissional de nossas psicólogas (que, por acaso, também são amigas).

É por isso que desconfiamos de certas abordagens terapêuticas que incentivam o corte de relações consideradas muito tóxicas, improdutivas demais ou que não valem o gasto de energia. Numa comunidade de 13 mulheres carmelitas, nenhuma delas poderia ter seguido essas ideias sem transformar o convento numa zona de guerra intolerável ou causar um problema fatal para o projeto espiritual coletivo. Trazer a cultura do convento para o século XXI talvez não seja uma questão de participar do coral ou de se afastar da vida secular (embora a proposta também tenha seus encantos), mas de atravessar o terreno do companheirismo com a interdependência das carmelitas: manter os laços de amizade com um zelo equiparável ao que se tem por uma miniatura delicada, mesmo quando surge a vontade de cortar relações com alguém.

## Como Teresa de Jesus criou a comunidade de amigas com a qual você anda sonhando

É difícil romantizar a independência quando se está em um apartamento de 25 m² onde economizar não é opção, mas sim questão de sobrevivência. Também não é fácil idealizar a vida em comunidade quando se divide o banheiro com um desconhecido cuja rotina de cuidados pessoais você sabe de cor porque de três em três dias sua pia vira um cemitério de pelos faciais. Dividir o mesmo teto pode ser uma bênção ou a maior das agonias. Gostaríamos de proibir projetos de moradia compartilhada forçada que tentam disfarçar a crescente gentrificação, mas celebramos tentativas utópicas de dividirmos casas com amigas. De repente, voltar ao convento não parece má ideia. O trabalho remoto intensificou a sensação de desespero e revolta que sentimos mediante a carga de trabalho e, ao mesmo tempo, aumentou o interesse na colaboração para criar algo concreto e relevante. Quem vive atolada no inferno da heterossexualidade sempre precisou de um guia ao estilo Carrie Bradshaw para lidar com os nove círculos do inferno dos relacionamentos, mas pelo visto — segundo uma reportagem do *Financial Times* sobre o abismo ideológico cada vez maior que separa os gêneros dentro da Geração Z — um número crescente de mulheres simplesmente desistiu de tentar. (Todo mundo tem uma amiga que sem querer ecoa o total desinteresse em homens que uma freira mexicana demonstrou no século XVII: "Nunca estive na companhia de homens solteiros, pois sempre senti por eles horror e pavor indescritíveis, que sempre me fizeram fugir assim que possível nos momentos em que tivemos que nos comunicar.")[25] Essa resistência obstinada a algumas normas sociais talvez seja, em certa medida, o motivo do ressurgimento da estética das freiras. Vemos isso em desfiles de grandes marcas de roupas, como The Row, a empresa das gêmeas Olsen; nas fotos de Rihanna como uma freira provocante que Nadia Lee Cohen tirou para a revista *Interview*; e nos memes que suas amigas enviam ameaçando largar tudo e levar o grupo de WhatsApp para um mosteiro. Nas palavras de Maria Stanchieri em seu artigo de 2022 para a *NSS Magazine*: "Entramos oficialmente na temporada das freiras."[26] A piada está cada vez mais comum — e agora é bem mais séria. Todas nós temos motivos, além da vocação religiosa ou do custo do dote, para fantasiar com uma vida no convento. Santa Teresa também tinha.

✝

Dez gestações levaram a mãe de Teresa, Beatriz de Ahumada, à morte quando aquela tinha apenas 12 anos. Os pensamentos da filha que viria a ser santificada sempre foram assombrados pelos gritos da mãe durante os partos e pela lembrança de seu corpo frágil sofrendo sozinho numa casa repleta de crianças. Teresa entendeu que a exaustão de administrar o lar poderia consumir uma mulher e matá-la antes dos 40 anos. Então podemos imaginar que, anos depois, quando tocou o sino para inaugurar seu primeiro convento, em 1562, a vitória lhe pareceu coletiva: 13 mulheres morando juntas, livres da tirania da reprodução. Passados oito anos, inspirada por essa paixão pela coletividade e encantada com o discurso orgulhoso de Teresa, María adotaria o hábito carmelita. Àquela altura, Teresa já era especializada nos esquemas necessários para atravessar os corredores confusos dos palácios e conventos, esperta ao lidar com disputas com homens da hierarquia eclesiástica e se envolver em controvérsias sobre a oração mental. (É verdade, como Teresa acreditava, que rezar em silêncio, sem seguir uma fórmula repetitiva, talvez fosse um método mais autêntico e meditativa acerca da oração. No entanto, quem poderia garantir que as freiras, sempre caladas, estavam de fato rezando e não tentando lembrar quantos ovos restavam na cozinha ou sonhando acordadas com a festa de Natal?) Teresa conseguiu hipotecas e empréstimos com a sagacidade de um agiota experiente, escreveu compulsivamente e se conformou com o preço que as viagens constantes entre os inúmeros conventos que fundou cobraram de seu corpo. Aos 55 anos, aposentar-se nem passava pela sua cabeça. A vida antes de se tornar freira havia se transformado num amontoado de memórias distantes: o aroma floral dos cosméticos, a leitura de contos de cavaleiros com a mãe, uma ou outra frivolidade, doenças debilitantes e o sofrimento de ver os irmãos fugirem para o continente americano.

Aos 20 anos, com o fervor e o entusiasmo que só alguém que acabou de sair da adolescência é capaz de ter, Teresa se comprometeu a passar a vida em La Encarnación, um mosteiro lotado, que abrigava duzentas meninas ricas que nunca se cansavam de receber visitas e doces. Por que se cansariam? Em *O livro da vida*, Teresa confessou que, nas quase três décadas que passou no convento, nem ela conseguiu não "se entregar a um passatempo atrás do outro, a uma vaidade atrás da outra, e em certa ocasião, a um pecado atrás do outro".[27] A vida em La Encarnación nunca foi tão pecaminosa quanto a festa em que Nicole Richie exibiu a sex tape de Paris Hilton, nem tão selvagem quanto a festa de Jay-Z em que alguém mordeu a bochecha de Beyoncé, e é bem pouco provável que, mesmo em seus dias mais devassos, Teresa e as freiras agitassem o salão do convento com uma provocação tão libidinosa quanto a de Katy Perry ao oferecer aos convidados de sua festa a oportunidade de tirarem fotos com um Orlando Bloom nu, remando numa prancha, cercado de paparazzi. Ainda assim, a disciplina no primeiro convento de Teresa era flexível a ponto de desencaminhar suas mulheres. "A juventude, a sensualidade e o demônio", ponderou ela, "as convidam e as levam a fazer coisas completamente mundanas; e elas percebem que essas coisas são consideradas, como dizem, 'aceitáveis'."[28] Teresa deve ter se sentido como alguém que sabe que entrou na panelinha errada da faculdade. Mas quem poderia culpá-la? Uma mulher religiosa do século XVI tinha as mesmas chances que qualquer adolescente de acabar no grupinho das meninas malvadas. Jovens freiras, escreveu Teresa, "desejam escapar do mundo, e, pensando que vão servir ao Senhor e fugir dos perigos mundanos, se veem em dez mundos ao mesmo tempo, e não sabem para onde correr ou como se livrar dos problemas nos quais se metem". Em seu íntimo, Teresa sempre se sentiu "malquista" em La Encarnación porque era do tipo que preferia um estilo de vida sem nem um pingo de libertinagem, de ostentação e, acima de tudo, gostava de ambientes com menos gente, onde a confiança e a afeição genuínas pudessem florescer. Embora não soubesse "nem como nem quando", ela tinha "muita certeza" de que seu desejo era "fundar um convento mais recluso".[29] Como seria de se esperar, fundar uma ordem religiosa com base na pobreza e na contemplação na Espanha do século XVI, sendo uma mulher de tendências místicas e ancestrais judeus, foi uma tarefa difícil. Teresa acalentou a ideia ao longo de duas décadas, sabendo que, como "estava muito sozinha [...], eu pouco podia fazer".[30] Então começou a falar. Sempre incansável, conversou e negociou com bispos, confessores, irmãs, amigos e colegas. No decorrer do processo, descobriu, como acontece com muita gente, que ninguém conquista muita coisa sozinho. Para grandes planos são necessários grandes amigos. Quando morreu, em 1582, Teresa já tinha fundado 17 conventos. Se estivesse viva alguns séculos depois, não temos dúvida de que poderia ter feito uma boa grana gravando TED Talks sobre tudo o que as carmelitas conquistaram.

✝

Os tecidos ásperos fazendo a pele coçar e as sandálias de cânhamo machucando os pés seriam, para Teresa, María e outras várias freiras cheias de dores, um lembrete regular das vaidades que tinham deixado para trás. No entanto, o companheirismo, o conforto e os ouvidos atentos oferecidos pelas irmãs eram uma compensação mais do que suficiente pelas provações da vida atrás das janelas de treliça. E as provações eram muitas. Os bocejos contidos depois do chamado matutino para as laudes, as mãos calejadas pelo trabalho doméstico tedioso, o paladar saturado pelos pratos que se repetiam dia após dia — para não falar da postura condescendente de certos confessores, dos malabarismos financeiros que precisavam fazer para que os conventos não fossem à falência e da arrogância das muitas viúvas imprevisíveis que buscavam refúgio na tranquilidade de uma cela, mas não estavam dispostas a se submeter às exigências da vida em comunidade. Porém, porções insossas de lentilha num refeitório gelado ou reprimendas rígidas dos prelados jamais diminuiriam o prazer que as freiras de Teresa descobriam nos conventos quando se divertiam juntas, cuidavam umas das outras, liam em grupo ou cantavam a estrofe grudenta de quatro versos: "A Mãe fundadora/ vem para a recreação./ Vamos dançar, saltitar,/ entoar a nossa canção."[31] Essas diversões inocentes sem dúvida parecem menos polêmicas do que as travessuras das meninas festeiras de La Encarnación e é claro que eram mais baratas do que as distrações palacianas da adolescência de María. Apesar disso, os escritos tanto de Teresa quanto de María refletem a alegria incomparável da conexão íntima entre amigas enquanto todo mundo está se divertindo lá fora. A convicção das duas nos ajudou a enxergar a clausura acadêmica conjunta como uma bênção inesperada — e isso não foi fácil.

Muitos meses se passaram desde o nosso primeiro encontro no Biltmore Hotel. Lembranças de camas com dossel e TVs de plasma vez ou outra nos vinham à cabeça enquanto lutávamos para achar alguma posição minimamente confortável nos nossos colchões da Ikea, forçando a vista para examinar cópias borradas de documentos teológicos obscuros. Não precisávamos lidar com a coceira causada pelos hábitos ásperos nem com bolhas nos pés machucados por sandálias de cânhamo, mas nossos sonhos de excelência tinham sido, em suma, enterrados debaixo de cronogramas exaustivos que seriam desafiadores até para a mais dedicada das carmelitas. Estávamos muito infelizes. Manter a imagem de estudante impecável significava dormir cinco horas por dia, analisar sonetos de Sor Juana Inés de la Cruz tomando café da manhã, perder a paciência com textos pós-estruturalistas confusos e socializar com professores paternalistas em eventos que acabam com a sua vontade de viver. Assim como María de San José, sentíamos saudade da vida que havíamos deixado na porta daquela clausura enganosamente idílica. Porém, assim como ela acabou por descobrir, não há olheira cavada, insegurança financeira constante ou pilha de textos cansativos capaz de ofuscar a euforia de achar, entre resmungos e bocejos, a camaradagem de uma verdadeira aliada. Se teríamos dado tudo, em algumas noites de sexta-feira, só para passarmos umas horas sendo duas garotas no estilo La Encarnación? É bem provável que sim. Mas, no fundo, sabíamos que sempre prezaríamos pela nossa amizade, nascida e alimentada no mais complicado dos conventos, e que não trocaríamos nossa situação nem por todo o hedonismo do mundo.

✝

"Pelo amor de Deus, imploro que me escreva por todos os meios possíveis para que eu sempre saiba onde vocês estão."[32] É 15 de junho de 1576 e Teresa conseguiu um momento de paz para se sentar e escrever essas palavras enquanto se adapta à vida no convento de Malagón, na Espanha. Já passou dos 60 anos e o cansaço da árdua jornada de 350 quilômetros de Sevilha até lá a deixou dias sem ver as correspondências. Deparou-se com uma cena aflitiva ao chegar: a deterioração do convento era tamanha que as religiosas mal conseguiam viver nele. A prioresa, Brianda de San José, estava acamada, sofrendo de uma doença grave e misteriosa. Enquanto isso, Luisa de la Cerda, a viúva que se tornara financiadora do local, relutava em cumprir a promessa de pagar os consertos necessários ao edifício. Durante alguns dias, toda essa confusão a distraiu da nostalgia de Sevilha. Afinal, lembrava a si mesma, a cidade andaluza não era lugar para ela: a "falta de honestidade", as "injustiças" e a "hipocrisia" do povo, além da "abominação dos pecados vistos por lá",[33] nunca amenizaram a sensação de que era uma estranha ali. Mas, agora que sabia que nunca iria voltar, não conseguia parar de pensar no convento que deixara para trás. Ainda não tinha tido tempo de se livrar da sensação pesada de suor debaixo do hábito e tampouco da lembrança afetuosa das freiras de Sevilha sussurrando enquanto admiravam o espetáculo das barcas que chegavam pelo rio Guadalquivir, vindas do outro lado do Atlântico. Tentava não se apegar muito a isso — detestava irmãs "melancólicas" e "soturnas" —, mas o adeus a María de San José, encarregada por ela de comandar o convento sevilhano, ecoava na cabeça o tempo inteiro. Queria que a discípula lhe escrevesse sempre, *pela santa misericórdia*, para tentar reconstruir o oásis da sua amizade.[34]

Elas nunca mais voltariam a se ver.

Vira e mexe fantasiamos esse adeus: teria sido controlado e estéril ou emotivo e lacrimoso? É improvável que tenha sido uma ocasião íntima, pois todo mundo devia querer acompanhar a mãe fundadora até o portão. Não podemos esquecer que María foi criada para a contenção e a dissimulação aristocráticas. Além disso, precisava demonstrar alguma autoridade como prioresa para que ninguém desafiasse sua liderança, portanto era necessário esconder os sentimentos por trás de uma expressão inescrutável. Às vezes, é simplesmente impossível ostentar sensibilidade e autoridade ao mesmo tempo. Teresa já estava mergulhada na persona que criara para si, limitada pela tirania do bem-estar que esperava inspirar nas pessoas ao redor. É bem provável que tenha diminuído a importância da despedida, talvez até incentivando as religiosas a sorrirem ou improvisando uma *copla* rápida para amenizar o clima. Talvez tenham relembrado a viagem agitada a Sevilha do ano anterior, uma jornada que tinha fortalecido a amizade delas como nada mais seria capaz de fazer.

✝

Sete freiras, dois frades e um leigo participavam da expedição rumo ao sul num calor insuportável. As febres de Teresa, que a deixaram "como que delirante", afligiam a todos, que não conseguiam descansar nas pousadas castelhanas que apareciam pelo caminho, ainda menos convidativas do que os piores hotéis de beira de estrada. Todos sobreviveram por um triz. Enquanto cruzavam o rio Guadalquivir, uma das carruagens foi levada pela correnteza, e só restou às freiras berrar e rezar por um milagre, que acabou se realizando: "O barco virou num chão arenoso, onde havia pouca água, e assim a solução nos foi providenciada",[35] a líder relembraria com alívio. O que poderia ter sido um desastre foi apenas um susto. As cenas menos traumáticas eram as de cordialidade cotidiana: a pressa matinal para arrumar lenha, incentivada pela amiga de María, que gerenciava a rotina com a agilidade e o fervor contagiante de uma instrutora de pilates; as canções que Teresa compunha de acordo com cada episódio da aventura, numa espécie de musical — que tinha muito de épico, de história monástica e de autobiografia — que afugentava o medo e a melancolia das irmãs mais novas. Houve também o olhar expressivo, que todas trocaram à margem do rio quando a veterana rompeu o silêncio atordoado com uma piada sobre o acidente, animando o grupo. Como sabemos, uma troca de olhares entre duas amigas diante da tragédia de uma mala extraviada, da perda de uma conexão que era questão de vida ou morte, de uma hospedagem dos infernos ou de uma intoxicação alimentar a quilômetros de distância de água encanada salobra é o pacto de sangue que garante uma amizade para a vida inteira.

Em 2017, um ano depois de nos conhecermos, embarcamos num voo rumo a Porto Rico, decididas a quebrar a monotonia dos estudos acrescentando umas paisagens caribenhas deslumbrantes à vida. Escolhemos mal as pessoas com as quais viajamos, superestimamos a tolerância ao álcool depois de um ano de sobriedade monástica e dividimos um quarto sem janelas que propiciava não só abrigo para nós como também para noventa por cento dos mosquitos da ilha. Para piorar a situação, o furacão Maria chegou. Em meio à barulheira das latas de lixo e das lâmpadas dos postes estourando, nos lembramos da jornada das carmelitas. Se tinham superado tantas dificuldades para chegar a Sevilha, e sabendo das religiosas freiras que haviam conseguido escapar de piratas e sobreviver a tempestades marítimas para ir de Toledo a Manila, é claro que poderíamos aguentar a calamidade de termos planejado as piores férias do mundo. Pelo menos nos demos conta de que já não éramos apenas companheiras de doutorado. Assim como María e Teresa, enfim éramos amigas de verdade.

✝

Desde que a obsessão por religiosas nos uniu, nunca ficamos mais que alguns meses longe uma da outra. O pior pesadelo é uma separação que não possa ser amenizada por mensagens, chamadas de vídeo e memes trocados durante surtos insones de procrastinação. Para Teresa, também foi assim. Depois do abraço de despedida no portão do convento de Sevilha, passava os dias atormentada pela ansiedade de separação. A vida religiosa dava uma sensação de comunhão através do conforto e da proteção da amizade, mas a sede de satisfação espiritual trazia consigo a dor da saudade. Desesperada após semanas à espera de correspondências, ela imaginava o que María estaria dizendo nas cartas que volta e meia se perdiam pelo caminho, ou naquelas em que a péssima caligrafia da amiga a impedia de decifrar um nome ou um adjetivo. "Elas [as correspondências]", escreve a veterana numa missiva de próprio punho, datada de 2 de julho de 1576, "chegaram em boas condições, mas, sempre que você tenta melhorar a letra, ela piora."[36] Exigia uma quantidade cada vez maior de correspondências, enquanto tomava o cuidado de tentar botar no papel um fragmento, por menor que fosse, da saudade da presença da jovem. Uma carta enviada em 3 de janeiro de 1577 é ao mesmo tempo uma amostra perfeita de sua manipulação primorosa, na tentativa de fazer a discípula se sentir culpada, e de uma canção de ninar encantadora, feita para a sedução: "Fiquei muito feliz ao ver a correspondência, mas ficaria muito mais feliz de vê-la. Isso me traria um prazer especial, pois penso que deveríamos ser grandes amigas. São poucas as pessoas com quem gosto de conversar sobre vários assuntos como converso com você, pois combina muito bem comigo, e portanto me deleito quando percebo pelas suas cartas que você também entendeu isso."[37] Era a correspondência que toda garota sonha em receber de seu crush de amizade.

✝

É setembro de 1576 e as duas tiveram um verão repleto de preocupações: o convento sevilhano está afundado em dívidas, María está com uma doença que só expurgos típicos de um Ozempic são capazes de aliviar e a Inquisição está atenta às carmelitas descalças de Sevilha.

Ao ouvir o carteiro se aproximar, Teresa corre até a entrada e sorri ao ver que enfim chegou um pacote enviado pela discípula. A marmelada, os peixinhos e o atum dão um colorido ao panorama alimentar deprimente de Castela. Mas, como já sabemos, a veterana não consegue evitar o ressentimento diante do esbanjamento descarado da amiga. No entanto, quase se esquece de tudo quando descobre que María incluiu no pacote duas cartas enviadas juntas pelo preço de uma: "Digo com toda a franqueza que as mensagens são um enorme consolo. Li uma e pensei que já havia acabado, então fiquei surpresa com minha própria felicidade ao descobrir uma segunda; foi como se eu não tivesse recebido a primeira. Como deve perceber, suas correspondências são uma diversão para mim."[38] Confessa: "Preciso dizer que às vezes sinto tanto desejo de vê-la que parece que não tenho mais no que pensar; esta é a verdade."

Nos anos seguintes ao dry martíni no saguão do Biltmore, devoramos as cartas de Teresa para María de San José com a mesma dedicação que tínhamos aos 10 anos, quando estávamos entendendo as nuances da amizade assistindo a filmes adolescentes feitos para a TV. Descobrimos que lidar com os desejos complexos de um relacionamento aos trinta e poucos anos ficava muito mais fácil ao ver como as freiras enclausuradas do século XVI exprimiam afetos em equações de amor confusas e estavam sempre dispostas a se dar ao trabalho de construir ilusões convincentes de proximidade. Sempre que começa uma correspondência para a amiga, Teresa está ávida para admitir a verdade: morre de saudade da jovem. Ela se despe de qualquer simulacro de moderação, rejeitando a pretensa frieza e se entregando a confissões de exclusividade que são tóxicas, mas inevitáveis, porque, como logo confessa: "Seria um grande alívio para mim vê-la, pois acho poucas freiras tão agradáveis quanto você e a amo imensamente."[39]

✝

Teresa de Jesus morreu em 4 de outubro de 1582, quando María tinha apenas 34 anos. A dor profunda pela perda não só da mulher a quem respeitava e enfurecia em iguais medidas, mas também das inúmeras memórias que dividiram desde que era uma menina temperamental de vinte e poucos anos se transformou logo numa forte vontade de imitá-la. Teresa tinha sido sua amiga, confidente e professora. Quantas pessoas poderiam dizer isso? Tirava-lhe do sério pensar que, durante décadas, a fundadora tinha sido objeto de uma relação parassocial fomentada por centenas de freiras que só queriam um pouquinho da fama dela. E por trás do mito havia um grupo de teólogos recalcitrantes e frades invejosos aguardando há anos. Esperavam, ansiosos, pela morte dessa "mulher inquieta, errante, desobediente e obstinada",[40] pois assim poderiam desmantelar seu convento.

Em outubro de 1582, os conselhos de Teresa ecoavam na cabeça da discípula como se fossem mantras: "Melhor se permitir do que adoecer";[41] "As mulheres entendem melhor a língua umas das outras".[42] María se consolava em saber que não estava sozinha na orfandade espiritual. Percebia que, naquele exato momento, havia um esquadrão de carmelitas espalhadas que, enquanto regavam as hortas ou esfregavam os azulejos das celas na esperança de aplacar a tristeza, murmuravam com os lábios contraídos as ordens de Teresa de que tivessem alegria. Gostava de se sentir acompanhada no sofrimento — até certo ponto. Assim como aquela amiga que "não entende" o poliamor, María não acreditava em relações destituídas de hierarquia. Sentia um prazer perverso em saber que jamais ficaria em segundo plano, atrás de uma vasta tropa de religiosas anônimas. Nenhuma delas poderia alegar ter tantas correspondências de uma mulher que, todo mundo concordava, estava prestes a atingir o status mais exclusivo do século XVI: a santidade. A ninguém mais Teresa havia escrito, com a caligrafia trêmula de quem estava à beira da morte, que "você diz tudo tão bem que, se minha opinião fosse seguida, você seria eleita a fundadora após a minha morte. E, mesmo que eu ainda estivesse viva, seria avidamente favorável, pois, além de saber muito mais do que sei, você é melhor: esta é a verdade".[43] Essa carta era tão valiosa para María que, em 1588, chamou um escrivão para fazer a transcrição oficial, o que na época equivalia a uma cópia de segurança, caso a original fosse perdida.

Se pudessem tê-las folheado, Teresa e María leriam com desdém as milhares de listas que enchem as revistas femininas atuais, com conselhos a respeito de como cultivar amizades numa vida dominada pela exigência de produtividade. Ambas sabiam que não existe laço mais invencível do que aquele que surge do compartilhamento de uma estratégia ambiciosa e delirante de expansão georreligiosa. Sem qualquer manual de como lidar com o luto em 1582, a discípula entendeu que a tristeza que sentia só seria amenizada se pusesse mãos à obra e levasse adiante algumas das muitas missões que a mestra deixara inacabadas. "Que alegria eu sentiria caso acontecesse algo em Portugal!",[44] Teresa escrevera para ela, quase num sussurro, poucos anos antes. Estava decidido: se María se dedicasse de todo o coração a levar um pequeno grupo de carmelitas para Lisboa, talvez se sentisse mais próxima da mentora. Três anos depois, em janeiro de 1585, inaugurou o Convento de Santo Alberto em Lisboa. Pouco depois da fundação, o local recebeu uma benesse do provincial da ordem — o presente de inauguração que é o sonho de toda carmelita: a mão incorrupta de Teresa, um pedaço de carne tão venerado que mais tarde seria preservado num altar adornado (dourado, com pedras preciosas), cuja semelhança com a Manopla do Infinito de Thanos é assombrosa. Tudo corria muitíssimo bem, mas a felicidade não duraria muito.

✝

Anos depois, trancafiada na prisão gélida de Lisboa, María sentiria o medo como uma farpa na garganta — e, no entanto, se convenceria de que não estava sozinha. Deixando de lado a obsessão com uma amizade exclusiva com Teresa e a complexa narrativa de "melhor amiga" enfrentada por toda garota em algum momento da vida, encontrou coragem na companhia distante porém fervorosa das colegas. Estas linhas da *Carta redigida por uma freira descalça pobre e encarcerada*, que escreveu no século XVI, deveriam servir de lembrete coletivo para nós, do século XXI, de que precisamos sempre nos cercar de um esquadrão — talvez nem tão virginal assim — de amigas:

> Não sei, minhas queridíssimas irmãs e filhas, se devo ceder à paixão e à ternura de uma mulher e me juntar a vocês nas lágrimas

ou se devo seguir a luz do meu coração e lamentar sua tristeza, pois não é adequado, segundo a *lei da amizade profunda que temos*, que vocês chorem pelo que me faz rir... Sempre terei orgulho, se me permitem, de estar *rodeada por um esquadrão de virgens* que, embora poucas, são de enorme valor. Em sua força, sinto o poder dos braços valentes contra o nosso inimigo em comum, que, ao ver minhas defensoras, não teve a audácia de se aproximar da porta da prisão conforme gostaria.[45]

Em *Conferências espirituais*, muitos anos após a morte de Teresa, Ana de São Bartolomeu, outra das amigas e discípulas queridas da santa, enfrentou a missão desafiadora de instruir as noviças de um convento recém-fundado na Antuérpia. Embora Teresa já tivesse sido canonizada e fosse bastante elogiada pelo poder místico, Ana escolheu ensinar às noviças a lição que achou que mais as ajudaria quando passassem por períodos de tristeza e precisassem mitigar a alienação: "E vocês verão com os próprios olhos que às vezes irão relutantes para a recreação, entristecidas e melancólicas, mas perceberão que a alegria e o bom ânimo das irmãs as distraem do sofrimento e o transformam em felicidade."[46] Não importa o século em que você esteja lendo isso: a cura mais garantida para os males da alma é sempre se divertir com suas amigas.

# *Trabalho*

*... Parece impossível, dadas as circunstâncias, que eu escreva tanto quanto é necessário escrever.*

María de San José

## "A maior repugnância" pelo trabalho: como transformar seus problemas em preces

Um metro quadrado e meio nunca foi tão sufocante. Juana Palacios Berruecos (1656-1719) — rebatizada María de San José ao entrar para o convento, pois as convenções de batismo não prezavam pela originalidade — anda de um lado para o outro, mal conseguindo dar três passos numa direção e três na outra, certa de que o desespero ecoa feito trovão na imensidão do Convento de Santa Mónica, em Puebla, no México. Uma verdadeira taurina, não é comum que seja tomada por lampejos de raiva, mas, quando provocada, o desgosto tende a ser irreversível. Depois do confronto frustrante do dia em questão, a freira tem bons motivos para acreditar que os superiores não mediram esforços para levá-la à loucura. Se fosse uma mulher no mundo corporativo, presa numa multinacional do século XXI, e não uma agostiniana recoleta pobre do século XVII, a fúria justiceira a levaria direto para o RH, com carta de demissão em mãos.

As freiras do século XVII sabiam tão bem quanto nós que ninguém sobrevive a quarenta horas de trabalho por semana — seja alimentando planilhas de Excel ou assando centenas de hóstias — sem nem sequer poder reclamar. Também sabiam que fazer um trabalho inútil para um bando de chefes ignorantes e incompetentes em geral ativa as engrenagens perigosas da indignação. Como duas criaturas insignificantes na minúscula bolha acadêmica, sempre achamos a relação com superiores

— orientadores, professores, editores — muito mais parecida com a dinâmica íntima do sistema de vassalagem do feudalismo do que com a da fria lógica corporativa, um modo de pensar que ainda nos parece bastante exótico. Talvez pareça esquisito, mas a verdade é que, para nós, só foi possível decifrar a confusão esmagadora do jargão corporativo (bônus, KPI, COO) por causa da vida e do trabalho desse convento agostiniano recoleto específico. Para o grande azar de María, apesar de as instituições religiosas não terem um departamento de recursos humanos, as rígidas hierarquias que administravam os conventos se assemelhavam às estruturas da maioria das empresas multimilionárias modernas. Entre o confessor que estendia a mão sob o pretexto de amizade, a fim de garantir que os escritos espirituais da freira não se distanciassem muito das diretrizes da ordem, e o bispo que podia declarar se o excesso de vocação de alguém era apenas teatro ou um chamado divino genuíno, havia uma espécie de boneca russa de homens — na maioria das vezes, desprovidos de qualquer talento. Cardeais, diretores executivos, visitadores apostólicos, gerentes de contas, arcebispos, diretores financeiros: títulos diferentes para a mesma tirania.

✝

Presa na cela, María luta para desvendar o enigma das bonecas russas em sua mente. Com batinas e chapéus ridículos, todos parecem iguais: o frei Plácido de Olmedo, Juan de Cárdenas, o bispo Fernández de Santa Cruz, o padre Piñero... Os nomes se amontoam, e ela tem dificuldade de associar a raiva que sente a um rosto específico. Só sabe que, de alguma forma, esses homens perderam ou estragaram os cadernos que eles mesmos mandaram que ela escrevesse. (Quem vivia num convento do século XVII e tinha ambições literárias quase sempre era obrigada a se sujeitar ao único gênero disponível: a autobiografia encomendada por confessores suspeitos. Não interessava se a pessoa era capuchinha, jeronimita, agostiniana ou carmelita — se quisesse ser criativa, tinha de se conformar com as restrições do formato, que podia levar a autora à fama da santificação ou ao castigo da Inquisição.) María, que tinha obedecido à ordem a contragosto, não conseguia acreditar que, justamente quando estava encontrando seu estilo de escrita, seus superiores arrogantes pareciam conspirar para atrapalhar o negócio.

Sua trajetória na escrita não tinha sido fácil, mas o caminho até a cela do convento tampouco. María era a caçula de uma família de agricultores pobres com sete filhos, e a quantia de dois a quatro mil pesos, necessária para ingressar no convento, era um gasto absurdo. Assim como muitas, ela dependia das migalhas por vezes inconstantes e da benevolência dos bispos e prelados. (Não importa o século em que você esteja lendo isso: realizar um sonho é sempre mais fácil com uma conta bancária positiva.) Portanto, María não foi nada precoce: só conseguiu vestir o cobiçado hábito de agostiniana recoleta aos 31 anos. Antes que pudesse embarcar em sua jornada espiritual, passou mais de uma década batendo na porta de prelados, implorando misericórdia, suplicando favores com o mesmo entusiasmo ingênuo que faz todo mundo se martirizar ao escrever cartas de apresentação, aceitar estágios não remunerados ingratos e mandar mensagens humilhantes a vários possíveis empregadores indiferentes pelo LinkedIn. Essa vontade de começar a vida de exploração trabalhista é espantosamente atemporal, e María, como todo mundo, logo descobriu que a estrada até os deleites da vocação é pavimentada por humilhantes exercícios de subordinação. Quando enfim estava apta a dizer sim ao hábito, em 1687, o bispo Manuel Fernández de Santa Cruz, justamente o homem que já tinha impedido seu ingresso no convento uma vez, não perdeu tempo: foi o primeiro a ordenar que ela relatasse por escrito sua vida e suas visões. A futura escritora jamais se esqueceria dos métodos sádicos e intimidantes do bispo:

> Voltei uma terceira vez não à casa dele, mas à catedral. Eu o encontrei [Fernández de Santa Cruz] sentado ao lado do grande altar e, ao ver que algumas mulheres se aproximavam como que para se confessarem [...] Eu também fui em direção a seus pés. E, como estava enrolada em meu xale, ele soube que era eu apenas quando comecei a falar. Assim que me reconheceu, perguntou: "Por que veio aqui?" Eu disse a razão, que era para pedir-lhe uma vaga [...] Assim que falei essas palavras, o bispo me empurrou para longe de seus pés, dizendo "Vá embora e não me incomode mais! Não disse

> que não existe vaga para a senhorita?" numa voz altíssima, como se estivesse bravo com a minha impertinência [...] O susto e o espanto foram tão grandes ao ouvi-lo que não consegui me levantar e não soube para onde fugir, porque o medo roubou todas as minhas forças. Levantei-me como pude, tão atônita que nem via onde colocava os pés. Quando descia do altar, pisei em falso. Caí de cabeça e escorreguei por não sei quantos degraus... Fiquei no chão por uns instantes, até me recuperar um pouco. Derramei muitas lágrimas e, apesar de ter sofrido tal humilhação, tive a coragem e a bravura de passar por provações ainda maiores para conseguir o que tanto almejava, que era me tornar freira.[1]

Se você acha que não existe tormento maior que uma entrevista de emprego horrível que não deu em nada, lembre-se de que sempre pode ser pior: você pode cair da escada.

Os muros do convento não serviram para protegê-la das "muitas lágrimas" e "provações ainda maiores". Aos quarenta e poucos anos, María passou o que pareceu uma eternidade lutando para fazer sua vida e suas visões caberem numa letra legível e em palavras (mais ou menos) coerentes. A ausência de seus trinta cadernos ecoa no vazio acachapante da cela apertada.

†

Foi uma gestão de projeto desastrosa. A pobre agostiniana acompanhava obsessivamente a cronologia do fracasso: fazia cálculos incrédulos como um funcionário de logística registrando o que há de errado no inventário e sentia o desespero de uma artista vendo a grande obra de sua vida passar das mãos de um incompetente para outro. Depois de um tempo, María soube a verdade. Após a morte de seu confessor, todos os cadernos acabaram nas mãos do infame bispo Manuel Fernández de Santa Cruz. Ele ignorou as tentativas da freira de descobrir o paradeiro dos papéis e a despachou do convento de Puebla. Sua missão era fundar um novo mosteiro de agostinianas recoletas em Oaxaca, e ela partiu sem saber se um dia conseguiria rever os frutos de quase sete anos de trabalho. Seis anos e dois confessores depois, os freis Ángel Maldonado e Plácido de Olmedo entraram na vida dela. Os dois religiosos se apiedaram do drama e concordaram em quebrar trancas e levantar sotainas por todo o mapa espiritual do México até acharem os cadernos.

A história da investigação não termina tão cedo. O número de figuras religiosas envolvidas no desaparecimento dos escritos foi maior do que o número de pessoas copiadas num e-mail de trabalho. Depois de contatar o decano de Puebla, uma espécie de vice-presidente da catedral, Maldonado e Olmedo foram atrás do capelão Juan de Cárdenas, confessor do convento onde María vivia. Os cadernos estavam em sua posse. Na verdade, estavam com eles havia anos, mas tinha optado por não dizer nada, apesar de estar ciente da busca incansável da freira, como a própria observa em seu diário:

> Esse sacerdote, o frei Plácido de Olmedo [...] me auxiliou com imensa misericórdia, pela qual tenho enorme gratidão. Informei-lhe do estado da minha consciência e, sobretudo, que, quando parti para vir fundar este convento [Oaxaca], deixei os cadernos que escrevi nas mãos do bispo Santa Cruz; quando fazia quase três anos que Deus o havia levado; que eu não sabia nada sobre o que tinha sido feito desses papéis [...] que apenas se o nosso Ilustre Sacerdote, o Bispo don Ángel Maldonado, tomasse para si a questão dos cadernos, eles seriam localizados. Foi assim que logo depois escreveu a [...] Cárdenas [...] que era quem os tinha. Ele me negou os escritos, recusando-se a enviá-los para mim apesar de todos os meus esforços.[2]

A sensação profunda de expropriação e alienação imposta pelos meios de produção capitalistas já era bem entendida pelas freiras do século XVII.

Durante os seis anos em que os cadernos ficaram desaparecidos, María não escreveu nem sequer uma palavra. Foi essa a ordem que recebeu. De certo modo, a instrução garantia algo parecido com férias remuneradas, licença médica, um merecido período sabático. Esses anos foram "gastos em descanso e alívio de ser poupada do enorme esforço que sempre preciso fazer quando escrevo",[3] registrou no diário. Mas então, um dia, Cárdenas enfim entregou os cadernos — e ela percebeu que dez deles haviam se perdido de forma irreparável: "Esse padre Cárdenas foi meu confessor por um breve período, era muito rígido comigo; e, embora não o seja mais, ainda age dessa forma sempre que possível. Assim que viu a letra do nosso [...] bispo, ele entregou os cadernos, mas nem todos foram devolvidos, pois, dos trinta que existiam, enviou apenas vinte."[4] Como se a raiva pela perda não bastasse para justificar uma greve de fome, María foi levada ao limite quando descobriu que, devido à negligência dos superiores, os anos de descanso e relaxamento haviam chegado ao fim.

> Ao ver quanto foi perdido, e que não há esperanças de que reapareçam um dia, meu confessor ordenou que eu reescreva tudo o que estava escrito nos dez cadernos. Sinto a maior repugnância por refazer esse trabalho, por muitas razões e causas que não vou abordar aqui para não me alongar: a principal é que minha saúde está tão ruim que me parece impossível, dadas as circunstâncias, que eu escreva tanto quanto é necessário escrever.[5]

Lemos esse lamento pela primeira vez em 2017, e as palavras se arraigaram em nós como uma profecia consoladora do futuro: de fato era impossível escrever o tanto que precisávamos. Não tínhamos muito conhecimento acerca da cultura corporativa, mas, para nossa tristeza, conhecíamos muito bem a tensão muscular de uma coluna sempre corcunda, o fantasma aterrorizante dos prazos e a tortura de escrever textos que seriam avaliados por superiores. A partir de então, começamos a sussurrar esse "a maior repugnância" como se fosse uma prece sempre que percebíamos a chegada de outro longo e exaustivo dia na Nova Inglaterra. Achamos a cantilena perfeita para o título peculiar dessas manhãs. Poderia ser, na verdade, uma prece bastante útil, uma fonte de consolo e alívio para qualquer um que enfrentasse o tédio do trabalho assalariado. *A maior repugnância* quando o despertador acaba com a sua alma de manhã. *A maior repugnância* quando o novo chefe cancela o home office. *A maior repugnância* quando você volta para casa num metrô lotado, com mais almas do que o calendário com os dias dos santos. Ah, a maior, *maior repugnância* todos os dias em que somos obrigadas a trabalhar tanto quanto precisamos.

✝

Mais ou menos na época em que estávamos lendo a autobiografia espiritual de María, em nossos momentos de procrastinação no TikTok fomos apresentadas ao empreendedorismo 2.0 e seu elenco assustador formado por gurus da produtividade. O segredo, alegavam, era se submeter a uma rotina monástica: "Acordar às 5 horas vai melhorar radicalmente seu desempenho"; "Um banho frio de manhã cedo vai aumentar as chances de virar milionário"; "Medite por dez minutos antes de ir para o escritório e veja a produtividade disparar". Nessa visão insana do sucesso, reclamar é um pecado imperdoável e um atalho para se tornar um grande fracassado. Para a nossa sorte, dentro das autobiografias espirituais e das correspondências das freiras, reclamações não são patéticas. São feitiços compartilhados que criam dentro delas os primeiros sinais de rebelião. Pouco a pouco, aprendemos a legitimar as queixas graças a essas religiosas. Ao nos aproximarmos dos temidos 30 anos, nos reconfortamos ao ouvir Santa Teresa dizer sem parar para as companheiras: "Estou velha e cansada."[6] Nós nos sentimos revigoradas ao ler sua crítica à necessidade de ter mais de um trabalho — assim como nós, a santa ficava "exausta às vezes por tantas tarefas ao mesmo tempo".[7] Quando descobrimos que a clarissa capuchinha chilena Úrsula Suárez (1666-1749) acordava dia após dia "exausta e dolorida como se tivesse trabalhado além das forças",[8] incapaz de evitar "queixas sobre o cansaço que sentia no corpo", percebemos que a linha de produção fordista do doutorado merecia, sim, nossas constantes lamúrias.

Nem um dia se passou sem que fôssemos acalentadas por estas duas palavras: *maior repugnância*. Quando o tédio do trabalho se tornava insuportável, esse mantra fazia com que nos sentíssemos menos culpadas por deixarmos a escrita de lado e nos entregarmos ao prazer entorpecente de ficar à toa. Depois de três anos de doutorado, já dominávamos o labirinto administrativo da universidade e a arte de atingir duas metas integralmente financiadas numa só. Orgulhosas da nossa capacidade de elaborar propostas de pesquisa convincentes a ponto de obtermos uma bolsa de alto nível chamada Summer Research Award, chegamos a Sevilha em julho de 2019. Sempre que falávamos "Vamos passar uma semana fazendo pesquisa no Arquivo Geral das Índias", ficávamos animadas pelo fascínio extravagante que, de certo modo, compensava os desafios da vida em Providence. Apesar disso, logo percebemos que, embora essas palavras impressionassem quem não fazia parte da nossa bolha infernal, a ideia de passarmos sete dias das férias de verão confinadas num arquivo mal iluminado sem acesso à internet não era nada atrativa. Depois de três anos aguentando "a maior repugnância" à produtividade acadêmica, o hotel com ar-condicionado e piscina no terraço se tornou muito mais sedutor que as tentativas de decifrar a caligrafia de um processo inquisitorial do século XVII:

— Carmen, e se a gente for ao arquivo mais tarde? Ainda está muito cedo.
— Sim, por favor! Além do mais, está um calorão lá fora, e a gente tinha combinado de ver *RuPaul* juntas no verão.
— Eu queria tomar café da manhã antes. A gente assiste a um episódio e depois sai.

Nunca pusemos os pés no arquivo. Dia após dia, nos satisfazíamos com biscoitinhos, sorvete e água com gás enquanto víamos Violet Chachki exibir seu glamour vintage e atingir a perfeição sempre que dublava alguma música. Em seus diários, María descreveu a própria versão de não fazer nada — pequenas concessões que fazia a si mesma e que eram bem menos alarmantes que o nosso uso imprudente da bolsa de pesquisa: "Me senti muito cansada e fatigada, de alma e de corpo, porque é preciso trabalhar muito, muito, de todas as formas, e, portanto, a pobre jumenta arrasta os pés [...] me veio à cabeça que seria melhor escrever essas coisas de modo breve e sucinto [...]. Pois me causa grande dor, e não é necessário que eu escreva tanto quanto estou escrevendo."[9] Ela tinha razão. No fim das contas, não é preciso, porque nada é tão essencial assim. O mundo não vai acabar porque uma página de autobiografia espiritual foi entregue com atraso, ou porque você se esqueceu de enviar o e-mail que precisava e ele ficou parado na pasta de rascunhos. A agostiniana entendeu isso trezentos anos atrás, e nós sentimos isso nas vezes em que abandonamos a ética profissional e maratonamos *RuPaul*. Desde então, essa ideia foi celebrada por inúmeras defensoras do ócio feminino na internet — mulheres que rejeitaram a cultura frenética e em tese empoderadora de ser uma *girlboss* para abraçar o conforto das cobertas e ver as horas passarem, aceitando que o único trabalho essencial é o do corpo rumo à decomposição.

†

Não sabemos se foi graças ao poder terapêutico da reclamação, ao prazer secreto de criticar os chefes nas páginas que ela lhes enviava ou ao ímpeto perverso da produtividade, mas, ao longo de trinta anos, María conseguiu escrever e guardar mais de duas mil folhas. Ninguém sabe como esse volume imenso de papéis foi parar numa das bibliotecas da Brown, mas era lá que estava, assim como nós. O manuscrito estava diante de nossas vistas míopes e cansadas: doze tomos encadernados cheios de lamentos sobre o impiedoso ato de escrever. Naquele inverno escuro, tivemos de ler milhares de páginas por semana, um seminário sobre metodologias pedagógicas tão insuportável que faria Maria Montessori desistir da paixão pela didática e de dar tutoriais intermináveis para professores egocêntricos empenhados em narrar anedotas sem fim sobre todos os autores do *boom* latino-americano. Nossas vidas eram um espelho da existência agostiniana reclusa que tínhamos conhecido nos escritos de María.

Enquanto virávamos as páginas sob o olhar atento da funcionária do arquivo, imersas na caligrafia delicada da freira, nos deparamos com uma mancha que escondia um pouco o texto. A arquivista olhou por cima da armação dos óculos bifocais com um brilho travesso nos olhos, convidando-nos a voltarmos à primeira página, na qual a autora havia dedicado um parágrafo inteiro à marca.

> [Enquanto] o Sacerdote Guardião lia este caderno, que compõe a primeira parte, um menino veio trazer uma xícara de chocolate e, ao entregá-la, derramou a bebida no caderno. A folha ficou muito manchada, mas ainda dava para entender perfeitamente o que estava escrito. O Sacerdote Guardião não quis devolvê-lo assim, sujo como estava, e portanto se pôs a transcrevê-lo com a própria letra

exatamente como tinha sido escrito. E quando meu Confessor, o frei Plácido, viu os dois cadernos, o manchado e o transcrito, me disse no confessionário que tinha recebido o novo, mas que só serviria aquele escrito com a minha letra. E é por isso que incluí isto aqui, para que fique claro e todos saibam como isso aconteceu.[10]

María tinha aprendido a escrever aos 32 anos. O orgulho que sentiu quando o confessor escolheu seus papéis sujos de chocolate — simplesmente porque fora escrito com a letra dela — deve ter sido semelhante à euforia de receber a nota máxima num trabalho que durante semanas quase a levou à loucura. Mas ver a mancha sujar a obra deve tê-la deixado furiosa. É fácil imaginar María (reclamona como era) resmungando sobre a falta de jeito do sacerdote chocólatra. É muito provável que, num protesto secreto, honrando sua "maior repugnância pelo trabalho", tenha decidido apagar o lampião e não escrever nem sequer mais uma palavra. Gostamos de pensar que preferiu passar a noite à toa na cama.

Quando fomos embora da biblioteca, já estava escuro. Andamos na neve sem qualquer dignidade, ainda aprendendo a nos movimentar com as botas e os casacos que compramos uns meses antes. Então, começamos a reclamar porque talvez nossas reclamações, como as de María, também pudessem se tornar atos de subversão. Reclamamos da neve, do seminário de pedagogia, dos nossos alunos e professores, do fato de que realmente *parecia impossível, dadas as circunstâncias, que escrevêssemos tanto quanto era necessário escrever*. Mas conseguimos, adotando as lições valiosas da agostiniana: reclame para expiar a insatisfação, lamente com orgulho, resmungue sem remorso. A maior repugnância pelo trabalho: o enaltecimento entusiasmado do ato de ficar à toa.

## Como dizer não ao seu chefe com a retórica confusa, porém inflexível, de uma freira botando o confessor no lugar dele

No Museu de Arte Religiosa, abrigado no antigo Convento de Santa Mónica, em Puebla, México, uma pintura a óleo retrata uma María pesarosa. As mãos seguram com delicadeza um buquê de flores, mas também parecem se arranhar, como se reagissem a uma alergia, e as sobrancelhas, embora tenham um traço perfeito, se unem, causando rugas de expressão e lançando uma sombra sobre os olhos. É um olhar de tristeza sutil, a expressão de quem sabe que tem um dia de trabalho insuportável pela frente, ainda mais doloroso que um cinto de cilício. A pintura do pequeno rosto da freira é tão desconhecida quanto o da grande maioria das religiosas de seu século, que formavam a mão de obra anônima do catolicismo. No entanto, uma figura de um convento do século XVII perdurou, assombrando muitos cantos da cultura contemporânea.

Sor Juana Inés de la Cruz (1648-1695), cujo rosto está nas notas de 200 pesos mexicanos e vez ou outra aparece em ficções novelescas como a série *Juana Inés*, de 2016, sem dúvida é a figura mais icônica da cultura pop latina. Se essa jeronimita escapou do anonimato e do esquecimento com força suficiente para ganhar uma série na Netflix, foi porque passou a vida fazendo o possível para garantir a fama póstuma. Sor Juana era uma freira que não se limitava a escrever literatura devocional. Fez o voto de clausura, comprometendo-se a ficar para sempre no mosteiro, mas conseguiu colocar mais VIPs lá dentro do que seria possível nos bastidores do Coachella. Também fez o voto de pobreza, mas sua cela no Convento de San Jerónimo era um duplex com serviçais. É óbvio que também fez o voto de obediência, mas Sor Juana ignorava as exposições do confessor e se envolvia em debates teológicos. Quase tudo o que fez na vida parecia parte de uma operação calculada meticulosamente para obter todo o *marketshare* do excepcionalismo.

✝

Confessamos sem rastro de constrangimento que os textos impenetráveis de Sor Juana foram o motivo das maiores dores de cabeça do doutorado. Das sombras aristotélicas dos versos às metáforas obscuras herdadas do jesuíta e polímata Athanasius Kircher, os textos expressam a mesma dificuldade de compreensão que acabariam transformando a freira na autora mais hipnótica e enigmática do século XVII. Nos momentos (raros e espaçados) em que acreditávamos decifrar o código da escritora, nos sentíamos tão invencíveis quanto ao fim de uma aula de *spinning* exaustiva. Mas a lição mais valiosa que aprendemos com a jeronimita, a que nunca nos esquecemos, a que nos salvou inúmeras vezes, não tem nada a ver com a filosofia sublime ou o mistério teológico da Eucaristia. Se dedicamos um lugarzinho especial para a autora no altar conventual, foi porque ela nos mostrou como dominar a arte que oprime a todos nós no século XXI: escrever e-mails.

A primeira coisa que descobrimos uma sobre a outra foi nosso amor em comum por freiras. A segunda foi que nós duas tremíamos diante da ideia de transmitir uma mensagem que soasse minimamente assertiva. Certo dia, depois de sobreviver à defesa de nossas propostas de tese, decidimos nos mimar com um procedimento estético. Durante os longos minutos que se estenderam entre o instante em que a garota mandou que nos deitássemos de bruços na maca enquanto ajustava a luz branca para inspecionar nossas costas (que, aliás, estavam perfeitas) ao instante em que explicou que ia extrair os cravos inexistentes dessa parte esquecida do corpo, fomos incapazes de esclarecer que, na verdade, queríamos uma limpeza de pele facial. Saímos do spa caro de Providence com as costas reluzindo e o rosto tão decrépito quanto antes de pagarmos 140 dólares. Foi uma prova deprimente e inegável de que fazemos parte do clube das pessoas que fazem de tudo para agradar aos outros — duas minhoquinhas patéticas e volúveis. Se algo tão irrelevante como uma confusão durante um tratamento de beleza podia nos levar a tamanha autoflagelação, redigir um texto difícil para um membro da banca de qualificação ou o orientador era o suficiente para não pregarmos o olho a noite inteira. Este era nosso ponto fraco: não conseguíamos escrever e-mails difíceis. Cada mensagem parecia carregar toda a tensão de desarmar uma bomba. Para lidar com o estresse, desenvolvemos um sistema ainda em uso: documentos compartilhados. Como duas freiras se revezando no bordado de um pano para garantir que nenhum ponto saísse imperfeito, editamos o arquivo juntas, sugerimos palavras, reorganizamos frases e as enfeitamos com adjetivos até chegarmos a algo menos angustiante antes de enviar. Isso amenizava nossa paralisia, mas nunca conseguíamos mandar um e-mail sem ansiedade. Até lermos Sor Juana.

Em março de 1691, a jeronimita enfrentou o que teria sido, segundo os critérios atuais, o e-mail mais difícil de sua vida: a *Resposta a Sor Filotea de la Cruz*. Alguns meses antes, o sempre intrometido bispo de Puebla, Manuel Fernández de Santa Cruz, havia publicado um texto cheio de casuísticas teológicas complicadas escritas por Sor Juana sem o consentimento dela. O texto era a refutação bastante acalorada ao sermão de um jesuíta português, que lhe chegou aos ouvidos por meio de uma fofoca que circulou numa das muitas reuniões caóticas em sua sala. Como quem fica mais soltinho depois de uns drinques numa festa com amigos, a religiosa fez um discurso improvisado nessa mesma reunião, criticando sem dó nem piedade o ponto de vista do jesuíta quanto àquela que era considerada a maior qualidade de Cristo. (Freiras e bispos eram capazes de passar horas discutindo se a morte em nome da humanidade ou a dádiva da Eucaristia eram a maior qualidade de Cristo, assim como podemos passar horas debatendo se você prefere dar de cara com um urso ou um homem numa floresta deserta. A diferença é que você não sai escrevendo um tratado sobre o assunto — mas talvez devesse.) Foi só depois de muita insistência que Sor Juana concordou em pôr os argumentos no papel, num manuscrito que foi passado de mão em mão até chegar a Manuel Fernández de Santa Cruz — o mesmo bispo, veja bem, que já tinha infernizado a vida de María —, que, sozinho, resolveu compartilhá-lo com o mundo. Para a jeronimita, que assim como uma Kardashian controlava sua imagem pública com mãos de ferro, esse foi um equívoco de proporções bíblicas.

Seu argumento improvisado deu origem a vários panfletos incendiários amaldiçoando-a, mas essa nem foi a pior parte. A parte mais humilhante do caso foi o fato de que, sob o pseudônimo de Sor Filotea de la Cruz, o bispo decidiu prefaciar o texto com uma carta repreendendo Sor Juana. Ele elogiava a graciosidade de seu raciocínio e a amplitude de sua erudição, mas também a criticava duramente por dedicar o tempo à escrita de versos seculares em vez de devotá-lo a questões estritamente sagradas, como fizera no texto em que prefaciava. (Fazia dois anos que a autora havia publicado *A inundação castálida*, um volume de mais de trezentos fólios que incluía, entre outras proezas literárias, seus maiores sucessos poéticos — alguns com versos ardentes demais para o pudor que, aos olhos de Fernández de Santa Cruz e de muitos outros, uma religiosa da Contrarreforma deveria personificar.) Eis uma das frases do prefácio do bispo, no que é o tom passivo-agressivo do século XVII e que poderia servir de prova num processo por assédio moral no trabalho: "É uma pena que um intelecto tão grandioso se preste a examinar questões triviais da Terra, sem almejar adentrar os mistérios do Céu; e que, humilhando-se ao se pôr no chão, não mergulhe mais fundo, contemplando o que acontece no Inferno."[11] Quando seu chefe faz ameaças, dizendo que você vai acabar no inferno, você sabe que é hora de arregaçar as mangas do hábito e soltar todo o seu arsenal retórico para se defender.

Assim, em 1691, Sor Juana resolveu escrever a *Resposta a Sor Filotea de la Cruz*. A carta, que levou três meses para elaborar, é feita daquele malabarismo retórico apurado que usamos quando precisamos colocar o chefe no lugar dele sem pôr em risco nosso sustento ou a viabilidade do nosso projeto. Mais de trezentos anos depois, recorremos à confiável *Resposta* no dia em que precisamos escrever o e-mail mais difícil de nossas vidas. Foi no verão de 2024. Tínhamos acabado de entregar o primeiro capítulo deste livro aos editores, e a reação foi a pior possível. As frases são longas demais, disseram, as páginas são abarrotadas de informações e o mais importante: éramos ofuscadas pelas freiras. Precisávamos reescrever. Ficamos tentadas a ceder, a nos deixar levar pela tendência a agradar a todo mundo. Mas a ideia de lançar um livro que não parecesse nosso era insuportável. E, para sermos honestas, a ideia de reescrever nos incomodava tanto quanto a María: *parecia impossível, dadas as circunstâncias, que escrevêssemos tanto quanto era necessário*. Como estudantes dos ensinamentos da jeronimita, abrimos o documento compartilhado.

**Primeiro passo: conquiste o público com um toque de autocrítica e autocomiseração.** "Foi contra a minha vontade, mas minha saúde frágil e meu temor legítimo me fizeram protelar minha resposta por muitos dias. É de admirar que, nesse primeiro passo, eu esbarre em dois obstáculos que fizeram minha pena embotada tropeçar? A primeira (e para mim a mais insuperável) questão é como responder à carta imensamente culta, prudente, devota e amorosa",[12] escreveu Sor Juana. A *captatio benevolentiae* das freiras — a tática para ganhar a benevolência dos confessores — é um elemento essencial em qualquer guia conventual para o sucesso na escrita de e-mails delicados. Peça desculpas (ainda que não tenha motivos para isso), explique demais (não importa o quê) e induza o leitor ao erro com uma sequência hipnotizante de elogios.

**Segundo passo: reafirme seu voto de obediência.** "No entanto, objeto à ideia de fazer-lhe [escrever minha *Resposta*] apenas por obediência; e com o receio de que me deva mais por eu ter de pegar minha pena, com todo esse medo do que então passaria a dever-me em resposta caso eu lhe presenteasse com os mais perfeitos argumentos."[13] Trata-se do seu editor? Seu diretor de marketing? Seu orientador espiritual? Não interessa — todos se encontram no estado mais vulnerável depois de uma promessa convincente de vassalagem.

**Terceiro passo: a defesa.** Para Sor Juana, a ideia era fazer uma lista sistemática de provas favoráveis ao desejo de continuar escrevendo obras seculares dentro do convento. O argumento era objetivo — mulher nenhuma quer ser alvo das reprimendas brutais resultantes de um tropeço teológico. "E, portanto, confesso que não raro esse medo arrancou a pena da minha mão e fez o tema voltar para dentro do intelecto do qual desejava se derramar; um empecilho com o qual não me deparei em relação a assuntos profanos, pois a heresia contra eles não é punida pelo Santo Ofício, mas pela graça com suas risadas e pelos críticos com sua censura."[14] Às vezes você não prioriza as tarefas de que foi incumbida em determinada semana, o que acarreta baixo desempenho e um confessor insatisfeito. Não se preocupe. Você sempre pode se defender fingindo ser a cabeça de vento que eles acreditam que seja.

**Quarto passo (o mais temido): o contragolpe inesperado.** Sor Juana sabia melhor do que ninguém como confundir a plateia com um véu de submissão, humildade e ignorância fajuta, para então golpeá-la com uma chicotada de audácia. Desafiou Fernández de Santa Cruz sem fazer rodeios: "Se minha obra é herética, como o crítico diz, então por que não a denuncia [à Inquisição]?"[15] Talvez a frase pareça bastante civilizada, mas uma freira do século XVII não saía por aí desafiando superiores a denunciá-la à corporação mais letal da Terra se não estivesse falando muito sério. Os passos um a três são apenas uma estratégia de mitigação para que você finalmente diga o que pode gerar encrenca: essa é a hora de destacar os fiascos das estratégias de marketing, ameaçar pedir demissão ou defender com firmeza a ideia para o livro sobre freiras dos séculos XVI e XVII.

**Quinto passo: hora de manipular o psicológico do leitor.** Retome o tom mais suave, mais adorável, e peça desculpas por possíveis equívocos, como se o quarto passo fosse apenas um sonho ruim. "Se o estilo desta carta", escreve Sor Juana, "não lhe for adequado, imploro perdão por sua intimidade doméstica ou pela aparente falta de respeito [...] E me tenha em boas graças, para que suplique pela graça divina em meu nome; igualmente, que o Senhor lhe conceda grande progresso e que Ele o guarde"[16] — o que deve equivaler a um emoji sorridente depois da recusa a assumir outras responsabilidades.

Sem rumo em nossa inércia, devoramos a carta animadora e insolente de Sor Juana com o entusiasmo tenso de alguém que ousa imitar seu alter ego. Porém ela nem sempre foi uma estrategista astuta. Na tentativa de testar seu aprendizado, foi submetida na adolescência a um exame público orquestrado pelos intelectuais e clérigos mais estimados da Nova Espanha. Na época, no auge da arrogância e da despreocupação da juventude, ela saboreou o silenciamento de todos aqueles homens com seu conhecimento autodidata. Mas agora já tinha passado dos 30 anos, havia sofrido a opressão de duas décadas de perseguições, desprezo, provocações e afrontas, e tinha chegado ao limite. Em 1682, Sor Juana se permitiu explodir, uma fantasia irresistível para qualquer covarde que faz de tudo para agradar aos outros: "Não aguento mais [...] E portanto lhe suplico [...] caso não queira mais me auxiliar (o que é voluntário), por favor me esqueça."[17] Todo mundo sabe que, em certos momentos, a camuflagem de um vocabulário bem utilizado e truques de mágica hiperbólicos são insuficientes, e você simplesmente tem de gritar com o chefe, o confessor, o bispo ou o orientador da tese. Entre todos os homens de sotaina que instigaram tais gritos, nenhum tornou a vida da freira mais insuportável que seu confessor jesuíta, Antonio Núñez de Miranda. Misógino de carteirinha e grande exemplo de inveja, Núñez de Miranda observava todos os passos de Sor Juana e dissecava seus escritos com uma desaprovação cada vez maior desde que ela entrara para o convento. Quando as pessoas da alta sociedade da Cidade do México começaram a se aglomerar em torno da freira, falando aos sussurros de sua sabedoria e corando ao ouvir seus versos, Núñez de Miranda decidiu lançar uma campanha para prejudicar a mulher que já tinha sido sua protegida.

Estávamos no seminário de uma professora genial e extraordinária, que trilhou sua trajetória no campo minado da academia norte-americana dos anos 1970 e se tornou uma das primeiras mulheres a concluir o doutorado no seu departamento numa universidade da Ivy League. Era o fim da tarde de uma sexta-feira especialmente sem graça, e ela fazia de tudo para despertar o entusiasmo da classe. Para alguns, o labirinto intrincado das rixas jesuítas em que Sor Juana se envolveu já era chamariz suficiente. Para outras, nem tanto: era um pouco difícil conciliar tudo aquilo com a queda apocalíptica vivida em 2016; nos parecia algo distante demais do nosso desejo crescente de começar a planejar aonde iríamos dali a algumas horas para tomar a cerveja semanal com a qual nos automedicávamos.

Já no final da aula, enfim chegamos àquele que deve ser o trecho mais ríspido que Sor Juana escreveu na vida — tão audacioso que todas nos pegamos amassando a folha, tamanho o choque que nos causou a leitura do parágrafo que ressoa como um belo fecho dirigido a Núñez de Miranda:

> Qual é, então, o motivo dessa ira? Que razão tem para me prejudicar? Para me retratar como escandalosa? Perante todo mundo? Será que dificultei sua reverência de algum modo? Pedi-lhe algo para suprir minhas necessidades? Ou lhe importunei com alguma outra questão espiritual ou temporal? Será minha correção uma responsabilidade por força do dever, parentesco, criação, autoridade ou algo similar? Se é pura caridade, dê a ela o aspecto de pura caridade e aja como tal, com delicadeza. *Exasperar-me não é uma boa maneira de corrigir-me, pois não tenho uma natureza servil que me faça ceder a ameaças e não à razão.*[18]

Houve aplausos. Houve até alguns gritos entusiasmados. Estávamos a poucos meses da explosão do movimento #MeToo e sobrecarregadas pelo peso generalizado do machismo acadêmico, de forma que o rechaço barroco da jeronimita nos trouxe a sensação de que éramos descendentes de uma genealogia de raiva feminina ainda muito relevante.

✝

Sor Juana nos ensinou a revestir os e-mails de finesse retórica e ao menos flertarmos com a ideia de abandonar a via conciliatória quando a situação pede mais um berro que um plano. Mas a freira magistral em suas palavras também nos mostrou que, às vezes, o silêncio fala mais alto.

No fim de 2021, estávamos tão exaustas que paramos de cumprir os prazos da tese. Víamos os dias passando no calendário, os capítulos empacados na mesma página enquanto o pôster da religiosas nos observava com um olhar solidário. Naqueles últimos meses do ano, também vimos mais de quatro milhões de americanos largarem os empregos numa onda que o mundo empresarial — tão fã de rótulos — apelidou de Big Quit, a Grande Demissão. Os salários estagnados, o custo de vida cada vez maior, a maior repugnância pela realização de tarefas sem sentido dia após dia, além da perspectiva de retomar o trabalho presencial durante a pandemia de covid-19, que gerava pânico, são alguns dos desencadeadores que os analistas do mercado de trabalho apresentam ao discutir essa tendência. Resumindo, as pessoas, assim como Sor Juana, *não aguentavam mais*. Em vez de gritar isso, no entanto, milhões de trabalhadores foram abandonando os cargos feito fantasmas, trocando de emprego, se tornando freelancers ou achando cavernas onde se isolar. Bibliotecas e arquivos estavam temporariamente fechados, portanto não foi difícil ficarmos quietas, sem jamais confessar ao orientador que a tese estava parada — que tínhamos, ao menos naquele momento, largado o emprego.

No dia 8 de fevereiro de 1694, Sor Juana, que tinha uma queda pelo espetáculo que infelizmente nos falta, reafirmou os votos como freira jeronimita numa cena digna de novela: acrescentou a sua assinatura um dramático "Eu, a pior do mundo".[19] Em 5 de março de 1694, foi além: assinou uma declaração de fé com o próprio sangue e, nela, comprometeu-se também a abandonar os estudos e a escrita para se dedicar apenas a Deus. Esse gesto sempre nos pareceu bastante suspeito, e somos céticas quanto à interpretação de que a carta foi um verdadeiro ato de rendição. Aliás, em 1995, um velho inventário do convento foi descoberto, provando que Sor Juana continuou lendo e escrevendo os versos de que gostava mesmo após a promessa sangrenta. Parou apenas de publicar; seguiu sua jornada, mas em silêncio. Sempre optamos por acreditar que a Grande Demissão da religiosa não foi uma conversão radical, nem algo parecido com uma derrota. No entanto, trata-se de uma prova de que, quando a linguagem é insuficiente e gritar é impossível, ainda existe um jeito silencioso e sutil de obter liberdade.

## Como liderar seu sindicato com a dignidade de uma carmelita descalça do século XVI

Todo levante precisa de um inimigo. Distinguir um frade carmelita de outro com base nos retratos que restaram deles é quase tão impossível quanto diferenciar os cavalheiros engravatados que todo ano posam para as fotos coletivas do fórum econômico de Davos: as carecas idênticas compõem suas feições, e os mantos e batinas singelos os transformam num único borrão branco e marrom. Por mais que se observe de perto, eles sempre continuam parecendo silhuetas intercambiáveis. À exceção de um homem: Nicolás Doria. Nariz arrebitado, sorriso travesso, covinhas nas bochechas sinistramente simétricas e uma quase monocelha acima dos olhinhos pretos: tudo conspira para torná-lo inconfundível. Poucos meses depois da fundação do convento carmelita de Lisboa, quando a Cúria Geral da ordem apontou o frade genovês como chefe dos conventos da província, María de San José (a melhor amiga de Teresa de Ávila) teve certeza de que as coisas não acabariam bem.

Todo mundo tem um Doria na vida. Doria é era um homem de uma família de comerciantes burgueses que, aos 31 anos, viveu uma crise de consciência, abandonou a carreira lucrativa de banqueiro e se afastou do mundo para virar um frade descalço sob o nome pio de frei Nicolás de Jesús María. Já dentro da ordem, no entanto, está preso aos mecanismos do mundo externo que fizeram dele o homem que é. Doria pode até ter nascido no século XVI, mas tinha a alma de um consultor do século XXI que enxergava a ordem carmelita como uma multinacional na qual poderia alavancar sua carreira em ascensão. Não é surpresa que detestasse Teresa de Ávila, que implementava métodos institucionais respaldados na gentileza e na liberdade para que as mulheres escolhessem suas prioresas e seus confessores. Portanto, quando ganhou o cargo de superior provincial, sua prioridade se tornou destruir o legado da freira, ainda que valorizado por todas as carmelitas. A diretiva de Doria era simples: rigor, jejum e disciplina.

Como era possível que esse banqueiro, do nada um frade, sem sensibilidade espiritual e sem afeição pelas irmãs, tivesse o poder de destruir num segundo o que Teresa e María tinham passado duas décadas construindo? Sem se abalar com o pesadelo que se desenrolava, María de San José respirou fundo e se lembrou da lição mais valiosa que aprendera com a mentora: "É um grande mal que uma alma acossada por tantos perigos esteja sozinha."[20] A discípula sabia que muitas das irmãs queriam continuar vivendo em comunidades onde, apesar das dificuldades e perseguições, "tudo passava com risadas e com a composição de baladas e *coplas* sobre os fatos que nos aconteciam".[21] "Lute para ser amada a fim de ser obedecida", aconselhavam as *Constituições*, uma espécie de livro de regras internas da corporação das carmelitas que Teresa tinha conseguido imprimir em 1581 e que Doria queria reformular por completo. "Após as refeições, cabe à prioresa permitir que todas conversem sobre o assunto que lhes agradar",[22] acrescentava. As religiosas sabiam que, se conseguissem seguir de maneira imaculada o livro de regras, os ímpetos misóginos do superior seriam reduzidos a meras birras infantis.

✝

Em 2016, a associação dos alunos de pós-graduação da Brown tinha acabado de formalizar sua estrutura organizacional e estava em busca de novos membros. Embora nos sentíssemos um tanto incomodadas criando caso com a nossa indignação em meio ao privilégio de uma universidade de elite, a verdade é que acreditávamos que era justo equiparar as condições dos estudantes das demais ciências com as dos de humanas, aumentar o salário dos funcionários e impor algum controle sobre a carga horária dos professores. Portanto, em certas tardes, deixávamos a escrita de lado para ir às reuniões. Os encontros eram desoladores — o número de homens era muito maior que o de mulheres, e o tom era seco e sem paixão. Quando recebemos a tarefa de criar uma planilha de Excel para classificar todos os estudantes do departamento numa escala de 1 a 7 com base no grau de envolvimento de cada um na associação, nos afastamos do movimento. A situação, confessamos, quase apagou nosso entusiasmo pelo sindicalismo. Não importa em que século você leia isto: se mandarem você mexer no Excel, essa revolução não é sua.

Pessoas com mais paciência do que nós conseguiram realizar o trabalho de maneira eficiente e garantiram melhorias das quais mais tarde nos beneficiamos. Mas, até hoje temos certeza de que o movimento teria atraído mais apoiadores (inclusive nós duas) se tivesse sido encabeçado por alguém mais carismático. *Carismático*, na linguagem comum, é quem tem o dom de cativar as pessoas ao redor. *Carismático*, em termos carmelitas, é passar os breves momentos de orações juntos e, por conseguinte, enfatizar a força da comunidade. Todos os movimentos trabalhistas precisam do carisma de alguém como Fran Drescher, a criadora, produtora, roteirista e estrela da série de televisão *The Nanny*, que, em 2023, depois de assumir a presidência do Screen Actors Guild, o Sindicato de Atores dos Estados Unidos, incitou uma greve do sindicato de profissionais da mídia que ganhou muita notoriedade. Todos os movimentos trabalhistas precisam de alguém capaz de defender as conquistas coletivas e as regras do movimento com o vigor e a graciosidade de María de San José.

Se chegou a sua hora de criar um sindicato, recomendamos que siga as estratégias de María passo a passo. A primeira lição é a mais importante: enfrenta-se melhor o risco e a tensão de desafiar o patrão, seja agora, seja no século XVI, quando se tem uma rede de apoio. "Vi claramente que estaríamos perdidas se, todos os dias, continuássemos nas mãos daqueles que tinham o poder de mudar [as *Constituições*]; escrevi a algumas prioresas que conhecia e contei do perigo que corríamos, persuadindo-as a nos unirmos."[23] Antes da greve das operárias da fábrica de fósforos em Londres, de Betty Friedan, das vendedoras das lojas de roupas do grupo Inditex e de Fran Drescher, as carmelitas do século XVI já percebiam que, para manter boas condições de trabalho, era preciso a união com as colegas e o enfrentamento ao comportamento abusivo dos patrões. Escrevendo do convento em Lisboa, María fez uma lista de todas as freiras que, assim como ela, estariam dispostas a lançar uma campanha para desqualificar a nova liderança masculina da ordem. Entre suas opções, escolheu Ana de Jesús.

Ana tinha realizado uma das maiores ambições de Teresa: o convento de Madri, até hoje popularmente conhecido como "o Convento dos Desejos". Tanto Ana quanto María tinham feito os votos carmelitas em 1570 e estavam a par das necessidades de suas irmãs. A principal ideia era de que uma comunidade de mulheres só poderia prosperar se mantivesse certo grau de autonomia. Esperavam que, se ganhassem a aprovação do papa para continuar se autogovernando, Doria seria humilhado e os lares de amizade, oração, pobreza e recreação delas sobreviveriam. Em 5 de junho de 1590, o papa Sisto V respondeu ao pedido aprovando as *Constituições* como Teresa as deixou. Gostamos de pensar que, nesse dia histórico para as defensoras da autogestão e do sindicalismo, todas as carmelitas relaxaram, brindaram com um vinho doce, batucaram os tambores no claustro e, pelo menos por um instante, se esqueceram das regras e constituições, celebrando como se tivessem acabado de conquistar o direito ao voto. Mas o gosto da vitória não durou muito — Doria, com seu orgulho de macho ferido, jurou que as duas mulheres que interferiram seriam humilhadas em público e punidas. Escreveu ao rei Filipe II pedindo-lhe que revogasse a decisão do papa e, em 1592, publicou uma nova série de regras e mandou Ana de Jesús e María de San José para a prisão. Jamais subestime as consequências terríveis de se rebelar publicamente contra o presidente da sua empresa.

✝

Trancada em Lisboa, María de San José olha para as rachaduras das paredes da cela fria, o temor afetando seus sentidos, enquanto tenta se convencer de que não está sozinha. Tem a escrita, e escreve porque sabe — depois de tantos anos vivendo reclusa — que por meio das palavras pode sentir, mesmo que vagamente, o conforto caloroso das companheiras.

> Não se abatam, minhas queridas irmãs, e não deixem a fé esmorecer, mesmo que pareça que o Senhor nos abandonou por muito tempo nas mãos de quem nos persegue e nos angustia. Não pensem que é errado termos trabalhado tantos anos a serviço da Fé, exiladas em terras distantes, enfrentando a pobreza extrema e as provações insuportáveis da fundação e do sustento dos conventos [...] Imploro, queridas filhas, que não se entristeçam com o meu confinamento e tampouco sofram porque todas as portas dos meios humanos estão fechadas para a minha liberdade [...] Não penso que as palavras são em vão, embora saiba que talvez vocês não as leiam. Mas servirão de testemunho para Deus e os homens [...] Informo que vocês estão sempre presentes nos meus pensamentos e jamais sumirão da minha memória, apesar de eu estar encarcerada numa prisão tão apertada.[24]

Nada como uma cadeia da Contrarreforma para fazer alguém se apegar ainda mais à solidariedade trabalhista. A morte de Doria em 1594 trouxe certo alívio, apesar de breve. Em 1600, um dos seguidores dele, o padre Francisco de la Madre de Dios, assumiu a presidência da ordem e o destino de María de San José tomou mais uma vez um rumo horrível. Numa noite de 1603, seus camaradas tiraram a freira à força do convento de Lisboa, onde depois de tantos anos ela enfim se sentia em casa, e a transferiram para Cuerva, um vilarejo minúsculo entre as pastagens de Toledo. María morreu sozinha nove dias depois.

Esperamos (vaidosa como era) que ela tenha falecido acreditando que, embora Doria e seus seguidores tenham frustrado suas metas de vida, que jamais conseguiram eliminar o espírito de rebelião e resistência que havia incutido nas amigas, irmãs, seguidoras e colegas. María teria razão. Quase uma década depois, em 28 de setembro de 1611, Ana de Jesús escreveu de seu convento em Bruxelas para Francisca de las Llagas, prioresa de um convento perdido no meio de La Mancha: "Que ela [Teresa] nos conceda a graça de sermos suas verdadeiras filhas. Aqui, esforçamo-nos para cumprir cada palavra das *Constituições*. Caso Vossa Reverência tenha exemplares que imprimi em Madri, e eles não lhe sejam necessários, por favor envie-os a mim por meio de uma rota segura para que não se percam."[25] O legado de Teresa perdurou bastante. Os administradores e líderes da ordem continuariam mudando — alguns mais benevolentes e compreensivos, outros menos. Mas, em virtude da condução persistente de María, a classe trabalhadora carmelita já tinha aprendido uma coisa de que nunca se esquecera, uma lição que teria a felicidade de herdar por muitas gerações: em geral, o autogerenciamento discreto e a resistência velada são os únicos meios para se manter um projeto de pé, e às vezes eles bastam.

## Freira que só trabalha e nunca se diverte fica chata

A primeira coisa que descobrimos que tínhamos em comum foi a paixão por freiras; a segunda foi que nós duas éramos criaturas que tentam patologicamente agradar os outros. A terceira agonia compartilhada era uma contradição por si só: tínhamos construído nossas identidades em torno de uma força de vontade inabalável e de uma busca inesgotável pelo ofício de trabalhar, mas, no fundo, éramos torturadas por um desejo reprimido de indulgência hedonista. Por coincidência, a maior concessão que tínhamos feito a nossa verdadeira personalidade foi o abandono, aos 18 anos, da determinação sensata, mas suicida, de estudar direito e política, escolhendo o caminho mais prazeroso dos estudos literários. Que dia abençoado. Ainda assim, se não pelas lições de María de San José, não teríamos aprendido a ignorar o rigor acadêmico em busca de prazer no ofício.

Imagine passar semanas a fio dentro de arquivos e bibliotecas, absorvendo páginas e mais páginas de prosa sem graça e comedida. Se der sorte, a pessoa escreve alguma coisa que passe pelo crivo maldoso de periódicos acadêmicos estúpidos e quase inacessíveis, sendo lida por menos gente que o livro menos vendido do país menos populoso do mundo. E tem também os meses dedicados ao preparo de candidaturas a ofertas de empregos instáveis e pouco convincentes em universidades de cidades que nem você, nem ninguém consegue achar no mapa. Mais tempo ainda é gasto em longas pesquisas em cantos remotos da internet, numa procura desesperada por bolsas de pós-doutorado, cargos de professor adjunto ou uma vaga numa faculdade duvidosa de EAD. Tudo isso na tentativa de não ficar para trás na maratona espartana da carreira acadêmica. O exercício restaurativo da reclamação, que praticamos com afinco após ver o exemplo daquela agostiniana recoleta, nos salvou durante os primeiros anos de doutorado. Então chegou março de 2020. Presas numa cidade cada vez mais claustrofóbica e atormentadas pelas imagens arrasadoras que chegavam pelas televisões e pelos jornais, sentimos o mantra da maior repugnância perder seu poder tranquilizador. Mas, quando a estratégia de sobrevivência de uma freira deixa de funcionar, há sempre outra pronta para socorrer você.

Além de meio presunçosa e possessiva, além de resoluta e rebelde, María de San José, como nós, estava dividida entre uma vida de confinamento e o amor por coisas mais requintadas. Em 1585, sufocada pelo regime de terror que surgiria com a ascensão de Doria, decidiu escrever o *Livro das recreações*. Uma resposta às doutrinas de solidão e disciplina que ocupavam os altos escalões da ordem, essa obra era um projeto divertido — um livro festivo, uma celebração do deleite, um sonho bucólico, um ato coletivo de resistência. Talvez fosse mais fácil escrever uma crônica da ordem ou uma biografia sem graça de Teresa de Ávila, mas também seria bem mais monótono. Para representar as batalhas e os passatempos das freiras, a autora inventou cinco carmelitas: Gracia, Justa, Atanasia, Josefa e Dorotea. A irmã Gracia, que claramente foi a inspiração para a personagem que representava a si mesma, menciona a grande repugnância que sentia por ter de escrever uma autobiografia espiritual densa para cumprir a exigência de seu confessor. Nós duas, presas em nossos quartos apertados e forçadas, mais do que nunca, a não fazer nada além de escrever as dissertações em que mal reconhecíamos nossa vocação inicial, entendíamos muito bem o sofrimento da irmã Gracia. Ficamos contentes porque outra das religiosas criadas por María, a irmã Justa (que era meio encrenqueira e, com isso, ganhou para sempre nossos corações), propunha uma empreitada muito mais convidativa: a escrita conjunta da biografia de Teresa. Justa a convence a trocar a tarefa solitária pela prática muito mais divertida e recompensadora da escrita em grupo. E é assim, batendo papo com as outras freiras e celebrando a genealogia carmelita que têm em comum, que o alter ego de María de San José, a irmã Gracia, motivada pela voz das amigas, aos poucos escreve a biografia de Santa Teresa. Foi com ela que aprendemos a nunca sermos enganadas pela lógica meritocrática que premia o trabalho solitário — ou seja, tenha sempre uma irmã Justa na vida.

Durante aquela primavera pandêmica, inspiradas pela irmã Justa, pouco a pouco, quase sem perceber, deixamos de dedicar todas as horas do dia às teses. Quase disfarçadas, mas com um entusiasmo crescente, começamos a nos dedicar a uma tarefa divertida e coletiva condizente com María de San José: lançamos um podcast sobre as freiras dos séculos XVI e XVII. Em cada episódio, misturamos histórias pessoais, cultura pop e mal-estar geracional numa tentativa de imitar o exercício imaginativo que é o *Livro das recreações*. Longe dos limites individualistas e avesso às divagações da escrita acadêmica, o podcast era, nas palavras de María ao descrever seu livro, "muitas coisas que parecem irrelevantes e servem apenas para tornar a obra prolixa, como as discussões entre freiras que apresento, além de outras conversas desimportantes que não têm a ver com o assunto".[26] Era isso o que estávamos buscando: uma colcha de retalhos irreverente, eclética. Aquela concessão ao nosso lado mais engraçado, aquela mistura relaxada, mas rigorosa, nos salvou de cairmos em uma monotonia irremediável. O banheiro pequeno e sujo onde gravamos os primeiros episódios, coberto de edredons e toalhas para abafar o som, não era um dos jardins bucólicos e floridos onde María de San José imaginou suas freiras tagarelas. Mas a alegria de gravar e lançar os episódios, junto com a emoção de saber que estávamos formando uma nova comunidade, nos parecia inegavelmente carmelita. O bafafá dos comentários que os episódios geravam servia para lembrar que a distração não tinha sido uma indulgência qualquer. Estávamos brincando, priorizando a alegria e os desvios em vez da disciplina, seguindo a tradição de María de San José. Pois, como ela sabia, uma carga profana de trabalho não torna a pessoa mais santa.

# Corpo

*E, de súbito, de todas as feridas e lacerações que afligiam o corpo sagrado, surgiu uma profusão de pães e bolos recém-assados e de aroma doce.*

Juana de la Cruz

## Nada tem um gosto tão bom quanto a sensação de santidade: como transformar a paranoia com comida num refeitório todo seu

Na última década do século XVII, o mosteiro das clarissas capuchinhas em Città di Castello, Úmbria, foi palco de uma gastronomia macabra em sua essência. Até então, a dieta típica das religiosas que moravam lá era o mínimo do mínimo. Não consumiam carne (a não ser quando a saúde debilitada exigia) e faziam duas refeições pequenas por dia: no almoço, um caldo de feijão ralo e um único ovo, vez ou outra acompanhados de um pedacinho de fruta; no jantar, uma sopa quase transparente, feita com o caldo do almoço diluído, junto com uma fatia de pão para as comensais mais famintas. As clarissas capuchinhas mais frugais se satisfaziam apenas com um punhado de uvas, duas nozes ou uma maçã. De vez em quando, ousavam batizar a água do jantar com algumas gotas de vinho, e, às vezes, durante a quaresma, o ovo do almoço era substituído por peixe. E só. Em resumo, seguir a dieta rígida das capuchinhas era ainda mais deprimente que ser criada por uma mãe obcecada pelo peso das filhas.

Em 1677, entretanto, a noção de privação alimentar entre todas as clarissas capuchinhas italianas mudaria de repente. O ano marca a chegada de Verônica Giuliani, que, com suas penitências culinárias extremas, fez a dieta da maioria das freiras parecer uma degustação de um restaurante com estrelas Michelin. A irmã Ceoli, que mais tarde se tornaria a abadessa do convento, mas na época ainda trabalhava na cozinha, nunca entendeu por que os pratos que preparava saíam do forno perfeitamente assados, apenas para a porção de Verônica chegar ao refeitório estragada e imunda. Mas essa era a realidade: a filha de Francesco Giuliani e Benedetta Mancini, que crescera rodeada das melhores louças do ducado de Urbino, em geral recebia suas porções, sabe-se lá como, milagrosamente cobertas de vômito de gato, ratos desmembrados, bolas de pelo, baratas, vermes e sanguessugas, cujo sangue coloria a sopa. Agarrando os guardanapos para conter a náusea e quase ignorando a lição que era lida pela prioresa, as outras clarissas tinham de mastigar as nozes enquanto viam a colega com o pescoço longo esticado, comer seu banquete nojento com uma dignidade inabalável.

Como somos seletivas, tivemos de nos esforçar para conter a ânsia de vômito ao lermos os testemunhos das clarissas capuchinhas detalhando os hábitos alimentares de Verônica — mas também foi impossível não nos solidarizarmos. Qualquer um que já tenha caído no conto dietético do desjejum com um shot de cúrcuma e gengibre, ou do cultivo da própria colônia simbiótica de bactérias e levedura para desintoxicar o corpo por meio de um kombucha caseiro, sabe que o julgamento que a freira sofreu tem uma semelhança incômoda com os olhares repulsivos que as dietas contemporâneas podem provocar.

✝

Desde o começo, abrimos todos os episódios do podcast fazendo à outra uma pergunta simples: "O que você comeu hoje?" Não era raro que a resposta fosse algo triste e muito parecido com a refeição das capuchinhas, como "umas fatias de cenoura branca assada e dois ovos cozidos", "sopa de beterraba e um copinho de iogurte" ou "um omelete sem nada com aipo salteado". Providence nos recebeu com preços abusivos que devoravam nossas bolsas de pós-graduação e um supermercado que era longe demais de onde morávamos. Graças a essa combinação fatídica de resignação logística e uma ambição duvidosa de misturar "saúde" e "sustentabilidade", em pouco tempo deixamos que nosso sustento dependesse totalmente da cooperativa de hortaliças administrada pela universidade. A alternativa nos trazia certo pendor monástico para a moderação e a renúncia — a experiência alimentar do isolamento acadêmico e pessoal que abraçamos junto ao doutorado. A penúria das refeições logo virou piada entre os ouvintes do podcast. Mas a forma leve como discutiam o aipo apimentado ou as cumbucas de aveia com chia não tinha nada a ver com as desconfianças arrogantes enfrentadas por qualquer freira que almejasse a santidade por meio da disciplina implacável do jejum.

✝

Verônica submeteu o corpo a práticas bem mais severas que o consumo de proteínas de origem duvidosa. Durante cinco anos, ingeriu apenas pão e água. Só às sextas-feiras se permitia comer tangerina: cinco, para sermos exatas — uma para cada ferida de Cristo. Assustadas, as superioras tentaram confiná-la à enfermaria do convento e forçá-la a tomar pelo menos uma sopa, mas a mulher vomitava tudo o que engolia. Não importa em que século você leia isto: os hábitos alimentares das mulheres estão sempre sob vigilância. Então não será nenhuma surpresa descobrir que a mortificação extrema de Verônica virou o grande assunto de Città di Castello. O que não faltava era gente com a audácia de questionar se o jejum dela era genuíno, as especulações alimentadas por fofocas. O fato de nunca ter visto a freira se entregar a banquete clandestino não impediu a abadessa Ceoli de testemunhar que tinha ouvido de outra clarissa que a supervisora anterior da cozinha tinha flagrado a irmã Verônica agachada na despensa, se empanturrando às escondidas com as provisões do convento.

Muito depois, com 87 anos e incapaz de distinguir as contas do próprio rosário, uma tal de irmã Jacinta insistiria em declarar, com um rancor mal disfarçado, que, com aquele jejum todo, Verônica era fraca demais para cumprir sua parte dos deveres comunitários. Talvez para colocar um ponto-final nas queixas incessantes de tal freira e de outras, a abadessa Ceoli acabou recorrendo ao bispo Antonio Eustachi, a quem pediu ajuda para botar Verônica na linha. Eustachi encarregou o confessor dela, o padre Giovanni Maria Crivelli, de ministrar a disciplina necessária, embora seus métodos punitivos pareçam ter saído pela culatra. O próprio Crivelli relata que, entre as muitas ordens que impôs à religiosa para que ela deixasse de teimosia:

> [...] Uma era de que ela se recolhesse a uma cela escura dentro da enfermaria e lá permanecesse até que eu permitisse a saída, e, de joelhos, deveria lamber com a própria língua o chão, bem como as paredes da cela, e se considerar indigna de estar ali. Ela obedeceu às ordens com tamanho deleite e satisfação que chegou a engolir as teias e as aranhas, recolhendo-as com a língua enquanto lambia as paredes [...] Eu disse que aquilo era um exagero, que não era minha intenção que ingerisse as aranhas e as teias, que aquilo me causava verdadeiro asco porque poderia fazer-lhe mal. E ela respondeu que fiz bem em instruí-la a fazê-lo, que eu lhe fizera um grande favor, e ela permaneceu na cela durante dois meses, no mínimo, saindo apenas para rezar.[1]

Teias, roedores, sanguessugas, cabelo — os desejos de Verônica pareciam ter saído de um episódio de *Minha estranha obsessão*, uma série documental que mostra pessoas com compulsões como mastigar pedras até quebrarem os dentes, beber a própria urina ou morder as quinas das paredes. Embora o poder hipnótico de todos esses casos esteja na natureza insondável dessas parafilias, no que dizia respeito à irmã Verônica, o contrário era verdade. Os contemporâneos interpretavam seus transtornos alimentares pela lente da hagiografia de uma santa. A freira já tinha ouvido histórias suficientes para decorar os itens essenciais que toda garota precisava ter para se provar dotada de uma santidade sobrenatural. E ela tinha todos: usava sua coroa de espinhos (furos misteriosos apareciam em sua testa), consumava o casamento místico com Jesus, exibia uma quantidade impressionante de estigmas de Cristo e sobreviveu a muitos anos de mortificação extrema. Em 1839, 112 anos após sua morte, Santa Verônica enfim foi canonizada pelo papa Gregório XVI. Em geral, é retratada com uma coroa de espinhos, abraçada à cruz, segurando nas mãos o próprio coração —

mas talvez devesse ser retratada agarrada a uma imagem da Santa Catarina de Siena, pois, mais do que qualquer outra mística, foi essa figura medieval que inspirou os atos de penitência severos da capuchinha.

✝

A figura da *it girl* sempre existiu. Se mulheres como Kate Moss, Chloë Sevigny e Alexa Chung (bem como suas antepassadas espirituais Cindy Crawford, Naomi Campbell e Linda Evangelista) definiram os padrões das maçãs do rosto inatingíveis e da arrogância única e natural, quase toda freira nascida no século XVII tinha como exemplo de comportamento as influenciadoras mais carismáticas entre as santas. Para Verônica, a maior *it girl* sempre foi Caterina di Jacopo di Benincasa: Santa Catarina de Siena (1347-1380). Em 29 de abril, dia em que a mística italiana era (e ainda é) celebrada, Catarina apareceu para Verônica numa visão: "Senti uma dor fatal. Parecia que uma lança afiada perfurava meu coração e pregos atravessavam minhas mãos e meus pés. A experiência me trouxe uma chama de amor pelo divino [...] Tive a sensação de que o Senhor queria que eu tomasse a santa como professora."[2] Como professora, Santa Catarina era espantosamente multifacetada: depois de se juntar a um grupo intrépido de mulheres que se dedicavam à espiritualidade dominicana de modo extraoficial, ela construiu uma carreira esplêndida como mística, escreveu um punhado de tratados espirituais e chegou a persuadir o papa Gregório XI a voltar a Roma depois da insistência em transferir a sede da Igreja para Avignon. Desse catálogo variado de realizações incríveis, a discípula escolheu se apegar à menos saudável.

Catarina ficou muito conhecida pela extrema greve de fome. Certa vez, teve uma visão em que Cristo a convidou a beber da ferida suculenta de seu tronco, a guloseima mais desejada pelas religiosas do século XVII. A partir de então, seu apetite saciado para sempre, como que por milagre, ela não conseguia mais comer qualquer alimento sem vomitar. Seu confessor, Raimondo da Capua, um aliado involuntário da louca espiral de autodestruição de Catarina, descreve os hábitos alimentares angustiantes da futura santa:

> O estômago não digeria nada, e o calor corporal não consumia energia; portanto, tudo o que ingeria precisava sair pela mesma via por onde entrara, caso contrário sentia uma dor pungente e o corpo inteiro inchava. A santa virgem não engolia nenhuma das ervas que mastigava; no entanto, como era impossível evitar que migalhas de comida ou suco descessem até o estômago [...] ela era sempre forçada a vomitar o que havia comido. Para fazê-lo, introduzia regularmente e com enorme sofrimento talos de erva-doce e outras plantas no estômago, caso contrário era incapaz de vomitar.[3]

Catarina morreu aos 33 anos, exausta e desnutrida devido à severidade do jejum. O rigor da dieta e a demonstração espetacular de penitência heroica seriam a obsessão de muitas gerações de freiras, todas tentadas pelas falsas dádivas espirituais prometidas pelo que ficou conhecido como "anorexia santa". Se fomos obrigadas a crescer à sombra do infame lema de Kate Moss ("Nada tem um gosto tão bom quanto a sensação de ser magra"),[4] um absurdo macabro que evocava uma existência esquelética sustentada basicamente pelo cigarro, Verônica, como muitas outras religiosas, cresceu sob a influência de outro lema ("Nada tem um gosto tão bom quanto a sensação de santidade"), com consequências tão horrendas quanto.

É difícil não atribuir os hábitos alimentares rigorosos da capuchinha ao fascínio cego pela famosa freira mística. No entanto, temos certeza de que ela negaria com veemência tal sugestão, insistindo que a razão por trás de sua "anorexia santa" era a fiel dedicação aos próprios instintos, e não uma moda. (Quem nunca reagiu assim ao ser acusada de copiar uma personalidade da internet?) E talvez tivesse certa. Quando bebê, já dando sinais da teimosia que mais tarde definiria sua vida, Verônica às vezes recusava o seio da mãe. A pobre Benedetta Mancini parou de se preocupar com a filha quando se deu conta de que a recusa só acontecia nos dias tradicionais de jejum cristão. Nesses dias, a menina ficava sentada, paradinha, enquanto a mãe esvaziava os seios inflamados amamentando outro bebê esfomeado. Essa história ridícula de jejum precoce, devoto, parece ter sido criada para reforçar a alta conta em que se tinham os dons espirituais de

Verônica e refutar qualquer ideia de que seu comportamento fosse mera imitação rasa do caminho verdadeiramente iluminado tomado por outras religiosas. Ela sem dúvida tinha muitas histórias para refutar. Uma de suas irmãs se lembrou de um incidente em que Verônica, decidida a reproduzir os sacrifícios de Santa Rosa de Lima (uma peruana da ordem dominicana que alcançou um cargo alto na hierarquia espiritual do século XVII), colocou os dedos na moldura da porta e quase perdeu a mão — como Santa Rosa, que tinha queimado os dois mesmos membros numa penitência autoimposta. Quem viu Verônica seguir tão à risca os passos dessas mártires famosas não teve dúvida: a freira continuaria a definhar, disciplinada e faminta, até ter uma morte tão prematura e santificada quanto sua adorada Catarina de Siena. Só que os hábitos alimentares da capuchinha sofreram uma guinada inesperada, tornando-se um pouco mais saudáveis, e assim ela conseguiu chegar aos 67 anos (uma idade impressionante para a época), quando foi vítima de um derrame.

A trajetória de vida estonteante de Verônica — e de sua anorexia santa — é um exemplo do malabarismo necessário para lidar com o conflito entre os discursos que disciplinam o corpo e os atos subversivos que visam a libertá-lo. Interpretamos seu comportamento aparentemente equivocado como uma tentativa de elaborar uma resposta autônoma e emancipada ao amontoado de histórias e ordens que dominavam seu sistema digestivo. Alguns cochichavam que seu jejum era obra do diabo, outros fofocavam sobre comilanças clandestinas. Alguns confessores estavam prontos para usar a violência para corrigir o que viam como meros caprichos e ilusões de grandeza, enquanto outros, decididos a defender a dieta milagrosa, a aconselhavam a cheirar peixe podre sempre que sentisse fome. Até Deus a sobrecarregou com Suas demandas: "Quando me sentei à mesa de jantar, tive a sensação de que o Senhor me reprovava a cada mordida que eu dava. Às vezes, eu ouvia uma voz interna, 'Quando você vai cumprir Minha ordem e viver apenas de pão e água?' E minha alma era tomada de tristeza porque não podia fazer o que o Senhor me ordenava."[5] A capuchinha se via subjugada a diretrizes ainda mais contraditórias que aquelas enfrentadas pelas leitoras de revistas femininas tentando escolher entre a dieta da alcachofra, o jejum intermitente ou o método Dukan. No fim das contas, porém, Verônica criou um regime esquisito, mas único, que lhe permitiu recuperar o controle do corpo e a narrativa de sua santidade sem sacrificar a saúde. Um dia, de repente, anunciou que retomaria a dieta normal das irmãs — mas todo dia tomaria também cinco gotas de uma bebida divina que dali em diante seria derramada por seu seio esquerdo. Ninguém objetou.

✝

A crônica da jornada tortuosa de excesso e autorregulação de Verônica chegou às nossas mãos pelo relato publicado pelo abade Filippo Maria Salvatori e analisado pelo historiador Rudolph M. Bell, que no livro *Holy Anorexia* [Anorexia sagrada, em tradução livre] tenta responder a uma única pergunta: "Existe alguma semelhança entre a adolescente anoréxica contemporânea, que conta as calorias numa busca enlouquecida pela magreza, e uma santa medieval examinando todos os seus desejos?"[6] Ao ler essa obra, no começo da pandemia, trancadas em casa, trocando mensagens cada vez mais frenéticas sobre nosso interesse angustiado com um aplicativo de jejum intermitente e consumo diário de vitaminas, tínhamos vontade de dizer ao professor Bell que existe, é claro, uma semelhança superficial, mas também outro paralelo bem mais profundo. Sob uma quarentena que aumentou a sensação de impotência de cada um, e com o bombardeio costumeiro de conselhos e julgamentos sobre hábitos supostamente saudáveis que nunca diminuiu (na melhor das hipóteses, as neuroses da pandemia o intensificaram), quem resistiria à promessa de recuperar parte do controle sucumbindo a uma leve ortorexia, a obsessão com uma alimentação saudável? Quem não se deixaria levar pela ilusão de certeza inspirada por iniciativas tão absurdas e, no entanto, tão reconfortantes quanto o consumo de alimentos de acordo com as cores? Quem resistiria ao ímpeto de calcular com meticulosidade, com exatidão científica, a proporção de proteínas, carboidratos e açúcares consumidos por dia? E, em última análise, quem seria capaz de julgar as cinco gotas da duvidosa bebida divina de Verônica? Nós duas certamente não seríamos.

No começo de 2023, uma trend bastante curiosa viralizou — e desconfiamos de que a capuchinha fosse adorá-la. Usando a hashtag #GirlDinner, milhões de mulheres compartilhavam fotos das refeições que preparavam quando estavam sozinhas em casa. Não eram receitas: o encanto estava em mostrar criações improvisadas, fáceis, descombinadas, que em cenários tradicionais não seriam apetitosas, mas que elas curtiam quando estavam sozinhas — livres da pressão de cozinhar para visitas ou companheiros, e, imaginamos, das opiniões sobre seus corpos ou sua saúde. No universo do #GirlDinner, vale tudo: um prato de batata frita com picles e um copo de achocolatado; uma batata no micro-ondas com molho de alho pronto e uma lata de atum; meio abacate com uns pingos de limão e um ovo cozido; e, sim, até os roedores desmembrados de Verônica. Se a freira tivesse acesso a um smartphone e à hashtag #GirlDinner, talvez deparasse com as carmelitas descalças mexicanas da época devorando chilaquiles feitos de insetos, ou com a noviça Francisca de la Natividad, que toda noite engolia um ovo cru com pitadas de besouros carunchos. As possibilidades sempre foram infinitas, e isso é uma alegria.

Ao perguntar "O que você comeu hoje?" no começo dos episódios, talvez corrêssemos o risco de ressuscitar a prática de monitoramento corporal rigoroso de nossas amadas freiras. No entanto, percebíamos que, ao fazer a pergunta e dividir as respostas com os ouvintes, também estávamos levando adiante outra velha tradição, uma que, das celas dos conventos aos vídeos do TikTok, significa buscar — entre os gritos dos confessores, revistas femininas, nutricionistas e até a voz de Deus — um refeitório todo seu: soberano, lúdico e (às vezes) meio nojento.

## "Uma profusão de pães e bolos recém-assados e de aroma doce": como as visões místicas de uma freira franciscana explicam a sua obsessão por vídeos de receitas

Em 1671, enquanto Verônica Giuliani, que ainda não era freira, se deleitava com geleias, pratos finos e brocados em sua casa em Piacenza, uma terciária dominicana nascida no Peru acabava de alcançar a santidade sob o nome de Santa Rosa de Lima, tornando-se a primeira santa das Américas. Quando Verônica adentrou as portas do convento de Úmbria, em 1677, decidida a ofuscar as outras capuchinhas, o catolicismo já tinha virado um fenômeno de massa (imposto) a mais da metade do mundo. Para ela e para qualquer menina católica que entrasse na adolescência no final do século XVII, a popularização e a instrumentalização do catolicismo tinham suas vantagens. Com bastante esforço, ela talvez pudesse ser a próxima Santa Catarina, a próxima Santa Rosa. Para sermos sinceras, a sonoridade de "Santa Verônica Giuliani" era incrível. Tinha acabado de completar 17 anos quando disse seu último sim ao austero hábito marrom das capuchinhas, mas já percebera que, além da obediência, da devoção e das conexões certas, devia haver algum componente mágico que explicasse por que certas freiras eram imortalizadas em gravuras e santinhos, enquanto outras — a maioria — eram lembradas apenas nos livros de obituários escritos pelas irmãs de convento entristecidas. A obsessão pela descoberta do que é necessário para viralizar, portanto, não é novidade. A irmã Verônica conseguiu dominar o algoritmo sinistro da Contrarreforma graças a uma intuição atemporal: se uma coisa dá certo, insista nela. A freira sabia que botar a comida no centro da retórica visionária e da prática conventual tinha ajudado algumas de suas santíssimas referências prediletas a se tornar grandes sucessos no mundo católico, então resolveu permanecer nesse caminho. E deu certo.

Com nossas olheiras escuras e palidez, talvez passássemos essa impressão, mas não éramos nem místicas visionárias nem capuchinhas lambendo teias de aranha do chão de nossos apartamentos minúsculos a mando do orientador. Desde que chegamos a Providence, no entanto, a comida havia se transformado no grande tema de nossos biorritmos e conversas. Às quintas-feiras, depois de escolher as hortaliças na cooperativa, enfrentávamos a mesma série de enigmas, semana após semana. O que era uma alcachofra-de-jerusalém e como cozinhá-la? Dava para fazer sopa com aquela raiz de aipo que parecia uma mandrágora ou era melhor fritá-la? Ou será que o melhor era desistir e jogar tudo no lixo? Seria sensato comer apenas rabanete e beterraba? E assim seguimos por anos a fio. Todos aqueles tubérculos lamentáveis abandonados na gaveta da geladeira eram um fardo para nós, assim como o pagamento dos aluguéis seguintes ou os artigos sobre poesia épica medieval cujos prazos de entrega se aproximavam. À medida que nossos hábitos alimentares se tornavam mais parecidos com os das freiras descalças do século XVII, as longas horas de procrastinação, grudadas à tela do celular, eram quase sempre alimentadas por vídeos e *reels* que, em menos de um minuto, nos convenciam de que nossa vida tinha servido para nos preparar para o momento de assar uma massa específica com queijo feta ou fazer um lámen carbonara bem cremoso. Não é surpresa que, depois de bloquear a tela do celular, voltássemos à beterraba e ao repolho chinês, a última trend culinária da internet se dissipando feito a visão do leite doce escorrendo das feridas de Cristo.

Sabíamos que não éramos as únicas com o ímpeto de passar horas assistindo a vídeos hipnotizantes de pessoas picando cebola ou fazendo conservas de limão. Em agosto de 2023, o *New York Times* publicou uma matéria investigando o que estava por trás das 64 bilhões de visualizações acumuladas por vídeos do TikTok com a hashtag #foodtok. O artigo, que recordava os vídeos que ensinavam a cozinhar, um sucesso nos anos 1950, mostrava que, embora o tédio psicótico causado pela pandemia tivesse suscitado uma obsessão definidora de uma época (e uma um tanto insalubre) por tutoriais de cozinha, o fascínio pelos processos culinários sempre existiu. Todas as matérias — e elas existem às centenas — que tentam responder por que passamos tanto tempo vendo desconhecidos cozinhando acabam se tornando um exercício coletivo de apaziguamento: não se sinta mal por assistir àquele vídeo de uma *tradwife* sorridente que prepara 25 croissants caseiros às sete da manhã sem nem um fio de cabelo fora do lugar; não esquente a cabeça se você só liga a TV para se distrair com o *MasterChef* e a falsa fantasia de democratização da alta gastronomia. Todo mundo faz isso. Temos uma familiaridade íntima com aquela sensação de alívio coletivo que vem da observação de rituais alimentares bizarros. As freiras nos ensinaram tudo. As freiras e uma certa pesquisadora. Em Providence, enquanto construíamos os alicerces da amizade com base em resmungos angustiados sobre talos de aipo e beterrabas, o livro *Holy Fast and Holy Feast: The Religious Significance of Food to Medieval Women* [Santo jejum e santo banquete: O significado religioso da comida para as mulheres medievais, em tradução livre], de Caroline Walker Bynum, apareceu em nossas vidas. Ali estavam elas: dezenas de religiosas, santas e beguinas, que, muito antes das esposas tradicionais do TikTok, ganharam fama por sua relação com a comida — às vezes por meio de demonstrações obscenas e extravagantes, às vezes adotando os regimes mais restritivos imagináveis.

✝

Em 3 de maio de 1497, as terciárias franciscanas largaram suas tarefas para comparecer à profissão de fé da candidata mais recente ao hábito no Convento de Santa María de la Cruz. Elas jamais imaginariam que Juana Vázquez Gutiérrez, uma adolescente segura de si que tinha batido na porta da comunidade um ano antes, disfarçada sob uma batina masculina, transformaria o convento numa experiência gastronômica imersiva, multissensorial — algo que não cairia no gosto de todo mundo. Assim como Verônica, quase dois séculos depois, e Santa Catarina, um século antes, Juana já era uma exímia no ofício do jejum antes de os primeiros dentes brotarem. "Ela mal tinha nascido", alegavam os biógrafos, "quando a enormidade dos milagres de Deus começou a se manifestar nela, e, numa idade muito tenra, a menina se revelou para o espanto do povo: pois, recém-nascida, jejuava às sextas-feiras, mamando apenas uma vez no dia."[7]

Ao chegar ao convento, Juana Vázquez virou a irmã Juana de la Cruz e não poupou esforços para se distinguir na corrida abarrotada pela fama da santidade. Jejuava por até três dias seguidos, levitava nos momentos mais inoportunos e tinha visões complexas, que, em meio à alienação do êxtase, insistia em descrevê-las para as irmãs para que as anotassem às pressas. O cotidiano com a freira no convento era, para resumir, caótico. Fofocas sobre ela corriam de cela em cela num fluxo constante de cochichos. Cubas de la Sagra, o pequenino vilarejo onde moravam, não aguentava toda aquela comoção, sobretudo agora que o Imperador Carlos V em pessoa, o homem mais ocupado do século XVI, tinha encontrado tempo para dar uma passadinha lá e escutar um dos sermões de Juana.

Ao longo de treze anos, outra religiosa do convento, a irmã María Evangelista, se dedicou à transcrição dos sermões proferidos de Juana sempre que era tomada por uma revelação divina. As freiras, com as barrigas roncando de insatisfação com o ovo cozido e a casca de pão da última refeição, ficavam hipnotizadas ao ver o corpo da irmã se contorcer mais do que o de Pina Bausch, os olhos fechados por uma serenidade forçada. Em uma dessas experiências, numa voz que só conseguimos imaginar como rouca, apesar da dicção impecável, a santa disse:

> Agora, minhas amigas, devo satisfazê-las e deleitá-las [...]. E, com essas palavras, de repente a ferida do tronco sagrado se abriu, e dela se derramou um fluxo de água cristalina e fragrante; e ela se derramou em todos os cálices e copos [...]. E da mão esquerda fluiu outro líquido precioso e aromático; e das feridas nos pés emergiu uma abundância de iguarias. E então ela voou e se colocou sobre as mesas. E, de súbito, de todas as feridas e lacerações que afligiam o corpo sagrado, surgiu uma profusão de pães e bolos recém-assados e de aroma doce.[8]

A única coisa de que uma terciária franciscana precisa para atenuar a monotonia culinária da vida no convento é testemunhar o corpo de Cristo se transformar numa *piñata* derramando pães e bolos recém-assados. Sermão após sermão, Juana transformava as santas em "frutas maduras e prontas para o consumo",[9] e as hóstias se tornavam "como bolinhos açucarados e pães, brancos como neve e deliciosos".[10] Em sua imaginação, arrumava mesas para dezenas de convidados com "grandes travessas douradas"[11] e "xícaras, todas feitas de ouro e pedras preciosas".[12] Chegou a imaginar uma paisagem celestial em que Cristo era desmembrado pelos convivas de um banquete divino: "Um pegou a mão e outro pegou a outra mão, um pé e o outro, e cada um dos outros pegou uma ferida dos espinhos na cabeça sagrada e das lacerações no corpo sagrado, e encostaram a boca nessas feridas sagradas, e elas verteram doces, acepipes e bebidas."[13]

Um dia, instigada pela curiosidade ou talvez pela inveja, a freira encarregada de vigiar a cela de Juana não conseguiu resistir à tentação de abrir um cofrinho que sabia que a colega guardava com uma reverência especial. Ao abri-lo, descobriu, "atônita",[14] "algumas folhas verdes muito frescas, bem parecidas com preciosas folhas de parreira". Com muito cuidado, cutucou as folhas, olhou para os lados para ter certeza de que ninguém a observava, e as pegou na mão. Ao desdobrá-las, viu que havia algo escondido com o mesmo zelo que alguém teria ao embrulhar o último sanduíche do mundo: uma hóstia. Olhou ao redor mais uma vez, cada vez mais angustiada. Não queria que ser flagrada revirando seus tesouros, mas, quando se deu conta, era tarde demais: naquele exato instante, a bem-aventurada Juana de la Cruz voltou de sua elevação...

> [...] E mal havia recobrado os sentidos quando viu a freira revirando o cofre. E ela disse às pressas, "Irmã, não mexa a mão e não encoste nessa relíquia, pois este é o Sacramento Mais Sagrado. Traga-me o cofre de joelhos". Com muitas lágrimas, e com admirável reverência e fervor, disse: "Preciso fazer o que os anjos mandaram, e receber Nosso Senhor, embora não seja digna." Então ela pegou a hóstia mais sagrada, a consumiu e comeu as folhas em que o Sacramento Abençoado estivera embrulhado, sem deixar nem uma migalha para trás. Embora a freira tenha suplicado que ela deixasse pelo menos um pedacinho das folhas sagradas como relíquia ou para que a própria as provasse, Juana respondeu: "Não recebi permissão para dividir parte nenhuma com ninguém. Preciso consumir tudo sozinha."

E assim, alheia ao olhar consternado da companheira e correndo o risco de engasgar com a folha de parreira mal mastigada, a franciscana reservou o prazer de devorar o estranho banquete todo para si. Os atos calculados de restrição dietética nunca a impediram de fincar um pé no delírio da glutonaria. Juana de la Cruz é, sem dúvida, a amiga que janta brócolis no vapor com umas gotinhas de limão todas as noites enquanto enche sua caixa de mensagens de vídeos de como fazer o bolo de chocolate perfeito ou como preparar o frango frito do KFC em casa.

O que não falta são razões teológicas e eucarísticas para justificar os espetáculos gastronômicos de Juana, mas gostamos de pensar que, por trás de cada fruta cristalizada e dose de bebida que imaginava, havia algo mais. A terciária franciscana sabia que, para subir no pedestal de excelência espiritual, precisaria se submeter, assim como Catarina, Verônica e muitas outras, a jejuns insalubres e exagerados. Também sabia que tinha de simular uma relação tóxica e exclusiva com Deus e que, quando a hóstia sagrada caísse em suas mãos, seria necessário tornar-se a freira mais gananciosa do convento. Mas talvez, nos espaços oníricos abertos por suas jornadas místicas, Juana se permitisse acolher o desejo por outra vida, menos solitária e rigorosa que aquela que encenava por meio dos jejuns: uma mesa cheia de amigas, uma delas com açúcar no canto da boca, outra bêbada, cantando uma música qualquer, e todas trocando olhares contentes antes de oferecerem às outras a última fatia do pão de ló. "Dessa vez a comida ficou bem melhor", elas comentam, caindo na risada sem saber por quê.

## Não deves suar em vão: como fugir da academia e adotar uma rotina diária de ginástica minimalista

Faz muito calor no Convento de San José, em Ávila. São duas e pouco da tarde e o calor abafado de agosto começa a queimar a pele sob o hábito das 13 carmelitas descalças que cantam os hinos das horas canônicas. Quando chegam ao livro de Salmos, Isabel de Santo Domingo mal consegue manter a compostura. Sacode os ombros, tentando conter as cócegas do suor escorrendo entre os seios. As vozes se calam. O ambiente é tomado por um silêncio súbito. As bochechas de Isabel ficam vermelhas, pois ela acha que foi sua inquietude desajeitada que causou a interrupção. Logo nota, entretanto, que os olhos das irmãs estão fixos em Santa Teresa. Está acontecendo de novo: a fundadora das carmelitas está levitando.

Todo mundo sabia que Teresa levitava. O boato havia se espalhado das celas de San José para os cantos mais distantes dos mundos eclesiástico e secular, tanto na Espanha quanto além. Mas ouvir falar do espetáculo era uma coisa, vê-lo era outra. Anos depois, em 1610, durante o processo de canonização de Teresa, Isabel testemunharia diante de um conjunto de autoridades eclesiásticas e narraria cada detalhe da enigmática acrobacia aérea com que a fundadora havia surpreendido as carmelitas durante alguns de seus arrebatamentos, transes ou o que quer que fosse que de repente levava o corpo da futura santa a fazer tão ousadas proezas.

> Digo como testemunha ocular, e como uma das acompanhantes mais frequentes da Mãe sagrada [...] a força do espírito divino pelo qual o Senhor se comunicava com ela era tão grandiosa, e a devoção com que se entregava a Deus tão potente, que não só o espírito se elevava até Ele, como o corpo também se afastava do chão. E, como a Mãe sagrada era muito humilde e não tinha desejo algum de ser considerada santa, suplicou a esta testemunha e às outras filhas que, quando a vissem elevar-se, que a puxassem com força pelas roupas para devolvê-la ao chão. E, quando começava a sentir que o Senhor queria erguê-la, se agarrava às esteiras do chão e às grades do coral.[15]

Ao ler o testemunho de Isabel, como acadêmicas, planejávamos analisar o contexto de perseguição que rondava o processo de canonização estabelecido durante a Contrarreforma ou estudar as sutis nuances teológicas de cada um dos arrebatamentos espirituais de Teresa. A verdade é que, exaustas e sem forças, só conseguíamos imaginar o espaço para o coral do Convento de San José como o palco de uma sessão inesperada de calistenia enclausurada: 12 freiras se ajoelhando e usando toda a força dos bíceps para puxar a saia de Teresa, enquanto a futura santa usava os músculos abdominais para segurar as grades do coral e fazer umas flexões de ponta-cabeça. Com a obsessão platônica por esportes de quem passa 14 horas por dia numa cadeira, era difícil não ver as levitações místicas de Teresa como uma sessão de treino anacrônico.

É claro que nem uma única página de toda a historiografia que consultamos corrobora nossa desconfiança de que a carmelita precisasse de ginástica para viver seus famosos transes. Aliás, nem as vozes mais respeitadas da época viam sinais de uma rotina de exercícios no cenário conventual. Em 1713, um médico italiano chamado Bernardino Ramazzini acrescentou um breve ensaio sobre a proteção da saúde das freiras à nova edição do tratado *As doenças dos trabalhadores* e gerou alarme. Segundo ele, a vida das religiosas era de um sedentarismo abominável, pois se dedicavam apenas à reza, à costura e ao canto. "Embora não negue de pronto que o canto e a salmodia contem como exercícios", ele escreveu, "defendo que são insuficientes se não exercitam o corpo inteiro também com atividades físicas mais adequadas [...] A mera leitura e as canções exercitam os pulmões, mas não o corpo todo."[16] É possível que, durante suas investigações conventuais, Ramazzini tenha encontrado várias religiosas que discordavam e defendiam a rotina aeróbica da ordem, porque, algumas linhas depois, o médico se sentiu obrigado a acrescentar: "As freiras vão insistir em dizer que se exercitam por completo todos os dias, ao tocar os sinos da igreja, ao alvorecer, durante a manhã e no fim da tarde, um tipo de exercício pesado o bastante para aquecer o corpo e frequentemente induzir a perspiração." Cientes do tamanho e do peso de certos sinos, sempre achamos o ceticismo de Ramazzini injusto. Se o cabo de guerra foi um esporte olímpico até 1920 e o tiro esportivo se qualifica como tal desde 1998, as religiosas que tocam sinos para as matinas — que sem dúvida exibiam quadríceps durinhos, mãos calejadas e bíceps de aço devido à manutenção do ritmo contínuo dos objetos monumentais — merecem um espaço na escalação das Olimpíadas.

Não sabemos quantos conventos o médico italiano visitou para decidir que tinha reunido dados demográficos suficientes para esse breve ensaio, mas talvez devesse ter complementado a pesquisa de campo com a leitura de uma ou duas autobiografias espirituais. Quem ler, por exemplo, certos trechos do *Livro da vida*, de autoria de Teresa, será incapaz de desdenhar das exigências físicas do arrebatamento espiritual. Nós, que levamos exatos seis dias para abandonar um programa promissor de exercícios com um personal trainer, achamos impossível ler o Capítulo 20 da autobiografia da santa sem ter a impressão de que as demandas físicas de Deus têm uma semelhança bizarra com os berros motivacionais de um professor de ginástica sádico, e que a exaustão da freira espelha a nossa quando desmoronamos no vestiário depois de um treino que sabemos que nos deixará incapacitadas pelo resto da semana.

> O Senhor se apodera da alma (vamos imaginá-la como nuvens puxando os vapores da terra) e a ergue para longe, e a nuvem ascende rumo aos Céus [...] Uma força súbita e poderosa se lança sobre você, tão potente que você a vê e a sente, ou essa águia colossal, subindo, segurando-a nas asas, e levando-a, ainda que você resista, a um extremo contra o qual muitas vezes desejei lutar [...] Às vezes eu conseguia, a duras penas, como quem trava uma batalha contra um gigante feroz, e depois ficava exausta. Em outros momentos, era impossível, e Ele elevava minha alma, e quase sempre também a minha cabeça, e às vezes o corpo inteiro era erguido [...] Implorei ao Senhor inúmeras vezes que não me desse mais esses sinais externos, pois já estava muito cansada [...] Parecia que, quando eu queria resistir, uma imensa força me erguia pelos pés, força que não sei comparar a nada, muito mais intensa que qualquer outra sensação espiritual, me deixando destruída, pois era uma luta brutal, e no final das contas, quando o Senhor queria, força nenhuma podia fazer frente à dEle.[17]

Não há como negar que Teresa tinha uma rotina regular e pesada de exercícios arrebatadores, mas, a julgar pela resistência ao movimento, parece que ela não era a pessoa mais atlética do convento. Mas a motivação para se exercitar, sabemos bem, é um tanto inconstante.

✝

São nove horas da noite e nós duas estamos empoleiradas em bicicletas ergométricas. Pedalamos num ritmo bom, com a resistência ajustada a um nível que fica a um triz da imprudência. O suor arde no rosto, e a respiração fica cada vez mais irregular, mas não importa: queremos exibir nosso empenho. Não estamos numa aula de *spinning* nem blindadas pelo anonimato de uma academia. Na realidade, quatro holofotes estão apontados para nós e 150 pessoas nos assistem. Estamos no palco de um centro cultural, gravando ao vivo um episódio do podcast, que agora se metamorfoseou numa performance. Pouco depois de começarmos a lançar os primeiros episódios, passamos a receber convites para gravações ao vivo nos lugares mais inesperados: uma igreja barroca desconsagrada, um festival de cultura digital ou, como naquela noite, uma instalação artística que liga o mundo fitness à adaptabilidade climática de formas sombrias e perturbadoras. Estamos exaustas. Em algum momento que não sabemos bem quando, nosso plano mágico de equilibrar a pesquisa acadêmica, as exigências do podcast, a escrita de um livro, o showbiz e nossa própria vida simplesmente saiu do controle. Teimosas como as fundadoras de convento mais persistentes, no entanto, continuamos a corrida louca numa velocidade de cruzeiro não muito diferente da que estávamos atingindo agora, na bicicleta, sob o olhar um bocado incrédulo da plateia.

A verdade é que, nos últimos anos, enquanto o horizonte de obrigações se expandia, uma fé cega e absurda também crescia dentro de nós: acreditávamos que criar uma rotina de exercícios e segui-la com uma disciplina carmelita bastaria para que fôssemos capazes de qualquer coisa. Se a cabeça não aguentasse mais, o corpo teria de nos salvar. É claro que nem as aulas de boxe três vezes por semana, nem a de pilates, nem a de *spinning* — com uma música tão ensurdecedora que quase conseguia expulsar da cabeça tudo o que não fosse sua batida — poderia nos salvar da fadiga acachapante e do preço que a agenda saturada infligia a nossos corpos maltratados. Nas bicicletas ergométricas estavam duas alunas de doutorado, três distensões musculares, um hipotireoidismo mais ou menos controlado e duas cirurgias vasculares recentes demais. No entanto, ali estávamos, porque, fiéis ao nosso tempo, nos empolgamos com uma ideia de bem-estar físico que se tornou, bem, teatral e ambiciosa. As séries de ginástica são gravadas, o pilates é feito com máquinas bizarras como pano de fundo, e a transformação mental e física pela qual a pessoa passa é semelhante à do método para atores: as roupas muito específicas, as frases motivacionais ecoando na cabeça. Concordamos em participar disso porque, oprimidas pela carga da tradição acadêmica, queríamos dar uma perspectiva pré-moderna a essa iniciativa artística que examinava a crise climática pela lente da adaptabilidade. Entretanto, temos de confessar que foi a ideia de sermos duas literatas exibindo abdômens inesperadamente tonificados e ombros musculosos que nos seduziu, ainda que sob essa falsa boa forma houvesse dois corpos bem decadentes. Talvez todas nós precisemos de uma religiosa do século XVII para domar esse senso de espetáculo insalubre que molda a relação com o corpo e seus esforços acrobáticos.

✝

María de Jesús de Ágreda não teria nem um pingo de paciência com vídeos de ginástica facial, esportes televisionados ou a obsessão comum por exercícios de isometria. Entre as várias ocupações às quais essa freira concepcionista dedicava a vida — era magistral em geopolítica, conselheira do rei Filipe IV e praticante da bilocação (embora nunca tenha saído do convento, num vilarejo de Soria, ela alegava ter se teletransportado para os recônditos do Novo México para catequizar povos indígenas) —, foi abençoada com o dom da levitação. Em *Relacion de la Vida de la Venerable Madre Sor Maria de Jesus* [A vida da venerável madre Sor María de Jesús, em tradução livre] (1687), o bispo José Jiménez Samaniego relata que, durante os arrebatamentos místicos, a religiosa ficava inconsciente, mas seu corpo "se levantava um pouco, sem tocar o chão, e se tornava leve como se não tivesse peso. A ponto de, como uma folha de uma árvore ou uma pluma, até uma respiração distante ser capaz de movimentá-la".[17] E não era só isso. Nos êxtases, María de Jesús alcançava um nível incrível de excelência aeróbica: as proezas criaram um verdadeiro Super Bowl que em pouco tempo fugiu ao controle. Entre 1620 e 1623, o convento concepcionista de Ágreda se tornou uma arena, atraindo centenas de espectadores que também participavam do espetáculo místico incomum.

A devoção de alguns, talvez incitada pela curiosidade, gerou súplicas tão veementes para que as Fundadoras lhes permitissem testemunhar esse milagre que elas acabaram concedendo a permissão, e enquanto a Serva de Deus estava em transe, tendo recebido a Comunhão como sempre, os portões da Comunhão eram abertos para que fosse vista. Com isso, as freiras tiravam o véu do rosto dela para que vissem sua beleza extraordinária, e os leigos tentavam soprá-la para que ela se movimentasse. Essas testemunhas depois divulgavam o que tinham visto, e todas as pessoas respeitáveis que ouviam os relatos solicitavam igual privilégio. Em consequência, com uma solicitação levando a outra, e sem ninguém com a audácia de negar o que já tinha sido permitido, a situação se tornou uma desordem imprudente e perigosa.

A freira, flutuando inconsciente de pessoa em pessoa, recebendo uma série de sopros, estava completamente alheia ao pandemônio público e descarado em que suas irmãs, as promotoras dessa diversão conventual, haviam transformado suas levitações. Quando ela enfim descobriu, por meio de uma denúncia, o desgosto foi lendário. Numa carta escrita anos depois, disse: "Se a justiça secular tivesse me considerado culpada de um grande crime e desfilado comigo em um jegue para me humilhar em público, eu não teria sofrido tanto quanto ao saber que fui observada em meus arrebatamentos e levitações."[18] María de Jesús de Ágreda renunciou às levitações olímpicas, que agradavam multidões. A partir de então, passou a exercitar o corpo com genuflexões, os braços cruzados em oração, e toda a retórica corporal que acompanhava as devoções, trocando os exercícios suados e teatrais por uma rotina de exercícios minimalista, mais discreta e sustentável.

# *Amor*

*Não falemos de quanto nos amamos, porque é infinito.*
Ana de Jesús para Beatriz de la Concepción

## Como duas freiras e um jesuíta podem convencê-la a finalmente baixar aquele aplicativo de relacionamentos

"O fato de você ser uma mulher distante/ não é empecilho para o meu amor:/ para a alma, como você bem sabe,/ a distância e o sexo não contam."[1] Pode até parecer uma colaboração queer entre Billie Eilish e Phoebe Bridgers, mas esse não é o refrão de uma música pop nostálgica que está no topo das paradas no momento. Os versos bastante ousados foram compostos por uma freira jeronimita para sua adorada vice-rainha, a esposa do representante do rei espanhol na Nova Espanha. Sor Juana Inés de la Cruz e María Luisa Manrique de Lara y Gonzaga (um nome muito pomposo que incluía dois grandes espólios hereditários, um principado, um condado, um marquesado e, durante um tempo, um vice-reino) se conheceram em 1680, na Cidade do México. Estaríamos mentindo se disséssemos que não imaginamos os encontros entre a freira e a condessa com a voltagem elétrica que as cenas da série *Juana Inés*, da Netflix, criam para as duas, mas, infelizmente, as limitações cruéis do arquivo nos impedem de completar os detalhes desse hipotético caso de amor de forma fidedigna. É claro que isso não nos impediu de virar várias noites comendo pizza e analisando os mínimos sinais que alimentam a esperança de que, na verdade, a muito comentada "amizade íntima" entre a jeronimita e a vice-rainha viviam uma história de amor intensa às escondidas.

†

Em 30 de novembro de 1680, uma procissão de novos vice-reis fez uma entrada triunfal na Cidade do México. María Luisa sabia que a nomeação do marido como vice-rei, uma honra concedida pelo rei Carlos II, representaria uma ascensão meteórica para o casal, levando-os a um dos cargos mais cobiçados na Nova Espanha e permitindo que aumentassem o poder de sua linhagem com a influência política que ganhariam. Acostumada aos eventos discretos da corte de Madri, onde servia de dama de companhia da rainha, é pouco provável que María tenha previsto a extravagância com que a nova cidade os receberia. Nem mesmo as Paradas do Orgulho de hoje conseguem agitar tanto as cidades com seu brilho e euforia quanto aquela procissão triunfal. Todas as ruas viraram parte do vasto palco urbano elaborado para deslumbrar os vice-reis: fachadas e outras superfícies foram revestidas de enfeites caros, hordas de cavalos e cavalheiros contornavam as curvas decoradas e, durante toda a festança, as salvas de artilharia aconteciam a intervalos regulares, acompanhadas pelos clangores gélidos dos trompetes. Quando María Luisa e o marido chegaram à praça onde ficava a catedral, já não restavam dúvidas de que os dignitários locais os tratariam com todo o refinamento que o protocolo exigia durante os seis anos de missão no vice-reino. Mas o que realmente a encantou — e a convenceu de uma vez por todas de que o novo posto seria uma bênção difícil de largar — foi uma imagem que a deixaria nostálgica até o fim da vida: o espetacular arco triunfal que os aguardava junto à catedral.

Essa peça elevada de arquitetura efêmera, de quase trinta metros de altura, era uma estrutura complexa, de três camadas, e era temporária. Tinha sido habilmente pintada para dar a impressão de ser de jaspe e bronze. O arco emoldurava oito painéis adornados com inscrições e imagens repletas de referências mitológicas obscuras, com o objetivo de retratar o recém-chegado vice-rei como um Netuno do México da era moderna e a vice-rainha como a Minerva dele. Imaginamos o arco com tantas colunas e figuras que causava o mesmo choque que o *kitsch* do visual espalhafatoso do castelo da Cinderela na Disney. Se em algum momento a condessa questionou o bom gosto do colosso, as dúvidas se dissiparam no instante em que um representante do conselho municipal deu uma explicação espirituosa e audaz a respeito do arco. A aristocrata quase se sentiu obrigada a se ajoelhar ao passar debaixo das colunas. Quis logo saber quem havia criado aquela peça arquitetônica formidável e criado os versos. Assim, teve a última surpresa incrível do primeiro dia no México quando foi informada que a criação era obra de uma freira que vivia reclusa no convento jeronimita de Santa Paula, a poucos quilômetros dali.

María Luisa ficou animada com a ideia de conhecer Sor Juana — e, por fim, conseguiu fazê-lo. Em 30 de dezembro de 1682, dois anos após o primeiro encontro com a religiosa, escreveu uma carta para a prima, a duquesa de Aveiro, com as únicas palavras que dissera sobre Sor Juana que sobreviveram ao tempo. Ela poderia ter falado da estranheza da arte plumária, da doçura enjoativa do abacaxi ou de qualquer outra novidade que conheceu nas Américas, mas era consumida por uma única obsessão: "Não existe nada mais prazeroso que a visita de certa freira de San Jerónimo. É uma mulher única, não há ninguém parecido" e "tendo a ir até lá de quando em quando. Sempre me divirto, e passamos muitas horas falando de você".[2] Jamais saberemos o que aconteceu entre as duas, mas desconfiamos de que era muito mais do que passar horas jogando conversa fora sobre a prima da vice-rainha. O que sabemos é que desde o dia em que se conheceram, Sor Juana se entregou à escrita de poemas líricos ardentes dedicados a María Luisa — verdadeiros hits, dignos de qualquer relação complicada.

Nos versos da jeronimita, a vice-rainha é uma criatura cruel que apenas toma, e nunca retribui. Com uma devoção desesperada, a freira alega que o tratamento hostil que recebe da aristocrata é tão prazeroso que "torna a dor adorável e o tormento glorioso".[3] Ela brada, de joelhos, "que ninguém se compadeça de mim por estar enlaçada, pois eu trocaria ser Rainha por me tornar Escrava".[4] Ainda que os versos adentrem um território que induz rubores — "Os dedos são tâmaras de alabastro/ brotando em abundância das palmas,/ frios se os olhos os contemplam,/ tórridos se a alma os toca"[5] —, críticos e historiadores insistem apagar a paixão evidente neles e negar qualquer envolvimento romântico, argumentando que a jeronimita estava apenas adotando os códigos literários do amor cortês como um gesto de vassalagem à vice-rainha. Essa interpretação nunca nos convenceu. Como qualquer garota que tenha crescido acompanhando as excentricidades de Carrie Bradshaw ou de Hannah Horvath, sabemos muito bem que, às vezes, o amor não passa de um jogo performático com tramas e clichês de um programa de TV para que a pessoa se sinta protagonista da própria vida. Mas a verdade é que, embora às vezes a gente tenha dificuldade de imaginar Sor Juana consumida pelas dores do amor, não é porque acreditamos que ela estava apenas seguindo uma retórica cortês inocente que, segundo os críticos, não teria levantado suspeitas entre os contemporâneos. (Um fato quase sempre esquecido é que os editores precisaram incluir um aviso na coletânea desse tipo para garantir aos leitores que a relação entre a escritora e a vice-rainha era "casta" e livre de qualquer comportamento inadequado.) Se às vezes duvidamos de um romance consumado entre ambas, é porque achamos que Sor Juana, sempre absorta em reflexões filosóficas e ocupada escrevendo hipérbatos cada vez mais rebuscados, seria bem capaz de dispensar uma noite de paixão para se recolher na cela e mexer no astrolábio. No entanto, a insistência em negar a possibilidade de que uma freira do século XVII fosse lésbica sempre nos foi desconcertante, e a veemência com que essa opinião é defendida também começou a nos afetar.

✝

No verão de 2022, o Museu do Prado nos convidou para fazermos uma live no Instagram comentando nossas obras preferidas. Em poucos minutos, houve uma avalanche de comentários furiosos. Nenhum deles tinha a ver com um lapso cronológico ou uma atribuição errada de autoria — a hostilidade foi reservada às breves referências à existência de lesbianismo nos conventos dos séculos XVI e XVII (o fato de uma de nós estar usando uma camiseta que dizia EU FUI UMA CRIANÇA LÉSBICA no dia da gravação talvez não tenha ajudado). Mais de 110 mil pessoas já assistiram ao vídeo, e até hoje uns desocupados aparecem para deixar um comentário desagradável.

Já fomos acusadas de deturpar a história ao inventar fatos escandalosos convenientes para a nossa pauta e já sofremos a ameaça de uma ação judicial movida pela Associação de Advogados Cristãos. A reação conservadora não surpreende, ainda assim ficamos genuinamente aborrecidas com a crença inabalável de que a existência de uma freira lésbica seja tão inverossímil quanto a de um elefante voador. Na verdade, a adorada Santa Teresa admitiu a possibilidade perigosa de "amizades especiais" surgirem entre suas freiras em 1567, alertando para as questões que surgiam quando as religiosas tinham permissão para visitar as outras em suas celas. Em suas *Constituições*, Teresa deixa a proibição bem explícita: "Irmã nenhuma deve entrar na cela de outra sem a permissão da prioresa, sob pena de grave transgressão."[6] Ela prossegue, dizendo que a tranquilidade e a vida dos conventos dependiam da garantia de que "nenhuma irmã abrace outra, nem toque em seu rosto ou mãos, nem faça amizades particulares, mas que todas se amem de modo geral [...] Que se amem de modo geral e não específico é muito importante". Em 1567, Teresa entendia os riscos da intimidade melhor que aquela sua amiga que tem certeza de que sabe lidar com uma amizade íntima com o crush emocionalmente indisponível.

Quando nos conhecemos, em 2016, uma de nós já entendia muito bem o caos que pular de cela em cela causava e circulava pelo campus da universidade com uma cara de quem já tinha visto de tudo, usando a camiseta EU FUI UMA CRIANÇA LÉSBICA que mais tarde nos causaria problemas. A outra ainda se fazia de desentendida sobre "amizades especiais" e vivia meio angustiada em seu recente casamento heterossexual. Que as amigas fossem ficando cada vez mais lésbicas, que se empolgassem muito mais com os dilemas amorosos da outra do que com a própria vida, e que passasse as poucas horas livres do doutorado assistindo *The L Word* escondida — eram sinais claros do que inevitavelmente ia acontecer, mas a cegueira deliberada fez o sofrimento durar mais alguns anos. Por sorte, quando você está se enganando, sempre há um tratado religioso do século XVII para salvá-la.

✝

Em 2021, com o podcast já em curso, decidimos gravar o episódio que deve ser nosso favorito até hoje: "O que uma lésbica como você está fazendo num convento como este?" Enquanto fazíamos pesquisa para o roteiro, descobrimos *A esposa de Cristo* (1635), um tratado didático para freiras escrito por um moralista jesuíta chamado Bernardino de Villegas, com um capítulo que chamou a atenção: "Sobre as sete inconveniências das amizades especiais entre mulheres."[7] Com esse título, seria de se imaginar que é uma lista de problemas causados por uma dinâmica de grupo entre as freiras que não deu muito certo, mas o que Villegas nos apresenta são sete dicas infalíveis para identificar uma lésbica no seu convento — e, na verdade, em qualquer outro lugar. Gostamos de imaginar as noviças do século XVII lendo o tratado de Villegas com as mãos fechadas e o coração acelerado, prontas para levantar os dedos à medida que se identificavam com os pontos levantados pelo jesuíta, da mesma forma que alguém hoje abriria o TikTok e teria a maior epifania da vida com um vídeo que diz: "Levante o dedo se você vive sonhando com a sua melhor amiga. Levante o dedo se você sempre achou que todas as mulheres sentem atração por outras mulheres. Levante o dedo se..." Pelo menos uma de nós leu as sete dicas infalíveis de Villegas dessa forma (e talvez agora você faça a mesma coisa). As evidências são as seguintes:

1. **O eterno metapapo** ou, em termos jesuítas: "as conversas entre aquelas que se gostam, que são totalmente compostas de historinhas, piadas e risadas, sendo quanto elas se amam o tema principal das discussões".[8]
2. **A amizade suspeitosamente grudenta** ou, em termos jesuítas, "o afeto com que aquelas que se amam se olham em todas as ocasiões. Elas sempre querem estar juntas, uma tocando a outra, incapazes de se afastar por nem sequer um instante".[9]
3. **O apego angustiado tóxico** ou, em termos jesuítas, "a mente inquieta e a intranquilidade do coração quando não se sabe o que a pessoa amada está fazendo [...] a freira pode estar no coral, rezando com o corpo, mas a alma está na cela da amiga, ansiosa para que a oração termine para que possam estar juntas".[10]

4. **O ataque de ciúmes** ou, em termos jesuítas, "a impaciência que toma conta de quem ama profundamente ao ver a amiga olhando para outra pessoa".[11]
5. **A grande DR** ou, em termos jesuítas, "a ira e a confusão que às vezes acontece entre aquelas que se amam, quando a mínima ofensa faz com que se odeiem com a mesma comoção com que sentiram amor".[12]
6. **A chantagem emocional** ou, em termos jesuítas, "os presentes e berloques inadequados, as infantilidades e as palavras doces que compartilham".[13]
7. **O nepotismo amoroso** ou, em termos jesuítas, "o ocultamento inadequado com que uma encobre as falhas da outra, com uma amiga isentando a outra de transgressões nocivas à comunidade".[14]

Talvez a avaliação de Villegas descreva melhor uma relação tóxica do que um verdadeiro romance lésbico, mas sabemos que essa lista foi responsável por, no mínimo, uma saída do armário tardia. No século XXI, o protocolo de identificação do jesuíta moralista é um exercício paradoxal de normalização. A intuição de Villegas — que Santa Teresa e até a Inquisição compartilhavam — era de que uma comunidade só de mulheres, sem vigilância, inevitavelmente acarretaria alguns romances entre elas. A ideia inverte completamente nossa presunção automática de heterossexualidade, que pesa tanto sobre nós hoje, fora dos conventos, quanto pesava sobre quem vivia dentro deles nos séculos XVI e XVII. O *gaydar* de uma mãe fundadora e de um jesuíta moralista sempre funcionarão bem melhor que a intuição de uma turba de reacionários cheios de ódio.

✝

É claro que o caminho para uma amizade especial nunca é fácil. Os versos de Sor Juana confirmam que se aventurar no campo do namoro é como pisar num abismo.

*O Amor começa com inquietude,*
*ânsia, desejo ardente e insônia;*

*cresce com encontros, aventuras e desconfianças,*
*e é sustentado por choros e súplicas.*
*Descobre a frieza e a indiferença,*
*e persiste sob véus enganosos,*
*até que, com mágoas ou ciúmes,*
*o fogo se extingue em lágrimas.*[15]

Seus versos de amor para Luisa são os únicos em que se percebe alguma tranquilidade. De modo geral, Sor Juana parece aquela amiga que, arrasada depois de um período apocalíptico num aplicativo de relacionamentos, enche a cara, escreve uma música lenta intitulada "Aquela em que os efeitos irracionais do amor são descritos racionalmente" e acaba murmurando, com a clareza típica de quem chegou ao fundo do poço: "Para a fantasia virar realidade/ o pobre coração se esforça/ mas, frustrando o desejo,/ só resta a fossa."[16] Quando o mandato de seis anos dos vice-reis terminou, Luisa e o marido resolveram adiar por dois anos a partida do México. Em 1688, no entanto, Sor Juana e Luisa enfim tiveram que dizer um adeus definitivo. Durante nossas emotivas reuniões noturnas, sempre que o pessimismo da jeronimita em relação ao amor parecia nos levar rumo ao voto de castidade, nos apegávamos ao fato de que naquele ano, quando pisou em Madri de novo, Luisa carregava o manuscrito de Sor Juana, disposta a publicá-lo e transformar a "amiga especial" na freira mais famosa do século XVII. O caminho podia ser tortuoso e enganoso, mas a relação complicada entre Sor Juana e a vice-rainha nos convenceu — ainda que as duas tenham hesitado — de que *encontros, aventuras* e *desconfianças* do amor são algumas das melhores formas de manter a vida interessante.

### Como os altos e baixos emocionais de duas lésbicas perseguidas pela Inquisição podem colocar suas desventuras românticas em perspectiva

Enquanto vai devagar para seu último interrogatório, Inés de Santa Cruz pensa em quando sentiu a primeira onda de ciúme. Nós a imaginamos tomada pelo arrependimento, pensando que faria qualquer coisa para apagar um dos diversos episódios tóxicos com que, por anos a fio, tentou garantir a exclusividade da intimidade com Catalina de Ledesma. Essa não é a primeira vez que Inés é instada a detalhar as idas e vindas da relação das duas diante de um grupo de autoridades e escreventes escandalizados. Não parece justo que tenha que falar mais uma vez da sua vida pessoal para os burocratas eclesiásticos, mas sabe (pois faz três anos que esse inferno começou) que o silêncio é um luxo ao qual não pode se dar.

Antes que possa colocar a cabeça no lugar, ela é bombardeada pela primeira rodada de perguntas: "Quanto tempo faz que você conheceu Catalina de Ledesma? Em quais circunstâncias e onde?"[17] Nenhum canto do ambiente sombrio, dominado por um crucifixo, convida a devaneios românticos, mas Inés não consegue evitar. Ao que parece, nada melhor que a tensão de um julgamento sumário pela Inquisição para uma pessoa se recordar dos primeiros intensos beijos que logo saíram do controle. O suor pinga da testa do escrevente, que mal consegue registrar o testemunho sem estremecer. Decidida a não se esconder mais atrás das próprias charadas e mentiras deslavadas, ela começa a falar, num ritmo condizente com o frenesi da pena do escrevente:

> Fazia cerca de quatro anos que essa confessora [Inés] estava incumbida de uma casa de expiação para mulheres na cidade de Valladolid, para onde foi levada a supracitada Catalina de Ledesma, e como essa não tinha cama, a confessora lhe permitiu dormir na dela. Alguns dias depois, o que seria mais de quatro meses, a confessora se deitou com a mulher antes citada, e elas começaram a se acariciar e se beijar e trocar palavras carinhosas, inflamadas pela lascívia. Catalina disse à confessora, "Minha alma, minha vida, você quer foder?" E, com isso, a confessora se deitou em cima de Catalina como um homem, abrindo as partes pudendas e vergonhas da mulher, e a confessora pressionou o corpo contra o dela até descarregar sua semente no corpo de Catalina. Nesse momento, a confessora usou as mãos para abrir as partes de Catalina conforme descrito.[18]

Inés é aquela amiga que exagera nos detalhes quando você faz a pergunta inocente: "Então, como foi ontem à noite?" Mas, quando o ouvinte é o Tribunal do Santo Ofício, os riscos de evocar imagens tão explícitas para descrever suas atividades noturnas provocam muito mais que caretas constrangidas.

Mesmo sob a ameaça dos castigos inquisitoriais habituais (como o açoite ou o exílio), Inés achava impossível não saborear a lembrança dos primeiros encontros com Catalina. Porém encontrou alguns segundos para se preocupar com o que de fato a inquietava: o testemunho de Catalina. Os anos que passaram juntas contaram com surtos de possessividade, vozes elevadas e complicados casos poliamorosos, mas Inés tinha fé de que, quando precisasse depor diante do mesmo tribunal, Catalina se apegaria ao amor das duas assim como ela.

✝

Catalina era cinco anos mais nova que Inés, havia abandonado um marido e tinha bem menos conexões institucionais que a namorada para conseguir escapar da ira da Inquisição. Desde que se conheceram, no *beaterio* — uma espécie de convento sem reconhecimento oficial criado por Inés em Salamanca, que abrigava mulheres que se preparavam para a vida religiosa —, a relação havia sobrevivido ao exílio conjunto, à pena de morte (mais tarde revogada) e a diversos flertes com a não monogamia. (Não importa em que século você leia isto: uma relação longa nunca escapa da conversa incômoda do significado da palavra "fidelidade".) À frente do mesmo crucifixo dilapidado que havia testemunhado o depoimento da parceira, Catalina tentará fazer uma confissão sincera sobre a relação — mas açucarada o bastante para não ter que morrer agonizando na forca:

> Nos últimos três anos, a confessora [Catalina] e a mencionada Inés se conheceram carnalmente como homem e mulher, com a confessora sob a mencionada Inés e Inés por cima, e Inés descarregando sua semente no corpo da confessora. Elas se beijaram e abraçaram, trocando palavras carinhosas como homem e mulher, e isso

aconteceu cerca de trinta vezes, mais ou menos, mas desde que foram exiladas não tiveram as ditas relações carnais [...].[19]

A discrição não é o ponto forte do casal. Catalina está ciente do burburinho que as cerca em todas as cidades onde viveram, dos vizinhos que comentavam suas demonstrações públicas de afeto e da convivência tumultuosa que em nada se assemelhava a uma lua de mel. Mal tem tempo de se recuperar quando ouve as perguntas seguintes: a mencionada Inés de Santa Cruz e a confessora tinham ciúme uma da outra? A mencionada Inés tinha proibido a confessora de ficar perto da janela, de usar maquiagem e de falar com homens? Elas tinham discussões constantes por isso? Catalina odeia admitir, mas acaba reconhecendo que "Sim, ela e a mencionada Inés às vezes brigavam porque uma dizia à outra para não ir à janela ou pintar o rosto".[20] Por que correr o risco de um flerte com alguém do outro lado do muro do doce lar se já eram comprometidas? É tentador julgar as tendências controladoras de Catalina e Inés, mas que levante a mão quem tem a consciência limpa o suficiente para submeter as dinâmicas da própria relação ao julgamento da Santa Inquisição.

✝

Quando a pilha de mais de uma centena de páginas de documentos sobre o julgamento de Inés de Santa Cruz e Catalina Ledesma chegou às nossas mãos, tínhamos, somando as duas, sobrevivido a um divórcio, a mais de uma dezena de relações e seus respectivos términos, a duas saídas do armário — uma precoce e discreta, a outra tardia e dramática — e a uma boa dose de infidelidades, às vezes cometidas, às vezes sofridas. Em resumo, a vida. Tínhamos vivido derrocadas emocionais suficientes para olhar as reviravoltas experienciadas por Catalina e Inés assim como alguém devora uma revista de fofoca ou maratona os episódios de *Keeping Up with the Kardashians* na expectativa de achar algum conforto ao nos identificarmos com os fiascos românticos de figuras distantes como Khloé Kardashian ou Drew Barrymore. Mas havia algo mais. Era 2021, e as restrições acadêmicas, que nos obrigavam a assumir uma responsabilidade profissional e proporcionavam uma fonte de renda, haviam se tornado um refúgio das vidas pessoais cada vez mais caóticas. O turbilhão de mensagens no WhatsApp enlouqueceria até o mais imperturbável especialista em emoções. De vez em quando, uma tentava fingir uma calma inexistente que a outra, paralisada, só conseguia reforçar.

— Carmen, eu realmente acho que da próxima vez que me encontrar com ela, vai estar tudo bem.
— Claro que vai. Lembra do que São João da Cruz dizia: "O mal do amor só é curado pela presença e pela imagem."
— É verdade, você tem razão.

Estávamos tão mal que buscar os conselhos de um frade carmelita do século XVI ajudava. Em outros momentos, recorríamos a novos modelos de teoria romântica e ao surto de neologismos ligados a relacionamentos que sitiavam nosso algoritmo, tentando encontrar algum apoio para nossas crises sentimentais. Primeiro foi a desunião consciente ("Ana, eu estou lendo um livro chamado *Conscious Uncoupling: 5 Steps to Living Happily* Even *After* [Desunião consciente: 5 passos para viver feliz para sempre *mesmo* depois da separação, em tradução livre]"), depois a agamia ("Ler *Agamy: Program for Collective Relational Emancipation* [Agamia: um programa para a emancipação relacional coletiva, em tradução livre] me ajudou muito") e depois as possibilidades do poliamor ("Depois de ler *Monogamous Mind, Polyamorous Terror* [Pensamento monogâmico, terror poliamoroso, em tradução livre], a gente passa a entender várias coisas."). Mas a verdade é que nenhum desses livros nos deixou menos ansiosas.

Naquele verão, fomos convidadas a participar de um programa de rádio apresentando histórias sensacionalistas da era barroca. Embora na época relutássemos tanto quanto hoje em mergulhar nas histórias sombrias de dissidência sexual guardadas nos arquivos da Inquisição, decidimos explorá-los na esperança de encontrar algo interessante que preenchesse os cinco minutos de programa que nos deram naquela manhã de sábado em agosto. Chegamos num livro intitulado *Las cañitas: Un proceso por lesbianismo a principios del XVII* [As caniças: um processo por lesbianismo no início do século XVII]. Ali estavam elas: Inés e

Catalina, fundidas num único termo, Caniço, um apelido que ganharam graças ao "caniço em forma do membro viril"[21] que usavam nas relações sexuais. Também tinham uma "engenhoca de lã semelhante ao órgão genital masculino", "outro caniço pontudo um bocado grosso" e "um caniço quebrado grosso". Parece que o casal Caniço saiu direto do século XVII para desbancar o mito da morte lésbica na cama — a lenda urbana de que a vida sexual das lésbicas em relações estáveis definha cedo. Os detalhes do julgamento revelam que, em 1606, Catalina e Inés também tinham aberto a relação para uma tal de Ángela Jerónima, que por sua vez tinha um caso com uma mulher chamada María de la Paz. Parece que sua polícula não é tão revolucionária quanto você imaginava.

Devorar o julgamento de Inés e Catalina nos distraiu dos calhamaços sobre modelos de relacionamento que andavam ocupando todo o tempo que não dedicávamos à construção do Monastério El Escorial ou aos versos mais confusos de Luis de Góngora. Sabíamos que os documentos que catalogavam a perseguição ao casal Caniço continham, dentro da retórica punitiva da Inquisição, o resíduo pegajoso da motivação pornográfica. No entanto, achamos a arqueologia sentimental e lésbica que vínhamos procurando justamente quando mais precisávamos dela. Descobrir que, há quatro séculos, duas mulheres apaixonadas de trinta e poucos anos tinham conseguido lidar com a pressão da rotina, a tensão de inúmeras mudanças de cidade, a fofoca homofóbica e o risco de se apaixonarem por outras mulheres do convento — sem falar da perseguição pública e hostil — nos acalentou. Não que a descoberta do casal Caniço tenha posto fim nos nossos fiascos românticos num passe de mágica, mas saber que Inés e Catalina eram atormentadas por problemas românticos que nos são tão familiares hoje em dia — o desejo inebriante, os rancores acumulados, o ciúme, a busca pelo brinquedinho sexual perfeito e o esforço necessário para que a ternura seja escolhida apesar de tudo — nos ajudou a enfrentar o incômodo de nossas vidas com muito mais tranquilidade e determinação. Se Inés, Catalina e seu arsenal de dildos tinham sobrevivido, então talvez nós também sobrevivêssemos.

✝

Depois do malfadado verão de 2021, *Benedetta* chegou aos cinemas. Paul Verhoeven, o diretor de *Instinto selvagem*, tinha levado as aventuras lésbicas da freira teatina na Pescia do século XVII às telonas. Conhecíamos muito bem a relação de Benedetta Carlini com Bartolomea Crivelli, portanto fomos assistir ao filme como duas sabichonas entediadas, convictas de que sabíamos mais sobre a história que veríamos que qualquer outra pessoa naquela sala de cinema — e até da equipe que fez o filme. Em 1619, as autoridades da Igreja processaram Benedetta porque suas visões místicas acabaram revelando algo muito pior do que um par de estigmas ou uma imagem extravagante de Maria: uma relação de dois anos, às vezes não consensual, entre Benedetta, a prioresa do convento, e Bartolomea, sua assistente. O escrevente oficial presente durante o depoimento da segunda escreveu que:

> Ao longo de dois anos contínuos, duas ou três vezes por semana, no fim da tarde, depois de se despir e ir para a cama à espera de que a companheira, que a serve, também se despisse, ela a jogava na cama à força e, enquanto a beijava como se fosse homem, ela se mexia tanto em cima da outra que ambas se corrompiam, porque ela a segurava à força durante uma, às vezes duas, às vezes três horas. E [ela fazia essas coisas] durante as horas mais solenes, sobretudo de manhã, ao alvorecer [...] Benedetta, a fim de sentir maior prazer, colocava o rosto entre os seios da outra e os beijava, e queria ficar com ela assim.[22]

Em comparação com o testemunho de Bartolomea, o retrato tórrido e descomplicado de Verhoeven nos causou repulsa. Saindo do cinema, comentamos com indignação que a câmera do diretor era uma réplica perfeita do olhar pornográfico apresentado pelos julgamentos da Inquisição. Foi então que decidimos buscar refúgio em romances conventuais mais reconfortantes.

## Como a retórica de uma carmelita codependente pode salvar seu namoro a distância

"Creio que estejamos encantadas uma com a outra, pois nos dias em que não falo com Vossa Reverência, sou incapaz de viver."[23] Não sabemos como Beatriz de la Concepción se sentiu quando, em 16 de janeiro de 1608, notou essas palavras no alto da última carta recebida do convento das carmelitas descalças de Mons, na Bélgica. Imaginamos Beatriz ávida, indo até o portão ao ouvir que o mensageiro havia chegado, os passos ligeiros, mas cadenciados, transmitindo a calma de quem sabe que suas mensagens sempre serão respondidas. Sua autoconfiança era justificada — desde que Ana de Jesús tinha ido embora do convento de Bruxelas e se instalado em Mons, a 70 quilômetros de distância, nem uma semana havia se passado sem que Beatriz recebesse uma carta da mulher com quem tinha vivido durante catorze anos. Embora há tempos ambas tivessem deixado para trás o fervor impaciente da juventude — Beatriz tinha 39 anos e Ana acabara de completar 63 —, as correspondências que trocaram durante os quase três meses em que foram obrigadas a viver um amor a distância foram um convite para que contemplássemos possibilidades mais serenas e íntimas de amor conventual do que as que disparavam alarmes entre os homens da Inquisição do século XVII. Os suspiros e as declarações de amor de Ana de Jesús e Beatriz de la Concepción, a versão do convento do casal Sarah Paulson e Holland Taylor, não teriam serventia alguma para as lentes intrometidas da câmera de Paul Verhoeven. É justamente por esse motivo que são tão úteis para nós.

Quando Ana de Jesús vestiu o hábito carmelita, em 1570, abandonou o nome Ana de Lobera y Torres ao cruzar os portões do Convento de San José, em Ávila. Tinha 24 anos e jamais imaginaria que o voto de clausura incluiria um turbilhão de transferências — ela moraria em Granada, Madri, Paris, Dijon, Amiens, Bruxelas, Leuven, Mons — e reviravoltas exaustivas. Uma das maiores reviravoltas foi ser encarcerada em Madri a mando de Nicolás Doria, frade genovês que foi o pesadelo da associação carmelita de María de San José. Quando enfim foi liberta desse isolamento arbitrário, Ana só tinha forças para se recolher ao convento onde se sentia em casa: o mosteiro das carmelitas descalças em Salamanca. As poucas companheiras que ainda lhe restavam estavam, assim como ela, idosas e frágeis, mas alguns rostos mais jovens (que se ajoelhavam muito mais rápido) haviam ingressado no convento para assegurar que a comunidade permaneceria viva. De todas elas, a que mais cativou a veterana foi Beatriz de la Concepción.

✝

Quando se conheceram, em 1594, Beatriz e Ana sabiam recitar de cor trechos inteiros do livro que toda garota que quisesse se destacar como carmelita descalça precisava dominar: *Caminho de perfeição*. Fazia quase trinta anos que a Santa Teresa tinha elaborado esse manual para guiar suas freiras pelos recônditos mais distantes e áridos da vida religiosa. Como já sabemos, o que mais tirava o sono da fundadora carmelita não eram acessos de melancolia, visões ambíguas de inspiração divina e avanços de confessores lascivos. As verdadeiras agentes do caos na harmonia do convento eram as "amizades especiais".

> Aqui, todas devem ser amigas, todas devem se amar, todas devem se apreciar, todas devem se ajudar; e atenção aos apegos especiais, pelo amor do Senhor, por mais sagrados que possam parecer, pois até entre irmãos eles podem ser venenosos, e não vejo neles nenhum benefício [...] Para reprimir esses apegos, é necessário um grande zelo desde o início da amizade; deve-se ter mais delicadeza e amor que severidade. Para evitar que isso aconteça, é melhor que não estejam juntas a não ser nas horas designadas, nem que se falem seguindo o costume que agora praticamos, que é não estar juntas [...] mas cada uma em sua cela [...] e se a preferência pende mais para uma do que para outra [...] tomemos muito cuidado para não permitir que essa afeição nos domine.[24]

Nos momentos mais sombrios, também tentamos aderir a esse desapego emocional das carmelitas, mas nunca conseguimos: existia sempre um olhar, uma palavra, algumas carícias que nos arrastavam sem dó nem piedade de volta à submissão.

Talvez esses trechos de *Caminho de perfeição* ecoassem na mente de Ana de Jesús enquanto escrevia com o vigor de uma adolescente apaixonada para Beatriz de la Concepción durante os poucos meses em que se viram forçadas a viver separadas. Ou talvez Ana achasse que já tinha feito muitos sacrifícios em prol da ordem, e que o afeto e o companheirismo de Beatriz eram os únicos privilégios terrenos de que não estava disposta a abrir mão. "Não falemos de quanto nos amamos",[25] escreveria em 24 de janeiro de 1608, "porque é infinito. Essas seis semanas têm me parecido seis anos, e a cada dia essa sensação aumenta." Como todo mundo, Ana logo foi desdenhando da distância, dizendo numa carta para Beatriz: "Dormindo ou acordada, a ausência me atormenta, e o efeito que tem sobre mim parece uma tentação. Se o que você sente por mim lhe causa a mesma coisa, me compadeço de você."[26] Depois de três meses de agonia, Ana de Jesús voltou para o convento de Bruxelas, jurando nunca mais ficar longe de sua amada. Quando, em 1612, o talento e a boa reputação de Beatriz a tornaram a principal candidata para chefiar a fundação das carmelitas descalças em Cracóvia, na Polônia, Ana de Jesús se negou firmemente a aguentar outra separação. Seu biógrafo, o cisterciense Ángel Manrique, relata que, quando Beatriz de la Concepción demonstrou um leve interesse em participar da incursão carmelita na Polônia, Ana não hesitou em arregaçar as mangas do hábito, pegar a pena e escrever para a Espanha: "A madre superiora [Beatriz de la Concepción], com o espírito elevado, deseja se exilar outra vez [na Cracóvia]. Deus não permita que nos separemos até que Ele [Deus] me leve para perto de Si."[27] E assim foi. Ana de Jesús faleceria em 4 de março de 1621, em Bruxelas, com Beatriz de la Concepción ao lado. Sem rede social para prestar pequenas homenagens que aliviassem o peso do luto, Beatriz canalizou toda a tristeza para a escrita da biografia de Ana, com o objetivo de acelerar a beatificação e canonização da companheira. E o fez de uma forma linda: sendo meticulosa ao reunir informações, falando com todas as freiras que tinham convivido com Ana, mantendo sua memória viva por meio de uma crônica polifônica e de todo feminina.

✝

Em maio de 2024, o Bumble, um aplicativo de relacionamentos bem conhecido ao qual nós duas já tínhamos recorrido mais de uma vez, lançou uma campanha multimilionária na esperança de ressuscitar sua popularidade em queda, corroída cada vez mais pelas críticas às premissas fundamentais das relações virtuais. No anúncio, uma garota de vinte e poucos anos, exausta depois de uma série de fiascos amorosos, decide ir para o convento e adotar o celibato com uma indiferença admirável. Sob o olhar atento da prioresa e das outras freiras (que usam hábitos amarelos pouco críveis), a jovem é um fracasso lamentável em todas as tarefas conventuais: chega atrasada ao refeitório, ignora a série de exercícios de calistenia e não resiste aos encantos de um jardineiro sem camisa com barriga tanquinho. O ataque não parou aí: Estados Unidos afora, outdoors advertiam, mais em tom de ameaça do que de conselho: "Não deves desistir dos aplicativos de relacionamentos e virar freira." A reação foi imediata, viral e veio em avalanche. Na semana seguinte já não havia sobrado nem um único outdoor. Centenas de usuários da internet, entre eles Julia Fox, Kate Hudson e Khloé Kardashian, alegavam que a malfadada campanha deslegitimava a liberdade emocional e sexual das mulheres. Tinham razão. Logo nos juntamos à onda de indignação, mas fizemos isso sabendo que havia também um erro colossal nas suposições da propaganda: embora o diretor criativo do Bumble tenha recorrido ao convento como símbolo de restrição emocional, celibato forçado e abstinência romântica, quem tinha as cartas de Ana de Jesús na mesa de cabeceira sabia que aquilo que Julia Fox e outras pessoas como nós procuravam ao fugir de uma cultura romântica cada vez mais catastrófica e comoditizada era justamente o refúgio amoroso que freiras como Ana e Beatriz sabiam como cultivar em sua vida juntas no convento. Assim como o casal Caniço, Ana e Beatriz entraram na nossa vida em um momento fortuito. Domingo sim, domingo não, eram estas as mensagens que trocávamos:

— Ana, bebi demais ou você ficou mesmo com X na frente da Y?

— Carmen, você esbarrou mesmo nos seus ex-sogros com a sua namorada? Bom, acho que agora eles já sabem que você é lésbica.

— Ana, você terminou com ela antes de assinar o contrato de aluguel do apartamento, né?

— Carmen, por favor não venha me dizer que você está pegando orçamentos com empresas de mudança. Faz duas semanas que vocês se conheceram.

Depois de uma série de desastres emocionais que assustariam até o tribunal da Inquisição mais experiente, nós duas encontramos um pouco de paz em parceiras amorosas que — infelizmente para todas as envolvidas — moravam do outro lado do Atlântico. As cartas de Ana de Jesús ajudaram a aplacar a inquietude das nossas longas noites de saudade numa Providence cada vez mais inóspita — as chamas do sofrimento amoroso da carmelita codependente funcionando como um pilar para o sucesso de qualquer relacionamento a distância.

# Dinheiro

*Posso garantir que, caso o dinheiro tivesse sido enviado para custear minha própria alimentação, eu não seria tão grata.*

Santa Teresa para María Bautista

## Esqueça a *girl math*, está na hora de aplicar a matemática de convento

"Deus nos livre do dinheiro", roga Rosalía na canção "God Save Us from Money", de 2019. Caso Santa Teresa tivesse ouvido a súplica da cantora, temos certeza de que não hesitaria em ecoá-la. Em janeiro de 1570, a carmelita lamentou que, apesar de "desprezar o dinheiro e as questões comerciais, o Senhor decidiu que não devo lidar com mais nada além disso, e essa não é uma cruz leve de se carregar".[1] Quase uma década havia se passado desde sua decisão de fundar uma ordem religiosa, e Teresa já aceitara que o sonho de sustentar os conventos sem patronagem e viver apenas de doações, era uma fantasia ingênua. Quase dois anos antes, no fim de 1568, seu irmão mais velho, Lorenzo de Cepeda, tinha mandado uma quantia suficiente para pagarem por um novo espaço ou fazerem os muitos consertos urgentes dos vazamentos e rachaduras que infestavam todos os conventos que ela mantinha. Na ausência de um sistema mais eficiente que a inconveniente Casa de la Contratación (um Western Union barroco), os mais de dois mil pesos de prata tinham ficado presos em Sevilha. Em meados de janeiro, Teresa finalmente conseguiu desvendar o labirinto de papeladas e intermediários. Achava que dali a alguns dias já estaria com o dinheiro em mãos. "Tornei-me uma negociante e comerciante tão boa, com todas essas casas de Deus e a Ordem, que agora sei de tudo",[2] escreveu, com a mesma presunção de uma colega se gabando da taxa de juros baixíssima que conseguiu no financiamento imobiliário — mas se recusando a revelar qualquer estratégia de negociação. Para resumir, a religiosa havia se declarado uma ótima negociadora com a mesma naturalidade contraditória de Rosalía, que implorava proteção divina contra o dinheiro e, no mesmo trabalho, profetizava "sei que nasci para ser milionária" — para cinco anos depois lançar o império imobiliário Tresmamis S. L. As carmelitas descalças não foram empresárias do ramo, e Santa Teresa tampouco foi uma artista-empresária-modelo que empurrou a Espanha para a primeira fileira de todas as grandes semanas de moda, mas chegou perto. Teresa logo percebeu que, para gerenciar a reforma espiritual, não teria que decorar tratados espirituais, acumular conhecimento bíblico ou passar horas a fio bordando escapulários, mas sim lidar com hipotecas, pegar empréstimos e achar patronos.

✝

É 1576 e Teresa está prestes a completar 65 anos. Ela se dá conta de que o tempo está se esgotando e, embora tenha conseguido fundar mais de uma dúzia de conventos e mosteiros, ainda não realizou todas as suas ambições. Acima de tudo, não quer morrer sem ter a certeza de que conseguiu fazer de sua ordem religiosa, as carmelitas descalças, uma organização independente, livre da supervisão e das regulamentações da adversária principal: as carmelitas calçadas. Era um pesadelo burocrático semelhante à tentativa de cancelar um plano de telefone ou saber em qual repartição pública ter que entregar aquele formulário para liberar o cartão de transporte municipal. Mas, se você fosse uma religiosa católica do século XVI, a solução para quase todos os seus problemas estaria aos pés de apenas uma pessoa: o papa. O trabalho administrativo necessário para marcar um encontro com o Santo Padre, no entanto, era acachapante para uma comunidade de freiras que, conforme resmunga Teresa, "não tem nem trigo nem dinheiro, mas um mundo de dívidas".[3] Exausta, ela recapitula mentalmente as contas: a ideia de pagar a viagem dos frades para Roma, para que façam as negociações, é desanimadora, e nenhum convento tinha como arcar com a imensa quantia necessária para a correspondência internacional. A única saída, Teresa sabe, é a coletivização.

Valendo-se de uma operação complexa de economia espiritual, em que Deus atuaria como um fiador universal conveniente à beça, Teresa pediu o dinheiro necessário primeiro às freiras de Valladolid, garantindo que qualquer quantia emprestada a ela seria reembolsada integralmente por Deus — com juros — no Reino dos Céus. (Um ano e meio antes, o convento de Valladolid tinha recebido com entusiasmo uma noviça tão bem relacionada que, na chegada, ela entregara à tesouraria do convento um dote generoso pago por ninguém mais ninguém menos que o rei Filipe II.) Quando recebeu os duzentos ducados de ouro, um favor tão monumental quanto o envio de um maço de notas de cem dólares, Teresa se esqueceu do desapego, da discrição retórica e do voto de pobreza.

> Que o Espírito Santo esteja com Vossa Reverência e a recompense, junto com todas as irmãs, pela alegria de Páscoa que me deram com a doação voluntária da carta de pagamento [...] Posso garantir que, caso o dinheiro tivesse sido enviado para custear minha própria alimentação, eu não seria tão grata. Elas agiram com generosidade e muita felicidade. Que o Espírito Santo as recompense. Eu lhe digo, que Deus lhes retribua com muito mais.[4]

Com um bolo de dinheiro na mão, até a garota mais humilde do mundo vira uma rapper num videoclipe, beijando as cédulas com lascívia, estirada numa cama com um dossel.

Infelizmente, os duzentos ducados de Valladolid não bastavam. Com a mesma habilidade persuasiva (e quase extorsiva) de uma amiga que tenta convencer você a investir em uma startup de cosméticos naturais, Teresa recorreu às freiras de Sevilha, que a atenderam, mas não com igual nível de caridade. "Vocês foram generosas no que doaram à Ordem. Que Deus as recompense", agradeceu por escrito, fazendo questão de ressaltar que "nenhuma casa nos deu tanto, à exceção de Valladolid, que nos deu cinquenta [ducados] a mais".[5] Em comparação com o monte de ouro recebido de Valladolid, 150 ducados eram uma miséria, e parecia errado não mencionar a discrepância em nome da campanha virtuosa. Em agosto de 1580, quando a notícia de que o papa Gregório XIII enfim tinha aprovado a província independente das carmelitas descalças causou frenesi no convento de Medina del Campo, Teresa deve ter se sentido vingada pelos pedidos. Às vezes, até a noviça de sandálias gastas ou a freira exausta mais apegada à cama de madeira precisavam arregaçar as mangas, correr atrás de um empréstimo sem juros e aprender sobre as complexidades das hipotecas. Como Teresa lembraria a suas freiras, "existindo dinheiro, tudo é possível",[6] até mesmo um fluxo de caixa suficiente para financiar a missão diplomática de dois frades a Roma. Temos certeza de que, enquanto ela administrava heranças e traçava planos ainda mais ambiciosos de aquisição de imóveis, nada apaziguaria Santa Teresa mais do que cantarolar (talvez meio fora de ritmo) os versos de Rosalía: "Mas sei que não posso ter nada disso/ Até o dia em que tiver muito dinheiro."

†

Toda fundadora de conventos do século XVI sabia que era impossível levar adiante uma reforma espiritual sem mergulhar nos enigmas do endividamento, mas nem toda garota do século XXI tem tanta clareza quanto à melhor forma de administrar o privilégio ambíguo de ter um cartão de crédito. No fim da nossa primeira semana em Providence, em 2016, nós fomos ao único banco que encontramos dentro do campus com a mera intenção de abrir uma conta para receber a bolsa de doutorado. Para nosso espanto (um que só pode ser compreendido por quem, assim como nós, não foi criado com a cultura bancária dos Estados Unidos), fomos embora zonzas, segurando não só os cartões de débito que esperávamos, mas também cartões de crédito que nem queríamos e que, no mesmo instante, começaram a criar rombos no nosso orçamento com a mesma mistura pungente de sofrimento e desejo de um cilício. Agora tínhamos crédito. Mas tínhamos sequer um milésimo da parcimônia de Santa Teresa? Não. Naquele outono, embarcamos num padrão de maus hábitos financeiros que teriam drenado até a conta bancária mais saudável do Vaticano.

Um diálogo revelador que tivemos nessa época:

— Acho que o cartão de crédito dá bastante flexibilidade, Ana. Eu preciso pagar a fatura do cartão, que foi de 250 dólares, e também tenho uma conta de 250 dólares para pagar. Mas, se eu pagar a fatura do cartão, posso usar o cartão para pagar a outra conta do mesmo valor. É como pagar duas contas pelo preço de uma, né?

— Eu acho que seu plano não tem como dar errado.

Anos antes de a *girl math* — aquela lógica enrolada de justificar gastos absurdos como se fizessem total sentido — viralizar com diversos exemplos constrangedores de raciocínios financeiros espetacularmente equivocados, já éramos praticantes fiéis das desculpas duvidosas para nossos gastos. Se o departamento nos reembolsasse 200 dólares gastos em livros, não víamos problema em nos dar ao luxo de comprar uma bota de mesmo valor, porque ela estava saindo basicamente de graça. Não aproveitar uma promoção de dois produtos pelo preço de um era desperdício de dinheiro. E comprar uma mala que era 150 dólares com desconto de 50 dólares não era um gasto — na verdade, era um ganho desse valor. A primeira temporada com um cartão de crédito acabou numa frustração considerável e, como era de se esperar, na compra — sempre uma compra — de um planner financeiro Kakeibo. Com todo o respeito ao engenhoso método de organização financeira dos japoneses, temos certeza de que seria bem mais fácil escapar da armadilha da *girl math* recorrendo às cartas de Santa Teresa.

✝

Para a surpresa de ninguém, a genealogia desse "método financeiro" parece ter sido inaugurada na reforma carmelita. Em 1º de setembro de 1582, apenas um mês antes de falecer, Santa Teresa escreveu uma carta para o amigo e aliado Jerónimo Gracián lamentando as operações matemáticas questionáveis com que as freiras de Salamanca faziam a contabilidade do convento. Ela ficara sabendo que as carmelitas daquele convento, sobretudo a prioresa, a mãe Ana de la Encarnación, tinham se enrolado num negócio imobiliário terrível. Estavam decididas a transferir o convento para a casa de Cristóbal Suárez de Solís, um distinto cavalheiro da cidade que, por determinação das religiosas em fechar a compra, devia ter um gosto estético digno da casa mais deslumbrante que já apareceu na *Architectural Digest*. Nós, que desperdiçávamos valiosas horas de trabalho no alojamento, olhando apartamentos com preços risíveis em sites de imobiliárias, nunca tivemos a audácia de julgar o tropeço das carmelitas. Já Santa Teresa não via motivos para perdoá-las. "Tenho muito a dizer sobre o caso de Salamanca", avisa a Jerónimo, que ela espera que seja o mensageiro da crítica às freiras tão devotas do esbanjamento.[7] Enquanto as irmãs sonham alto e põem em risco os bens do convento, conquistados a duras penas, ela sua frio com a ansiedade de quem precisa de uma planilha de Excel para organizar as contas, que parecem ter vida própria: "Eu lhe digo, Vossa Reverência, que o sofrimento que isso me causou não foi pouco."[8]

A matemática das carmelitas simplesmente não fazia sentido. O acordo da propriedade significaria um gasto de seis mil ducados só de impostos, quantia escandalosa para uma comunidade tão modesta. "Como essas pobres freiras jogaram fora tanto dinheiro?",[9] resmungou Teresa. Ela sabia que a cidade inteira estava fofocando sobre a situação, tão perplexa como a própria: "De onde vão tirar o dinheiro para pagar os juros? Esse acordo inteiro me deixa estupefata."[10] A linha de raciocínio das carmelitas sem dúvida era desconcertante, ainda que bastante conhecida. Como tinham liquidado outras transações pendentes dando dinheiro ao frade carmelita Antonio de Jesús e a um morador da cidade chamado Antonio de la Fuente, as freiras tinham convicção de que poderiam pedir ao dono da casa que cobiçavam, Cristóbal Suárez, que cobrasse deles tal valor. O dinheiro não era mais delas, mas já tinha sido, então por que não fazer com que as moedas chegassem às mãos do vendedor e garantir a casa de uma vez por todas? *Girl math*. Teresa explicou a Jerónimo que, é claro, ela foi logo escrevendo para esses homens, mandando que não entregassem às freiras avoadas qualquer quantia que não lhes pertencesse. Mas não conseguia vencer a lógica incoerente adotada pelas religiosas. "É uma confusão demoníaca, e não sei no que se baseia [além do] desejo avassalador que [a prioresa] tem por essa casa desgraçada que lhe tirou o juízo."[11]

Da próxima vez que você for vítima de uma *girl math* desastrosa, talvez fique tentada a botar a culpa em demônios, mas as últimas palavras exasperadas de Teresa sobre o assunto talvez sejam o antídoto de que precisa para deixar de se esconder atrás da opacidade dos números e botar as finanças em ordem. "Não acredite nas religiosas", informou a Jerónimo, "pois digo que, quando querem algo, elas o levam a acreditar em milhares de coisas. [...] E é preferível que achem uma casinha pequena como as freiras pobres que são e a ocupem com humildade (pois mais para a frente podem procurar algo melhor) a ficarem cheias de dívidas."[12] Decidida a pôr um ponto final nesse disparate, Teresa contatou às escondidas o senhorio atual das religiosas e alugou a casa por mais um ano "para que a prioresa possa ficar em paz".[13] Não sabemos como as carmelitas de Salamanca reagiram à novidade, mas imaginamos Ana de la Encarnación encarando com um olhar melancólico as manchas de umidade nas paredes da sala, condenada a desejar os tetos imponentes da casa de Cristóbal Suárez de Solís para sempre, murmurando sozinha "Deus nos livre do dinheiro".

O conselho financeiro de Teresa é sensato, mas às vezes seus avisos, como sabemos devido à censura a "amizades especiais", são severos demais para alguém que busca aconchego, mas, despreparado, esbarra com suas palavras. Ao ser tão rígida com as carmelitas de Salamanca, Teresa chegou perto de replicar a revolta que o fenômeno da *girl math* gerou na imprensa, com suas adeptas acusadas de perpetuar estereótipos de gênero e transformar gastança em sátira sem pensar nas consequências. Embora a *girl math* precipitada possa ser desastrosa, verbalizar o sentimento inescapável de caos nas finanças pessoais fazendo piada de si mesma pode ser um mecanismo de defesa eficaz numa realidade inegável: por mais que alguém tente desenvolver sua habilidade financeira, o escopo individual das manobras monetárias geralmente é tão modesto como uma cela carmelita. É por isso que, numa atitude bastante sábia, muitas mulheres começaram a rechaçar a percepção enviesada da *girl math* apontando o dedo para os gurus de economia e os caras das criptomoedas que também caíram nas garras dos erros de cálculo. "Matemática masculina é pagar 44 bilhões por uma empresa que vale 25 bilhões dólares e, por meio da inteligência empresarial e do *know-how* de empreendedorismo, transformá-la numa empresa que vale 8,8 bilhões de dólares", uma mulher escreveu no X, se referindo à "confusão demoníaca" orquestrada por Elon Musk com a compra do aplicativo, em 2022. Ou, como Ilhan Omar, congressista norte-americana do Partido Democrata, "matemática masculina é nunca aumentar o salário mínimo e ainda assim esperar que os americanos consigam bancar o custo de vida". Até Santa Teresa reconheceu a natureza bem-humorada espelhada da *girl math* numa carta de 1577 para o irmão Lorenzo de Cepeda: "Estou rindo sozinha ao pensar que você me manda doces, presentes e dinheiro, e eu mando camisas de cilício."[14] O século em que você lê este livro não faz qualquer diferença: não importa se você fez voto de pobreza, uma troca ilógica que funcione a seu favor sempre será motivo de alegria.

✝

Se podemos usar o *know-how* do convento para tirar alguma lição do fenômeno da *girl math*, talvez seja exatamente a urgência de retomarmos — seja como reflexão, como metáfora ou como brincadeira — o discurso das finanças e a retórica da economia e do crédito. Para a nossa sorte, como sempre, uma religiosa já fez isso. Sor Juana — a freira mais famosa da Nova Espanha do século XVII, escritora de inteligência inconcebível, aventureira epistemológica, provável amante da vice-rainha e grande mestra do abandono de empregos — expandiu sua identidade múltipla ao assinar um autógrafo em 1691 como "Juana Inés de la Cruz, contadora". Graças ao talento para os números, a jeronimita atuou por muitos anos como a tesoureira do convento. A tarefa não era trivial, e os meios tampouco. Se Santa Teresa tinha que enfrentar a escassez, Sor Juana fiscalizava as contas de um convento abastado, enriquecido pelos imóveis e o capital de investimento que as noviças traziam consigo ao fazer os votos. Ela calculava os rendimentos, gerenciava os gastos, movimentava pequenas quantias para as necessidades básicas, supervisionava as receitas anuais e chegava a brigar nos tribunais quando era preciso. As dicas que nós, meras mortais, podemos herdar de Sor Juana pouco têm a ver com seu brilhantismo na gestão das operações financeiras do convento. (Por sorte, nenhuma de nós é uma freira jeronimita rica com uma cela duplex com direito a escravos, mas não acharíamos ruim ter uma liquidez parecida com a do império imobiliário de Rosalía.) O que está ao nosso alcance é a destreza com que Sor Juana assimilou o vocabulário do crédito e do dinheiro que dominava uma Cidade do México já transformada numa indústria comercial, apropriando-se da semântica masculina nos cantos mais inesperados de sua escrita. "O afeto, com frequência,/ como uma diversão doce,/ finge quilates para subir/ até metade do valor que vale?"[15] Em outro poema, ela adota a linguagem usada pelos influencers financeiros da época para ousar discutir a tragédia dos casamentos de conveniência: "O amor não busca o pagamento/ de corações alinhados,/ pois uma taxa de juros tão baixa/ não valeria a usura dos deuses."[16] No fim do século XVII, Sor Juana, também uma leitora voraz de Santa Teresa, sabia muito bem que não valia a pena fingir que a vida espiritual como "moça de convento" se chocava com a reivindicação de seu lugar na enorme abstração econômica que já imperava naqueles tempos. Explicar os desequilíbrios do amor carnal e espiritual como operações financeiras — ter clareza sobre os ciclos e sistemas que afetam todas as partes da vida — talvez seja apenas uma pista do caminho para o qual deveríamos conduzir nossa matemática problemática. Quando Rosalía implora "Deus nos livre do dinheiro", um eco retruca: "Tendo muito, tendo muito, tendo muito." Talvez a réplica do convento deva ser: "Deus nos livre do dinheiro (*branding, branding, branding it*)."

## Como as nepofreiras do século XVII são um lembrete de que a meritocracia é um mito

O hábito das clarissas coletinas não é muito lisonjeiro. O marrom neutro das túnicas largas não combina nem um pouco com o véu preto, e a touca, sempre apertada demais, só serve para ressaltar os piores traços das religiosas. No entanto, nenhum retrato de freira é tão deslumbrante quanto o de Sor Ana Dorotea de la Concepción, clarissa coletina do século XVII. Maçãs do rosto acentuadas, pele impecável, lábios um pouco carnudos e muito bem delineados — seu rosto parece obra do cirurgião plástico mais exclusivo de Los Angeles. Apesar do recato minimalista que o hábito tenta impor, tudo em Sor Ana Dorotea entrega sua origem aristocrática.

Ela foi, no início da vida, Ana Dorotea da Áustria, filha ilegítima de Rodolfo II, o Sacro Imperador Romano, prima do rei Filipe III da Espanha, neta do imperador Maximiliano II e sobrinha dos arquiduques Maximiliano e Alberto da Áustria. Hoje, ela seria uma daquelas adolescentes multimilionárias, com contatos ilustres, que fazem sua estreia na sociedade no famoso Le Bal des Débutantes em Paris. Mas, como nasceu em 1611, sua linhagem a levou a um lugar com menos fotógrafos, mas o mesmo grau de exclusividade. Em 1622, aos 11 anos, depois de semanas aguentando os solavancos de sua carruagem forrada de veludo e um ataque de piratas quase fatal no Mediterrâneo (as debutantes de hoje têm muito mais conforto), Sor Ana deixou para trás a pomposa nobreza de Viena para se instalar no Convento das Descalças Reais, em Madri. Lá, era aguardada pela tia Sor Margarita de la Cruz, também conhecida como a arquiduquesa Margarida da Áustria, além de várias freiras que, por trás dos nomes humildes que tinham escolhido ao fazer os votos, escondiam mais títulos de ducados, marquesados e principados do que têm os convidados do Rose Ball em Mônaco.

As freiras desse convento nada sabiam sobre hipotecas ou negociações de empréstimos. Se unhas em gel existissem na época, jamais teriam quebrado as suas. Não faziam ideia do que era escrever uma carta com letra apertada, cada vez menor, espremendo as palavras até o último milímetro das margens, porque a contadora do convento havia declarado que o dinheiro para papel daquele mês tinha acabado. Tampouco conheciam a desgraça das sopas feitas com os restos dos legumes da véspera, porque a cada semana os mesmos "peixes frescos, frutas, legumes e outras provisões"[17] que abasteciam a Casa Real eram entregues no convento. Em meio a tapeçarias de Rubens, escadarias de mármore, relicários com laqueado japonês e cachorrinhos de colo com pelos reluzentes usando "coleiras com fio grosso de seda amarela",[18] as dependências da instituição pareciam mais a mansão de um oligarca russo amante das artes que um convento de freiras enclausuradas.

Fundado em 1559 por Juana da Áustria, irmã do rei Filipe II, o convento das Descalças Reais abrigava clarissas que viviam com aquela indiferença generosa e excentricidade fútil que só quem cresceu protegido por uma riqueza inesgotável tem. Sor Margarita de la Cruz, por exemplo, passou seus anos de claustro obcecada pela coleção de pequenas esculturas policromadas do Menino Jesus que os ateliês mais prestigiosos do mundo mandavam para o salão do convento. As freiras, que conseguiram acumular quase trezentas esculturas, tinham uma convivência íntima (e um bocado sombria) com essa horda de bebês reborn. Todos ganharam apelidos — o Primogênito, o Alemão, o Bonito, o Pobre Coitado — e eram vestidos com tecidos de primeira qualidade. Acalentando-os em lindos berços de vime, as monjas distraíam os bonecos durante a maior parte do dia "com as palavras mais doces que o coração ditava à língua".[19] Mas era Sor Margarita — uma arquiduquesa que virou freira — quem tinha a relação mais peculiar com os bebês reborn. "Devido às enfermidades, os médicos exigiam que ela comesse carne",[20] escreve seu biógrafo, o franciscano Juan de Palma, em 1653.

> Como isso não poderia ser feito no refeitório [...] Sua Alteza era servida noutra sala, numa mesa pequena, por uma religiosa que a acompanhava [...] Ao terminar, ela agradecia com muita devoção e pedia que lhe trouxesse o Menino Jesus e que ele fosse colocado à mesa. Às vezes, ela o tinha por perto durante a refeição, dizendo que era seu convidado, oferecendo-lhe o que comia e reconhecendo com gratidão a mão generosa que lhe dava o sustento. Beijava os pés dele, dizia muitas palavras de ternura e, assim, na presença da Criança Divina, ficava um tempo à mesa.

Nos solidarizamos com a freira nos bastidores encarregada de alimentar a hipnotizada Margarita. Assim como uma assistente pessoal escandalizada com o último capricho da chefe tirânica que está três níveis acima dela em termos econômicos, imaginamos a freira assentindo e sorrindo, numa falsa deferência a mais uma exigência bizarra.

No que diz respeito a hobbies e excentricidades, herdeiras de grandes fortunas tendem a se especializar. Cada uma tem sua idiossincrasia: quando não está cavalgando nas Olimpíadas, Charlotte Casiraghi promove encontros literários patrocinados pela Chanel, e o príncipe Andrew, duque de York, perde as estribeiras se sua coleção de ursinhos de pelúcia não estiver arrumada de um jeito específico. Enquanto Sor Margarita de la Cruz passou cinquenta anos no convento restringindo sua personalidade aos cuidados com bonecos do Menino Jesus, sua sobrinha, Ana Dorotea, concentrava todo o fervor religioso na Imaculada Conceição. A jovem entrou no convento protegida não só pelo privilégio do arquiducado, mas também por uma herança vultosa — que, assim como qualquer nepobaby, ela usava para satisfazer seus desejos mais luxuosos. Sor Ana não se interessava por ilhas particulares nem impérios de cosméticos veganos: no século XVII, as extravagâncias das nepofreiras sempre tinham a ver com objetos devocionais vistosos e relíquias sagradas que arrancavam suspiros alheios. Para Ana Dorotea, isso significava esbanjar dinheiro na construção do Retábulo de Nossa Senhora de Guadalupe pelo artista Sebastián de Herrera Barnuevo — uma obra com 73 espelhos pintados a óleo retratando cenas do fandom bíblico feminino, tudo cercado por querubins dourados e plantas e flores esculpidas, tendo no centro um enorme altar de bronze com uma Virgem Maria vestida de rosa e azul. Ela fez questão de que fosse incluída uma gravação que lembraria a todas as freiras que parassem para admirar o esplendor encomendado: "O altar que contemplam em belas cerimônias, honra da mente, dedicação da alma, trabalho de amor, descreve o triunfo das heroínas sagradas executado em louvor a Maria. Dorotea, versada nas artes, filha de Rodolfo, distinta em sua piedade e notável na guerra a serviço de Cristo, o dedica."[21]

Ficamos nos perguntando o que as criadas leigas que limpavam o convento pensavam diante do altar. Ou as freiras que, embora também viessem de famílias aristocráticas, tinham que assistir às ostentações das irmãs de sangue azul de trás da barreira da diferença de classes. Pouco depois de fazer seus votos, Sor Ana Dorotea obteve uma licença especial da Ordem de São Francisco para ter, entre outras regalias, quantas religiosas quisesse à sua disposição. Sempre que passamos pelos portões do convento das Descalças Reais, pensamos nas freiras anônimas esquecidas pelos arquivos históricos. Sem os privilégios que facilitavam a vida conventual, elas viviam eternamente dependentes do humor das superiores — apertando os punhos de raiva toda vez que ouviam Sor Ana protestar, igual a qualquer nepobaby de Hollywood, que ela também tinha se esforçado para entrar no convento.

Uma de nós estudou numa escola particular para meninas ricas e aprendeu que o uniforme, assim como o hábito, nunca disfarça por completo a verdade sobre a linhagem familiar de alguém. Enquanto uma era uma garota de vinte e poucos anos fazendo mestrado em Oxford, a outra ficou boquiaberta ao ver tanques com tubarões de verdade numa das festas insanas dadas por um nepobaby. Com esse passado, achamos impossível ler sobre a hierarquia social das Descalças Reais sem pensar nas outras clarissas — aristocratas mas nem tanto, ricas mas nem tanto, afortunadas mas sempre um pouco menos. Nem toda religiosa daquele convento, e é claro que nem toda empregada, teve a história tratada com o cuidado arquivístico dedicado às cartas de Sor Margarita de la Cruz ou de Sor Ana Dorotea. Enquanto essas freiras olhavam os lindos querubins do altar quando estavam indo cozinhar a refeição do dia, ou enquanto observavam de longe o carinho com que Ana Dorotea tratava a futura esposa de Luís XIV durante suas longas férias no convento, será que se davam conta de que nenhum mérito as alçaria ao conceituado panteão da nobreza do convento? O brilho da sala de relíquias do convento era tão ofuscante quanto a luz do celular quando, na escuridão do quarto, você força a vista e detona o ânimo no Instagram, devorando os stories de gente que já nasceu valendo milhões. Talvez na atenção às lacunas e nos silêncios do convento mais exclusivo do século XVI encontremos o segredo para transformar a inveja em ira, e não em vergonha. Deus nos livre do dinheiro (sonhando, sonhando, sonhando com ele). Que sejamos poupadas de nos resignar a ser meras espectadoras da riqueza, de fantasiar com heranças inalcançáveis que só servem para nos fazer esquecer que também importamos.

## Ponha as amigas para trabalhar: como lançar sua empresa conventual

Em 2020, um grupo de dominicanas do Convento de Santa Clara, em Manresa, uma cidade perto de Barcelona, participou de um dos vários desafios que viralizaram no TikTok. Com seus véus pretos e hábitos brancos, as quatro freiras tentavam, com movimentos desajeitados e um tanto artríticos, reproduzir a coreografia do hit do momento: "Savage Love", de Jason Derulo. Por trás dos sorrisos envergonhados e da falta de sincronia com a batida do reggae, pulsava uma motivação central — elas precisavam arrecadar dinheiro para bancar a manutenção do convento decadente do século XIV e, assim, continuar morando lá. Se ver essas dominicanas submetendo os corpos detonados pelo tempo ao ritmo pop de "Savage Love" gerava empatia pela situação que enfrentavam, as imagens também eram um lembrete inquietante de que nenhuma vocação nos exime da tirania capitalista da produtividade e dos rituais exaustivos de autopromoção. As freiras de Manresa não foram as únicas religiosas modernas a se sujeitarem à economia da atenção da atualidade. Na Argentina, uma freira muito jovem viralizou com sua versão irresistível de "Tusa", grande sucesso de 2019, número um na lista de *Hot Latin Songs*, cantado por Karol G e Nicki Minaj. Afinal, quem quer cantar os versos devastadores "mas quando tocam a música/ ela é tomada por uma tristeza boba/ chorando, ela liga para ele", quando poderia estar cantando "mas entregue o coração a Deus/ e veja como Ele transforma/ as lágrimas em pérolas do mar"? Por volta da mesma época, a irmã Monica Clare, famosa freira episcopal de Nova Jersey, estrelou um anúncio do TikTok, elogiando a rede social como ferramenta a serviço de Deus e, de passagem, defendendo-a das vozes políticas que ameaçavam sua sobrevivência nos Estados Unidos. Não ficamos surpresas ao descobrir que essas freiras tinham chegado aos cantos mais improváveis da internet. Na verdade, isso só confirmou que, no que diz respeito à obtenção da subsistência material e da popularidade do próprio convento — esteja você lendo isto no século XIII ou no XXI —, vale quase tudo.

✝

Já o artigo "Entrepreneurship and Faith: What a 12th-Century Nun Has to Say to 21st-Century Entrepreneurs" [Empreendedorismo e fé: o que uma freira do século XII tem a dizer aos empreendedores do século XXI , em tradução livre] nos surpreendeu. Publicado no *Journal of Biblical Integration in Business*, ele é dedicado à santa medieval Hildegarda de Bingen, uma freira que foge ao escopo histórico habitual (ela nasceu em 1098), mas foi tão famosa que sentimos certa intimidade simulada com ela. Um filme biográfico de Margarethe von Trotta (*Visão – Sobre a vida de Hildegard von Bingen*) e uma canção de Devendra Banhart ("Für Hildegard von Bingen") nos deram todas as informações que tínhamos sobre a beneditina alemã: o ingresso angustiante no convento aos 8 anos; o apego à mentora, Jutta, com quem viveu reclusa por quase uma década; a suposta invenção da cerveja de lúpulo; o trabalho como abadessa; o dom para a música; o carisma visionário; e a dedicação infindável à escrita de tratados sobre medicina e filosofia natural. O que não sabíamos é que, com a idade mais avançada, Hildegarda havia se tornado uma grande negociadora séculos antes de Santa Teresa e Sor Juana.

Em uma Europa que aos poucos abandonava o feudalismo e adotava o mercantilismo global, Hildegarda era astuta o bastante para entender que a influência dela e de suas freiras poderia extrapolar o vilarejo alemão que abrigava o mosteiro misto de Disibodenberg, onde com apenas 14 anos ela vestira o hábito preto das beneditinas. Apesar da oposição feroz do abade Kuno e da elite masculina que administrava o mosteiro — que àquela altura devia suspeitar de que ela estava destinada a monopolizar o capital social do cristianismo medieval —, Hildegarda conseguiu, por meio de uma longa lista de conexões, arrecadar fundos suficientes para criar um mosteiro em Rupertsberg só para ela e as freiras. Foi lá, enclausurada na paz que apenas um mosteiro todo dela poderia lhe oferecer, que enfim terminou um tratado que vinha escrevendo havia quase uma década e que a alçaria ao estrelato no fim da vida: *Scivias*. Vinte e seis visões místicas. Trinta e cinco iluminuras. Duzentos e trinta e cinco pergaminhos. Uma viagem psicodélica mais intensa que a pior experiência com LSD. Um livro que duas mãos solitárias jamais seriam capazes de produzir. Sem a vantagem da prensa para acelerar a produção, Hildegarda — emanando a determinação serena típica de quem se esquivou da morte por mais de cinquenta anos durante a Idade Média — supervisionava a cadeia meticulosa de produção em massa composta por suas freiras e seu mentor Volmar, que permitiu que exemplares das *Scivias* chegassem aos grandes centros espirituais da França e da Alemanha. O best-seller coletivo de Hildegarda lhe garantiu a bênção do papa Eugênio III, incentivou seu embarque em nada menos que quatro turnês litúrgicas e rendeu dinheiro suficiente para a compra de outro mosteiro, que acomodasse todas as freiras que a procuravam.

Não há dúvida de que Hildegarda foi a suprema mestra medieval do empreendedorismo e da fé. O que é menos claro, no entanto, é quais lições de seu modelo de negócios deveriam voltar à moda. Vejamos, por exemplo, o artigo publicado no *Journal of Biblical Integration in Business* que incentiva um público-leitor ávido por reconciliar fé profunda com ambição empreendedora a imitar a "paixão", a "tomada de riscos" e o "forte desejo de autonomia" da beneditina.[22] Entretanto, em meio a todos os conselhos empresariais básicos, o artigo ignora o sistema colaborativo que sustentava o empreendimento de Hildegarda. A insistência no risco individual nos lembrou a disciplina reforçada a cada etapa da nossa jornada acadêmica na área de humanas: aposte tudo no seu amor pela literatura; deixe sua saúde emocional ficar por um fio; faça sua pesquisa numa solidão hermética; só então, talvez, você chegará ao ápice da carreira acadêmica. Nossa batalha diária para imaginar um futuro de estabilidade econômica dentro da universidade sem dúvida afetou nossa leitura. Por sorte, nossa descoberta de Hildegarda e do processo de publicação convergiu com uma chamada de vídeo que transformaria para sempre nossa visão sobre dinheiro e trabalho.

Em novembro de 2021, nosso podcast já havia arregimentado um público modesto, mas entusiasmado. Isso bastou para chamar a atenção do curador de um festival pequeno sobre cultura digital, que nos convidou para participar da gravação de um episódio ao vivo. Estávamos mais ou menos preparadas para encarar uma plateia — bem ou mal, a trajetória acadêmica é repleta de conferências onde, depois de muitas súplicas à universidade para que ela arrume fundos que cubram pelo menos os custos básicos da viagem, você enfim possa ler seu artigo diante de dez ou quinze pessoas que compartilham o mesmo interesse peculiar que o seu. Só que não estávamos preparadas para a última pergunta do curador: "Quanto vocês cobram?" Nossa resposta a essa questão foi um silêncio longo demais. Quando finalmente vimos nossas expressões pasmas na janelinha da chamada de vídeo, tentamos nos recompor e agir com naturalidade, mas sem muito sucesso. Até hoje, ainda não caiu a ficha de que, agora, não só somos reembolsadas pelos custos da viagem, mas também recebemos um merecido cachê pelo mesmo trabalho de pesquisa, escrita e difusão que antes fazíamos de graça (ou até contraindo dívidas) no âmbito acadêmico. Em todos os momentinhos de dúvida, quando a insegurança nos faz questionar o valor do nosso trabalho, existe uma religiosa — sempre uma freira — à qual nos apegamos como se fosse uma tábua de salvação: Arcangela Tarabotti.

✝

Como qualquer conglomerado multimarcas que se preze, a freira veneziana tinha muitos nomes. Batizada Elena Cassandra Tarabotti em 1604, ela fez os votos como Arcangela no convento beneditino de Sant'Anna, mas também era conhecida como Galerana Barcitotti; e Galerana Baratotti, os pseudônimos com os quais publicou vários textos incendiários com títulos dignos de novelas de baixo orçamento, como *A tirania paterna*, *O inferno monástico* e *A inocência traída*. Sob o nome religioso Arcangela, ela tocou uma fábrica líder do setor têxtil da época e, mais importante ainda, cultivou o ambiente acolhedor que deveria guiar qualquer empreitada apta a ser considerada uma

Empresa Conventual. Com apenas 11 anos, quando foi confinada pelos pais no convento beneditino contra sua vontade, Arcangela mal podia imaginar que dali a alguns anos, aqueles muros — que pareciam só ser transpostos pelo fedor tenebroso dos canais venezianos — virariam um limite tão elástico como o tamanho das ordens. Em 1615, cinco anos antes de fazer os votos, ela ainda não tinha como prever os episódios que a vida no convento lhe guardava. Mas talvez naquela época já começasse a elaborar estratégias que lhe permitissem se esquivar da austeridade incorporada e ditada pela Regra de São Bento e desviar o lema da ordem, "Ora et labora", rumo à lucratividade.

Não é coincidência que Arcangela tenha chegado aos cofres do convento mergulhando no mundo da moda. Inspirada pela *Divina comédia* de Dante Alighieri a descrever os nove círculos do inferno monástico em *L'Inferno monacale*, a religiosa relembra um drama da infância que, em qualquer século, toda irmã caçula tem que aguentar: a eterna sina de nunca ter roupas novas para usar. Na verdade, Arcangela era a mais velha de sete irmãs, mas os pais, certos de que seu mancar congênito a impossibilitaria de se casar, depositaram 1.200 ducados no Convento de Sant'Anna para que ela pudesse professar com as beneditinas, deixando o restante da riqueza para os dotes (e as roupas) das outras filhas. A lembrança da maciez das blusas das irmãs, feitas de linho holandês, doía como uma penitência, sobretudo porque o baú que Arcangela tinha levado para o convento só guardava um modesto hábito de lã e algumas blusas de tecido rijo. "As condenadas na tumba de uma clausura", reflete Arcangela com a tristeza de uma fashionista obrigada a só comprar em lojas de departamento, "são forçadas a cobrir as pernas com um tecido áspero e a usar nos pés tamancos de madeira mal revestidos de couro. Muitas vezes", ela acrescenta, como se esse detalhe encerrasse os argumentos sobre a natureza medonha da situação, "[as blusas das pobres freiras] não são longas o bastante, e às vezes as mangas nem sequer combinam com o resto."[23] Para essa catástrofe estética, só havia três soluções possíveis. Primeiro, ela poderia se rebaixar com uma súplica como a da também veneziana Laura Acerbi, que em 1715 mandou uma carta chorosa ao pai falando da inadequação de suas roupas: "O momento da minha profissão de fé está chegando e estou sem qualquer tipo de mobília ou vestimenta na minha cela e com grande necessidade de ter essas coisas [...] é preciso se apressar, querido Pai, o senhor deve imaginar a vergonha que estou passando porque não posso aparecer com as outras freiras. Portanto, imploro, querido Pai, que o senhor seja bondoso comigo."[24] A segunda alternativa, menos deprimente e mais divertida, seria customizar os trapos que tinha a fim de criar um traje tão ousado como a roupa que uma autoridade veneziana encontrou em 1597 no convento de Sant'Andrea della Zirada, onde as religiosas usavam "véus de seda que deixavam visíveis cachos e decotes generosos que provocavam muito escândalo".[25] A última opção, mais tentadora, era monetizar o talento das companheiras para a costura — botá-las para trabalhar, como fez Arcangela, e capitalizar a demanda insaciável pelos tecidos, rendas e sedas da moda, tão cobiçados pela população feminina da cidade.

As freiras venezianas eram o *crème de la crème* do DIY (faça você mesmo), famosas pelo talento para a pintura, a música e, principalmente, a costura. Embora em geral elogiassem esses trabalhos manuais, os supervisores eclesiásticos não conseguiam se conter e às vezes criavam regras. Depois de visitar o convento em 1521, um desses estraga-prazeres concluiu que "é uma grande desordem, e muitos pensamentos demoníacos nascem do fato de que as freiras não trabalham juntas na oficina".[26] Ele decretou que todas trabalhassem num espaço compartilhado, "e jamais em suas celas [...] As obras realizadas na oficina devem ser aprovadas pela madre superiora, e apenas encomendas feitas por pessoas honestas, de bom nome e reputação, devem ser aceitas". Os detentores do poder temiam que, sob a pretensão da privacidade das celas, as freiras usassem o talento para a costura em tarefas frívolas, sem orientação espiritual, e, acima de tudo, que aprendessem a fazer da arte um produto, criando vínculos pessoais e contatos comerciais que escapassem ao olhar vigilante da Igreja. No entanto, no que deveria ser uma restrição à autonomia das beneditinas, Arcangela enxergou uma ótima oportunidade de negócio. Ao ver todas as irmãs reunidas, ensinando umas às outras as complexidades do trabalho com fio conduzido, ponto corrente, *reticella* e outros detalhes do bordado de convento, ela se deu conta de que os supervisores da Igreja tinham lhe dado de presente a oportunidade de ouro de gerenciar os recursos humanos de sua iniciativa embrionária. Por que não consolidar o potencial de suas habilidosas irmãs para beneficiar a todas? De modo semelhante, quando nosso podcast já estava em pleno funcionamento, ficou claro que a aventura peculiar e diminuta não se resumiria apenas a nós duas. Em pouco tempo, recrutamos amigas talentosas para criar tudo o que não sabíamos fazer sozinhas: jingle, ilustrações, fotos promocionais. Não importa em que século você leia isto, nem o grau de excentricidade dos pontos fortes das suas amigas: se as reunir numa sala e revelar uma ideia empreendedora interessante, você pode criar a própria Empresa Conventual. Com um espírito frugal e negociador, quase sempre existe um modelo de negócio compatível com a sua loucura.

Sob a batuta de Arcangela, o convento de Sant'Anna passou a funcionar num ritmo impressionante. Por meio da prosa provocadora e da escrita epistolar incansável, a freira havia cultivado relações com os círculos mais abastados da cidade e, na hora certa, soube usar todo esse capital social. Instruiu sua grande rede de conhecidos a encomendar bordados ao convento e chegou a fazer um pouco de espionagem industrial, observando com atenção as peças de roupas das visitas para ficar a par das modas externas e identificar as novidades que as freiras precisavam começar a produzir. Em suas cartas — uma lição muito instrutiva de inteligência comercial, comparável à caixa de entrada de Miuccia Prada —, Arcangela tocava com muita destreza as demandas dessa iniciativa coletiva. Numa correspondência a Isabetta Piccolomini Scarpi, Arcangela garantiu que a encomenda, embora estivesse levando as freiras "à loucura", estaria pronta no prazo marcado. Em outra carta, avisou à marquesa Renata di Cleramonte que haveria atraso na produção porque "as irmãs reservadas para a peça estão doentes"[27] e ela lhes dera uma licença médica. Com a esposa do embaixador francês, Arcangela elevou o tom de negociante, informando que o bordado encomendado custaria "no mínimo 60 ducados para cada 30 centímetros",[28] mas prometeu fiscalizar pessoalmente a costura e o despacho da peça. Arcangela era pura logística e networking. Resumindo, ela e as irmãs beneditinas eram uma Prada do século XVII imbuída da reputação redentora e equitativa do convento.

Sendo muito sinceras, só nos atrevemos a ler as cartas inquietas de Arcangela em pequenas doses, para não despertar o transtorno de estresse pós-traumático agora crônico que se entranhou em nós depois de anos equilibrando nossa jovem Empresa Conventual com uma caixa de entrada inundada de e-mails universitários. Mas, na medida certa, as freiras venezianas — assim como as de Manresa ou a própria Hildegarda — são sempre um bom lembrete de que as recompensas da paixão e do prazer comunitários são infindáveis, até quando menos se espera.

Sempre muito [illegible] [illegible] [illegible] [illegible] [illegible] de [illegible] [illegible] [illegible] [illegible] nesses, para não [illegible] [illegible]. [illegible] [illegible] [illegible] [illegible] [illegible] [illegible] [illegible] [illegible] [illegible] [illegible] [illegible] [illegible] [illegible] [illegible] [illegible] [illegible] [illegible] [illegible] [illegible] [illegible] [illegible] [illegible] [illegible] [illegible] [illegible] [illegible] [illegible] [illegible] [illegible] [illegible] [illegible] [illegible] [illegible] [illegible] [illegible] [illegible] [illegible] [illegible] [illegible] [illegible] [illegible] [illegible] [illegible] [illegible] [illegible] [illegible] [illegible] [illegible] [illegible] [illegible] [illegible] [illegible] [illegible] [illegible] [illegible] [illegible] [illegible] [illegible] [illegible] [illegible] [illegible] [illegible].

# Alma

*E passei a imaginar que tudo veio do diabo.*

Jeanne des Anges

## As recompensas de explorar a própria tristeza: como aproveitar as desgraças servindo à *Mater Dolorosa*

Era impossível dormir no *beaterio* de Santa Catalina, em Ávila. Na calada da noite, no frio da madrugada, quando as irmãs dominicanas terciárias estavam enfim aconchegadas na cama e perdidas em sonhos com as feridas de Cristo e doces proibidos, o barulho do choro desconsolado acabava com a paz conquistada a duras penas. As irmãs mais velhas e mais pacientes, em geral deixavam a questão de lado com um suspiro baixinho e mudavam de posição nos colchões de palha. Para as menos complacentes, porém, cada soluço era um motivo a mais para expulsar a jovem chorona, a responsável por cada ponto de costura errado, aquela em quem botavam a culpa quando cochilavam sem vergonha durante a confissão depois de mais uma noite sem pregar os olhos. María de Santo Domingo tinha acabado de completar 20 anos, mas não era a primeira vez que transformava o *beaterio* num caos com suas lágrimas. Ela tinha ido para Ávila depois de uma partida bastante tumultuada de outra casa religiosa em Piedrahíta. Logo, também iria embora dessa segunda casa, quando as irmãs mais insones e (talvez) invejosas conseguissem fazer com que fosse transferida de volta para Ávila, em 1507, dessa vez para o convento dominicano de São Tomás. Não era nem a melancolia nem a mania o que tomava conta dela à noite — o choro de María era, na verdade, o toque de seus fantásticos arrebatamentos místicos. Em cenas dramáticas, ela se enrijecia feito um tronco de árvore ou conversava diretamente com a Virgem (a quem chamava de "sogra", pois era casada com Cristo). Por mais diversa que fosse a atuação de María, suas pirotecnias místicas carregavam um floreio: a dádiva das lágrimas.

Se tudo o que nos acontece já aconteceu com uma freira no século XVI ou XVII, então quase tudo o que aconteceu com essas freiras já tinha acontecido com religiosas medievais. Muito antes de María de Santo Domingo nascer em Castilha e ser abençoada com o talento para a choradeira, a mística belga Maria d'Oignies (1177-1213), de 30 anos, já tinha largado o marido para ingressar na comunidade das beguinas, podendo, enfim, dedicar-se inteiramente à graça dos estigmas de Cristo e ao pranto incessante. A julgar por suas palavras, ela adorava a experiência: "Essas lágrimas são meu alimento, são meu pão dia e noite. Não atormentam minha cabeça, mas nutrem minha mente; não me torturam de dor, mas revigoram minha alma com uma paz profunda. Não esvaziam minha mente, mas preenchem minha alma, relaxando-a com um tipo doce de unção, contanto que não sejam forçadas a se apresentar por meio da violência, mas concedidas livremente pelo Senhor como um bálsamo curativo."[1] Será que Maria d'Oignies é uma chorona que fica se justificando ou as lágrimas são como as de quem se enrola numa manta para assistir a *Titanic* pela milionésima vez? Essas lágrimas também não são uma doce unção? Uma espécie de bálsamo curativo? Não importa em que século você leia isto: nada acalma mais quanto algumas horas de choro. Se você tivesse a sorte de ser uma Pranteadora Sagrada na Idade Média, teria, além do alívio, o modelo somático da espiritualidade medieval — a convicção de que, quando a santidade se alojava no corpo, o fazia sob a forma de efusões como sangue ou lágrimas, valorosas marcas hagiográficas e sinais inegáveis de que a carne abraçava a dor de Cristo. Por esse motivo, mulheres como Maria d'Oignies podiam saborear as lágrimas sem vergonha alguma. Outras, como Béatrice d'Ornacieux (1260-1303), levaram a devoção lamurienta quase ao ponto da cegueira e algumas, como Margery Kempe (c. 1373-1438), entremeavam os soluços com contorções tão extravagantes que um frade bem-intencionado uma vez lhe cochichou: "Mulher, Jesus morreu faz muito tempo",[2] com a honestidade compassiva daquela amiga que manda você superar o ex.

No início do século XVI, no entanto, o clima espiritual do chororô já tinha melhorado drasticamente. Quando o dom das lágrimas de María de Santo Domingo começou a se revelar, já não era mais simples as mulheres mexerem com estigmas e outras façanhas corporais. Agora, precisavam lidar com o bafo da Santa Inquisição no cangote.

O escândalo que as lágrimas passionais de María de Santo Domingo desencadeou no convento e no *beaterio* tinha a ver com as reservas de outras místicas, freiras e autoridades eclesiásticas: seriam as lamúrias da freira o mais próximo que chegariam de um vislumbre da doçura da divindade ou seria tudo obra do diabo, nada mais que um fingimento para chamar a atenção? A dúvida era legítima e atormentou até a mística italiana Angela da Foligno (1248-1309), grande pioneira do choro extasiado que, no entanto, alegava que as lágrimas alheias indicavam uma devoção aos holofotes e não ao poder superior: "E no instante em que o mundo a adora e observa, as lágrimas, a doçura, o tremor e o chiado que surgem desse amor espiritual impuro se tornam ainda maiores. E embora o amor espiritual impuro possa ter lágrimas e doçura, não se origina na alma, mas no corpo, e o amor em si não alcança a alma."[3] Em outras palavras, Angela acusava outras freiras de explorar a tristeza para conquistar a empatia alheia. Com séculos de diferença, a mesma acusação foi feita contra a supermodelo Bella Hadid quando postou, para seus então cinquenta milhões de seguidores, um texto sucinto revelando a profundidade de sua tristeza, acompanhado de algumas fotos em que, como seria de se esperar, ela estava linda, os olhos extraordinários inchados e vermelhos enquanto as lágrimas escorriam pelas bochechas maravilhosas.

✝

Além de pesquisadoras devotas dos conceitos do século XVI (da transubstanciação da Eucaristia à radioatividade sagrada das relíquias), também somos estudantes ávidas de tendências mais contemporâneas — seja *girl math*, a procrastinação noturna como vingança pelo tempo gasto com as obrigações do dia (*revenge bedtime procrastination*) ou o declínio sexual lésbico. Então nossa curiosidade pessoal foi despertada quando deparamos com a matéria de 2019 em que a jornalista britânica Rebecca Reid usou pela primeira vez o termo *sadfishing*.[4] O artigo falava das atitudes absurdas que algumas celebridades como Kendall Jenner adotavam para conquistar a afeição do público. Nas redes sociais, a modelo apareceu emocionalmente abalada diante dos altos e baixos da luta contra a acne. Como lembrou Reid, a confissão de Kendall se revelou nada mais que a estratégia de marketing de uma multimilionária para anunciar a marca de cosméticos Proactiv. Nossa Empresa Conventual não tinha patrocínio nenhum, mas era inegável que, toda vez que reclamávamos nos episódios, cruzávamos a linha entre o inofensivo e o exagero, bancando as doutorandas patéticas para tirar o máximo de capital emocional de nossas lágrimas. Já tínhamos criado o hábito de sempre começar os episódios reclamando do frio da Nova Inglaterra, dos colchões duros, da distância dos amigos e das namoradas e do fim do horário de verão. Percebemos que estávamos incorporando dois pecados capitais da era moderna: fazer um podcast e *sadfishing*, um combo tenebroso, digno de pelo menos uma centena de chicotadas inquisitoriais.

Talvez estivéssemos nos tornando, como as celebridades transformadas em encarnações de Nossa Senhora das Dores do século XXI, exatamente aquilo o que Santa Teresa criticava ao advertir, em *O castelo interior ou moradas*, contra religiosas de "fraqueza corporal"[5] ou "pessoas de caráter sensível que choram por qualquer problema banal".[6] Talvez esses comentaristas que aproveitam qualquer oportunidade midiática para criticar a "geração floco de neve" e seu desejo por espaços seguros e avisos de gatilho tenham razão. Será que somos como aquelas carmelitas das quais Teresa se queixava, que "nunca paravam de chorar: crentes de que as lágrimas são benéficas, não tentam contê-las nem distrair a mente das motivações, mas as incentivam tanto quanto possível"?[7] É bem provável que sim. Por sorte, quando estávamos a um triz do autoflagelamento com sete cordas prontas para a penitência por sucumbir a demonstrações de emoção constrangedoras, descobrimos María de Santo Domingo. Graças às suas manifestações lacrimosas e roteirizadas, aprendemos a evitar a culpa e a vergonha e a aceitar que, às vezes, se bem-feita, a utilização dos nossos pesares para um bom dramalhão é uma estratégia midiática válida e eficaz.

✝

Ninguém jamais bancou a *Mater Dolorosa* com tanto virtuosismo quanto María de Santo Domingo. A poeta Heather Christle observou em *The Crying Book* [O livro das lágrimas, em tradução livre] que, depois de "um choro de verdade, em geral, as pessoas ficam horríveis, como se tivessem adquirido um outro rosto mórbido, com pouco espaço para os olhos".[8] Esse não é o caso de Bella Hadid, nem era o de María. Longe de se entregar às visões vestindo qualquer roupa, a mística tomava o cuidado de programar os arrebatamentos para quando tinha acabado de clarear o cabelo excepcionalmente longo (ao que parece, ela usava uma espécie de descolorante) e, aproveitando-se do fato de que dominicanas terciárias não eram obrigadas a usar o hábito, trajava sua túnica carmesim mais bonita e suas joias de corais. O que María de Santo Domingo queria era aquela beleza criada pelo filtro de choro do Snapchat ou o inchaço inocente simulado por uma daquelas *makes* pós-choro que, acredite se quiser, estão na moda nas profundezas do YouTube. Para o desalento das freiras céticas e insones atormentadas pelas intensas emoções e pelos clamores por atenção de María, sua beleza chorosa cativou um círculo de homens com poder suficiente para livrá-la das sérias acusações que questionavam sua ortodoxia e a assolaram entre 1508 e 1510.

No inverno de 1508, o rei Fernando chamou María a Burgos, a sede oficial da corte naquela época. O provincial responsável pela freira semeava suspeitas a respeito de seus arrebatamentos agora famosos, mas o rei decidiu que ele mesmo investigaria a questão. Uma garota sempre sabe se preparar para o dia em que tudo está em jogo; por isso, quando chegou ao castelo, María já não precisava mais aguardar com paciência até que fosse tomada por um dos êxtases — convenientemente, agora os acessos de choro aconteciam sempre que queria. Entre as figuras notáveis que esperavam o transe, estavam o rei, a rainha Joana de Aragão e o cardeal Cisneros. Todos os olhos miravam a mística, e era melhor não os deixar esperando.

María fecha os olhos, levanta os braços e pigarreia antes de acionar o maquinário do arrebatamento por meio de uma oração.

> Conceda-me, então, um pouco daquele amor e carinho que a senhora deu à Pia Madalena. Conceda-me os jorros e as lágrimas que nela nunca se cansavam, mas em mim se secaram [...] Conceda-me, ó devota rainha, uma pequena porção das tristezas e amores para que eu chore, permita que meus olhos não se cansem [...] Conceda-me, gracioso Pai, o conhecimento e as lágrimas que concedeu à preciosa Madalena, pois os Céus e a Terra pareciam pouco para que ela os concedesse a todos vocês.[9]

E as lágrimas chegam devagar. A partir daí, María mergulha num delírio lacrimoso durante o qual vira ventríloqua do choro da Virgem, de Maria Madalena, dos apóstolos e até de Cristo. Entre lágrimas, María — atriz, roteirista e produtora do próprio êxtase — observa as que começam a rolar pelo rosto emocionado da plateia, conquistando o título de maior caçadora de likes de sua época explorando a tristeza para conseguir atenção do século XVI.

É, de fato, tão ruim assim, afinal, ser uma daquelas "pessoas de caráter sensível que choram por qualquer problema banal"? Ao ler o *Livro das preces* de María de Santo Domingo, uma coletânea anônima de sua doutrina que inclui um relato minucioso de seus arrebatamentos, concluímos que a retórica do choro não é sinal de fraqueza, mas sim uma manipulação eloquente e teatral para levar os próprios sofrimentos ao palco que merecem. Sem o espetáculo das lágrimas, talvez María jamais tivesse saído do *beaterio* de Piedrahíta, assim como, sem o constante lamento coletivo, a "geração floco de neve" jamais teria conseguido chamar a atenção da população para problemas que foram ignorados durante décadas. Também é possível que, sem o *sadfishing*, jamais tivesse surgido entre nós duas um afeto que, durante nossos anos de sofrimento e solidão, foi mesmo uma "doce unção", um "bálsamo curativo" capaz de nos apaziguar nos piores momentos.

## Como encontrar o conforto de que você precisa na taxonomia das lágrimas de uma freira dominicana do século XIV

"Você suplica conhecimento das razões e frutos das lágrimas, e não desdenhei de seu desejo", Deus disse a Santa Catarina de Siena num dia qualquer em 1378.[10] Ou foi o que ela alegou. No tempo que economizava sem se alimentar no refeitório, a *it girl* mais inspiradora da santidade medieval se propôs a ser uma visionária sincera com uma rispidez intransigente. Durante as longas conversas de Catarina com Deus — que ela ditava ao confessor, Raimondo da Capua —, percebe-se que até o Todo-poderoso estava ficando meio cansado de suas exigências constantes. Nos últimos tempos, as demandas dela não eram mais de uma devota fervorosa e cativante, mas sim de uma *stalker* hostil, incapaz de aceitar ficar sem resposta. "É o Senhor quem põe esses desejos no meu coração", Catarina dizia a Deus, motivada pela assertividade com a qual, talvez, todas deveríamos aprender, "e portanto deve saciar meu desejo, que nada mais é do que o cumprimento do que o Senhor me pede para ansiar."[11] (Com esses raciocínios manipuladores, Catarina sempre conseguia deixar Deus encurralado.) Decidida a questionar toda a espiritualidade do século XIV, a dominicana italiana concluiu que assumir a voz de Deus, vestindo-se com toda a autoridade divina, era a única forma de dar vazão a sua criatividade e fazer florescer os insights teológicos. E foi exatamente isso que fez. O resultado foi um exercício de escrita revolucionário: quinhentas páginas de conversas com Deus, compiladas sob o título direto de *O diálogo*, uma enciclopédia dos tormentos e das obsessões que Catarina ditou a seu confessor.

Catarina chorava quase na mesma medida em que jejuava: muito. Chorava tão alto e com tamanha constância que um dia seu primeiro confessor, o frei Tommasso, implorou com toda a educação que ela "tentasse se controlar",[12] porque o espetáculo patético atrapalhava a missa, levando o padre a se atropelar de tal forma nos sermões que a congregação nem tinha como saber quando devia murmurar "amém". Deitada no colchão de palha, olhando para o teto da cela, Catarina já não sabia mais se o choro era uma forma de purificação espiritual ou se era causado pela dor de mais uma ferida irritada devido ao cilício.

Com os olhos tão inchados que mal conseguia distinguir as vigas do teto, que sempre contava antes de dormir, revirou-se sob o tecido áspero do hábito e perguntou a Deus outra vez: por que não paro de chorar? (Para Catarina, Deus era igual àquela amiga que você bombardeia com mensagens de áudio durante a madrugada, mas, antes que ela possa lhe trazer algum consolo, você já entrou numa tangente de autorreflexão.) Certa noite, Catarina secou o choro no tafetá gasto que deixava ao lado do travesseiro e começou a submeter as lágrimas e os soluços à análise rigorosa que constituiria *O diálogo* — porque todo mundo sabe que o pior choro é aquele sem motivo. A freira foi logo botando para funcionar sua atuação do divino e, na sua sessão diária de ditado, apresentou a Raimondo da Capua a taxonomia de lágrimas.

Havia cinco tipos:

1. "As lágrimas dos homens perversos do mundo. São lágrimas de danação."[13] Trata-se das que são derramadas por aqueles homens que você teve a sabedoria de banir da sua vida; as únicas que não merecem atenção.
2. "Há também as lágrimas de temor, e são daqueles que abandonam o pecado por medo de punição e choram de medo."[14] Bem parecidas, imaginamos, com o arrependimento lacrimoso que a acomete na cama, numa manhã quando está de ressaca e com medo de desbloquear o celular e encarar os erros irreparáveis da noite anterior.
3. "Em terceiro lugar estão as lágrimas de quem, depois de abandonar o pecado, começa a servir e provar [Deus], e chora por toda a doçura, mas o choro é imperfeito, assim como seu amor."[15] Esse tipo devia ser a marca registrada de Catarina.
4. "Em quarto lugar estão as lágrimas daqueles que chegaram ao amor perfeito pelo semelhante, amando [a Deus] sem consideração nenhuma por si. Esses choram, e o choro é perfeito."[16] Seria esse aquele choro inocente, quase infantil, no qual caímos quando os neurônios-espelho despertam ao assistirmos a uma competição na TV em que alguém ganha um apartamento de

frente para a praia ou a um vídeo de um bebê colocando os óculos e enxergando pela primeira vez? Talvez seja.

5. "O quinto tipo tem relação com o anterior, e são lágrimas doces que caem com imensa paz."[17] Não importa em qual século você esteja lendo isto: esse é o choro que todo mundo deseja, o tipo de choro mais cobiçado.

Confessamos que os cinco tipos de lágrimas de Catarina nos decepcionaram um pouquinho. A esta altura, não abandonaríamos nossos pecados nem se Santa Catarina de Siena (doutora da Igreja, santa padroeira da Itália e copadroeira da Europa) em pessoa nos pedisse, e ninguém nos convenceria de que vale a pena chorar pelas falhas e imperfeições do amor, por mais árduo que tenha sido vivê-las. Mas, para falar a verdade, a dominicana tinha sido tão útil como nossas terapeutas, senão mais: ela nos deu o empurrão introspectivo para sentarmos e dissecarmos nossa tristeza com precisão cirúrgica.

✝

Tínhamos passado quase um ano longe de Providence graças a uma bolsa de pesquisa que nos liberou dos deveres como professoras, e a volta — embora soubéssemos que só era preciso aguentar mais dois semestres de um clima desumano, tubérculos e horas a cumprir lidando com a arrogância de alunos — nos fez mergulhar numa inquietude desconhecida. Era 2022, e nós quase não reconhecíamos aquelas duas moças de vinte e poucos anos que tinham se mudado para Providence seis anos antes, decididas a fazer qualquer coisa para conseguir um lugar no mercado de trabalho tirânico da Ivy League. Elas nos pareciam tão diferentes das estudantes que entravam no departamento ano após ano, — pele impecável, ar de superioridade intelectual, olhos cheios de esperança. Nós nos sentíamos como noviças que conseguiram burlar o sistema do dote para entrar no convento mais abastado, de olho no posto de prioresa, mas que acabaram encalhadas no meio do caminho por falta de vocação. Todas as manhãs, nossas caixas de entrada transbordavam de e-mails de seminários preparatórios exaustivos: "Como escrever uma carta de apresentação perfeita"; "O que fazer com o doutorado fora do mundo acadêmico"; "Cinco estratégias para publicar em periódicos de primeira linha". Quando fechávamos o laptop e nos encolhíamos na cama, buscando alívio em vídeos de bichinhos fofos, nossos telefones vibravam com mensagens de amigos e colegas nos encaminhando vagas de emprego. Os professores do departamento nos olhavam com o ar de censura reservado a adolescentes rebeldes que, por algum motivo misterioso, tinham passado de alunas que só tiravam nota dez a acadêmicas que faltavam os dias de provas. Estávamos entorpecidas pela tristeza, paralisadas pela incerteza. Nossas dissertações obscuras (e incompletas) sobre crise econômica, alquimia, arquitetura e linguagem no século XVII pesavam mais nas costas do que a cruz do Calvário. Os meses que passavam eram uma

contagem regressiva para os dias de liberdade, mas também marcavam uma corrida aflita contra o relógio, em direção a um futuro em que a bolsa da Brown que nos sustentava deixaria de existir. Quase sem percebermos, a estratégia carismática da reclamação, que defendíamos há tempos, tinha se apossado de tudo e, a portas fechadas, tínhamos nos tornado pessoas acabadas se lamentando, uma se alimentando da desgraça da outra. Foi aí que Santa Catarina apareceu, nos apresentando a doutrina das lágrimas.

Decididas a botar um ponto final na afasia emocional, seguimos o exemplo de Catarina e elaboramos uma taxonomia das lágrimas que tivesse menos a ver com fervores espirituais e renúncias místicas e mais com as rupturas psicossomáticas comuns a quase todos que chegaram aos 30 anos. Conseguimos reduzir a seis categorias (algumas emprestadas da santa), mas desconfiamos de que o número de tipos de lágrimas se equipare ao número de almas lacrimosas no mundo:

1. **Lágrimas de profecias autorrealizáveis.** O tipo de choro causado pela recapitulação de todas as possibilidades de catástrofe, conduzida com a precisão de uma miniaturista. Embora essas lágrimas possam parecer desnecessárias, às vezes a pessoa tem que imaginar o pior, lambendo feridas inexistentes, para aliviar o terrível nó de angústia por meio do choro.
2. **Lágrimas de exaustão.** Quando você é dominada pela "maior repugnância", um choro espontâneo se apossa de você, suspendendo a corrida insustentável rumo à produtividade máxima.
3. **Lágrimas de culpa.** Em *Caminho de perfeição*, Santa Teresa observa que "assim, ainda que não seja exatamente pelo que nos acusam, nunca estamos totalmente imunes a falhas".[18] Embora sejamos grandes defensoras do fim da culpa desnecessária, numa cultura saturada de terapia e que cada vez mais confirma nosso próprio ponto de vista, talvez as lágrimas de culpa sejam essenciais para entender de fato o que significa responsabilidade emocional.

4. **Lágrimas hormonais causadas pela TPM.** Irracionais, implacáveis, mas vitais.
5. **Lágrimas de vulnerabilidade.** Aquelas derramadas enquanto você desbloqueia o celular compulsivamente, esperando a mensagem que sabe que nunca vai chegar.
6. **Lágrimas de doçura.** Quando os nove círculos do inferno se acalmam e a vida oferece uma trégua repentina, às vezes um choro quase extasiado emerge, do tipo que toda garota deve experimentar pelo menos uma vez por ano. Se você não está chorando lágrimas de doçura, está no lugar errado.

Naquela noite, enquanto devorávamos duas pizzas gordurosas do restaurante mais inóspito do estado e conversávamos sobre como encaixar nossas torrentes de lágrimas no quadro estéril da classificação, a vida de repente nos pareceu menos sombria. Tínhamos achado um jeito de coletivizar o choro. Consoladas pela conversa pós-jantar, ficamos viciadas em elaborar teorias lacrimais. Mesmo deixando de lado o rigor investigativo de nossas teses, nada nos impedia de passar horas caçando monografias sobre lágrimas na Biblioteca Rockefeller da Brown: *Holy Tears: Weeping in the Religious Imagination* [Lágrimas santas: O choro na imaginação religiosa, em tradução livre], *Telling Tears in the English Renaissance* [Lágrimas reveladoras na Renascença Inglesa, em tradução livre], *Crying: The Natural and Cultural History of Tears* [Choro: A história natural e cultural das lágrimas, em tradução livre]. Descobrimos que alguns médicos contemporâneos de Catarina, como o bolonhês Mondino de Liuzzi, por exemplo, entendiam os fluidos do corpo como parte de uma economia circular infinita — os seios produzem leite a partir do sangue quente, refinado; os olhos derramam lágrimas, que são um tipo de leite que nutre o coração, que por sua vez produz sangue que vira leite. Um conceito fisiológico encantador. É por isso que o Deus de Catarina lhe garante: "Quero que saiba que todas as lágrimas vêm do coração, pois nenhum outro membro do corpo satisfaz tanto o coração quanto o olho."[19] Para nós, que sabíamos apenas o essencial das ciências naturais para manter a aparência de que tínhamos uma escolaridade básica, esse circuito fantástico de fluidos era um consolo.

Anotamos a taxonomia das lágrimas em Post-Its e os colamos nos cantos dos quadros brancos em que, todos os dias, escrevíamos as tarefas que sabíamos que não iríamos terminar. Enquanto revisávamos as listas, angustiadas, a neve caindo lá fora, ambas cercadas pelo silêncio ensurdecedor das casas vazias, as lágrimas se acumulavam, prontas para cair de nossos olhos míopes. Nós nos perguntávamos: seriam lágrimas de exaustão porque já eram seis horas da manhã de novo? Seriam suscitadas pela culpa que sentíamos pelos três episódios de *Real Housewives of Beverly Hills* que nos impediram de dormir antes das duas da manhã da véspera? Estaríamos de TPM? Uma pensava nas lágrimas da outra, imaginando uma comunidade de amigas chorosas. E, de repente, a voz de Santa Catarina interrompeu as lamúrias, nos consolando com a ternura de uma madre superiora exigente, mas coruja: "Já disse a vocês que as lágrimas vêm do coração, e que o coração as distribui para os olhos, depois de reuni-las em seu desejo feroz?"[20]

## Não deixe os outros nomearem seus demônios: como uma freira ursulina do século XVII pode ajudar você a processar as mil faces da sua agonia

É uma manhã da primavera de 1634 na cidadezinha francesa de Loudun. Uma fila de dezessete freiras ursulinas passa pelo portão do convento, atravessando a rua de paralelepípedos num ritmo ligeiro. Elas não dizem nada, mas o silêncio matinal é rompido pelo farfalhar dos hábitos pretos de sarja e o chiado baixinho da respiração coletiva, reminiscente de uma oração murmurada. A abadessa, Jeanne des Anges, mal completou 30 anos e desequilibra a cada passo que dá graças a uma lesão na perna; no entanto, a mulher encabeça a procissão com a agilidade e a segurança de quem sabe que é a responsável pelo que vai acontecer. Chegou a hora: as dezessete ursulinas estão indo, resolutas, para o próprio exorcismo.

Vão enfrentar o mesmo suplício, mas não juntas. Algumas vão para a igreja de Sainte-Croix, outras para a de Saint-Pierre-du-Martray e o restante para a capela de Notre-Dame du Château. Ao se aproximarem do cruzamento onde terão que se separar, quase não trocaram olhares, com receio de revelar o pavor que sentem. Jeanne chega à igreja de Sainte-Croix acompanhada por cinco irmãs ursulinas. Nenhuma delas esperava a cena que as aguarda. Diante do altar principal, com tábuas de madeira, um palco alto o bastante para que até as pessoas sentadas no último banco consigam ver o que vai acontecer foi montado. As irmãs quase não têm tempo para lidar com a situação antes de serem algemadas e levadas a um banco, onde duas cordas amarram cada uma delas — uma prende as pernas, a outra aperta a barriga e a coluna no encosto de madeira. Quando já não cabe mais ninguém na igreja, os padres Mignon e Pierre Barre se aproximam das ursulinas, que entendem tudo o que está prestes a acontecer. Poucos minutos depois, sob os olhares insaciáveis de toda a cidade, as freiras pálidas e trêmulas vão latir, suar, convulsionar e uivar blasfêmias, balindo feito bodes e exibindo as genitálias em contorções macabras dignas de Angélica Liddell.

Até então, detalhe nenhum se desvia do roteiro padrão de qualquer filme de *nunsploitation*, um gênero de cinema bastante apelativo, cheio de sexo e violência, com freiras como protagonistas. De *Madre Joana dos Anjos* (1961) de Jerzy Kawalerowicz a *A luz do demônio* (2022) de Daniel Stamm, e de *Agnes* (2021) de Mickey Reece a *Os demônios* (1971) de Ken Russell, os cinemas e as próprias TVs contam há décadas com freiras se contorcendo em poses inimagináveis, berrando com as vozes infernais de seus invasores demoníacos. Somos fãs fervorosas do gênero, porque poucas coisas são tão satisfatórias, em termos cinematográficos, como tomadas em que podemos espiar a intimidade caótica de um claustro dominado pelos delitos do diabo — ou, o que é ainda mais implausível, por uma suposta histeria coletiva. Apesar de sucumbirmos, como a plateia enfeitiçada da Igreja de Sainte-Croix, ao fascínio inegável da cinematografia do convento demoníaco, nunca conseguimos terminar um desses filmes sem trocar um cochicho ou uma mensagem exprimindo a impaciência com a possessão demoníaca retratada como um fenômeno externo, puramente físico. O cânone da *nunsploitation* põe em primeiro plano freiras frágeis e desnorteadas à mercê de exorcistas sempre prudentes.

Temos a impressão de que esses diretores e roteiristas teriam concordado plenamente com o demonologista francês Jean Bodin. Em *Sobre a demonomania dos feiticeiros*, um tratado de 1580 voltado para a concepção de novas formas de torturar bruxas e feiticeiros — sobretudo bruxas, porque Bodin afirmava, com o tipo de estatística mágica evocada por um incel na defensiva, "a proporção é de um homem para cada cinquenta bruxas e mulheres possuídas"[21] —, o jurista defendeu com firmeza a ideia de que, por mais que tentassem, nem o diabo nem qualquer demônio conseguiria acessar as faculdades intelectuais e espirituais da vítima humana. Em outras palavras: somente o corpo poderia ser possuído. A tese sem dúvida era lisonjeira para a alma humana, mas deixava pouco espaço para a vontade das freiras.

✝

Jeanne des Anges nunca se deixou manipular pelo discurso demonológico. Nas primeiras páginas de sua autobiografia espiritual, datada de 1644, a ursulina se retrata como o pior dos demônios, uma criatura de perversidade inata, merecedora de mais lágrimas de culpa e arrependimento que todas as derramadas por Catarina de Siena e María de Santo Domingo. "Quando penso na vida que tive, vejo que tenho uma boa razão para corar diante de Deus e dos homens, pelas devassidões do espírito pelas quais me deixei levar. Se a obediência me permitisse, eu descreveria com um prazer singular e em detalhes toda a malícia, hipocrisia, duplicidade, arrogância..."[22] E, de fato, ela não hesita em investigar as próprias perversidades. Com sua autobiografia, Jeanne inaugurou um breve período durante o qual a França testemunhou o surgimento de uma série de textos com certas características esquisitas em comum. Depois de décadas de padres, exorcistas e teólogos especulando, por exemplo, qual seria o ponto de entrada preferido dos demônios (de acordo com Bodin, as entradas prediletas para o corpo eram, sem sombra de dúvida, "as partes vergonhosas"[23] das freiras), esses novos manuscritos enfim descreviam o fenômeno da possessão demoníaca pela experiência pessoal das mulheres que tinham enfrentado o problema dentro dos conventos.

Jeanne não estava sozinha no exame quase psicanalítico. Em setembro de 1634, poucos meses depois desses exorcismos malsucedidos, o jesuíta Jean-Joseph Surin chegou a Loudun para assumir a orientação espiritual de Jeanne, apenas alguns anos mais nova. Em *O triunfo do amor divino sobre os poderes do inferno na possessão da madre superiora das ursulinas de Loudun*, de 1636, e três décadas depois, em 1663, em *A ciência experimental da vida após a morte adquirida com a possessão das ursulinas de Loudun*, Surin examinou minuciosamente o período que passou diagnosticando os problemas de Jeanne. Para o jesuíta, foi um momento de poucas certezas. Primeiro, que vários dos demônios eram especialmente avessos às carmelitas descalças e, assim, a relíquia de Santa Teresa que Surin usava se mostrou bastante eficaz para expulsar a maioria deles. Segundo, que os demônios de Jeanne des Anges não eram só as figuras espectrais, sinuosas, capazes de retorcer a coluna de uma freira como se ela fosse feita de barro, mas também trevas mentais e traumas profundamente arraigados. "Assim que me viu", escreve a própria Jeanne, "ele soube que o sofrimento era tão grande dentro de mim como sobre mim."[24] Surin não demorou a detectar as aflições demoníacas de sua filha espiritual, mas descobriu que se livrar delas não era tão fácil. Em 1645, ele tentou tirar a própria vida se jogando da janela do segundo andar. Passou o restante da vida assolado por uma depressão que jamais conseguiu exorcizar.

A verdade é que, depois de desmantelarmos a projeção do tratamento cinematográfico dado às possessões, o que conseguimos reconstituir do caso de Loudun a partir de textos contemporâneos sugere que as freiras viviam num ambiente muito inóspito. Tudo começou em 1632, quando Jeanne declarou que o padre Urbain Grandier, sacerdote sedutor de uma igreja das redondezas, havia aparecido na cela para tomar "aquilo que ela tinha jurado guardar para seu marido celestial, Jesus Cristo".[25] Ela não foi a única. Em pouco tempo, várias outras irmãs alegaram terem sido possuídas (em todos os sentidos) por Grandier, pelo diretor espiritual do convento e por outras figuras da hierarquia eclesiástica local. Se nós vemos um convento inteiro apavorado por causa de um padre arrogante, a história vê, para a surpresa de ninguém, um surto de histeria. Embora Grandier — a quem não faltavam amigos influentes e que já tinha se envolvido em outros escândalos sexuais — não tenha sido o único acusado pelas freiras, a cobertura historiográfica do caso se pauta por uma retratação posterior das ursulinas e pelas lacunas irremediáveis dos arquivos para concluir que esse homem, na verdade, jamais esteve lá. A história não teria passado de um delírio histérico provocado pela obsessão ressentida de Jeanne com o padre que tinha se recusado a ser seu diretor espiritual. Por mais que vozes de peso como as de Michel de Certeau e Aldous Huxley tenham escrito e refletido sobre as possessões de Loudun, o receio é de que jamais vamos entender a fundo o que aconteceu dentro do convento. No entanto, sabemos que a historiografia sempre prefere defender a ideia das freiras como vítimas de histerias coletivas ou de superiores oportunistas dispostos a transformá-las num instrumento espetacular do catolicismo contra o protestantismo, em vez de presumir, por um instante sequer, que Jeanne e as ursulinas talvez tenham sido as catalisadoras de um movimento #MeToo arcaico, escondido por trás da cortina de fumaça da fenomenologia demonológica.

✝

A ideia de que as ursulinas de Loudun se apropriaram do vocabulário da bruxaria e das possessões para dar nome ao trauma do abuso ainda é apenas uma hipótese. O que de fato sabemos é que Jeanne des Anges pegou a teoria de Surin sobre demônios internos e a transformou numa espécie de mapa detalhado de suas toxicidades e seus problemas de saúde mental. Era uma linha de ação muito necessária, já que àquela altura ela tinha "uma grande preocupação, tristeza, desespero, remorso, portanto não sei o que fazer".[26] Se categorizar lágrimas é um remédio conventual infalível para analisar e compartilhar seus sofrimentos, classificar as milhares de faces da agonia e da culpa é um bom jeito de exorcizá-los. Segundo o inventário de Jeanne, seu interior abrigava sete demônios, e ela batizou cada um deles por meio de uma introspecção assertiva que nossas terapeutas aprovariam. Não importa se você se disseca na frente de um psicólogo do século XXI ou de um exorcista do século XVII: toda garota quer gabaritar o boletim inexistente da alma bem examinada. É por isso que Jeanne desconstrói com muito cuidado cada ângulo de sua personalidade turbulenta.

> Leviatã, o chefe de todos os demônios que se apossaram de mim, fez uso da minha tendência à indulgência, que me levou a querer agradar a todo mundo e ser estimada; ele fortaleceu meu orgulho e me incentivou a ter a mim mesma em alta conta. Nutri, dentro de mim, o desejo de realizar algo grandioso, chegando a fantasiar com a ideia de abandonar a ordem para obter outras distinções. Ele me fez ver todos os outros como inferiores a mim.[27]

Se Leviatã era o narcisismo aguçado, Beemote se alinhava à preguiça de Jeanne, embora também a instigasse "a pronunciar blasfêmias contra a majestade de Deus, provocava minha raiva e meu ódio pelas irmãs [...] quando esse espírito maligno me possuía [...] eu rasgava com os dentes todos os véus que encontrava".[28] Mas as ações de Balaão "eram ainda mais perigosas, porque pareciam menos ruins: ele só perturbava minha imaginação um pouco e depois deixava minha essência agir, pois via nisso grandes vantagens para se manter".[29] Grésil e Amand encarnavam os cantos mais impenetráveis da angústia constante da ursulina, tão opaca que ela "não conseguia distinguir seu funcionamento interno". Todo transtorno tem seu demônio.

Descobrimos Jeanne des Anges cedo, antes mesmo de nos conhecermos em Providence. Mas só começamos a nos sentir próximas dela quando, imersas no desastre emocional do doutorado, ambas decidimos, com quase um ano de diferença uma da outra, que para permanecer à tona seria preciso um colete salva-vidas em forma de terapia. Muito acostumadas a deixar as palavras fluírem, a complementar qualquer banalidade com adjetivos multiplicados por quatro, a cunhar terminologias fantasmas quando necessário, de repente nos vimos quase emudecidas, incapazes de dar nome aos nossos demônios. Aos poucos, percebemos que as engrenagens da terapia se colocam em movimento devagar, num ritmo quase insuportável, que volta e meia nos faz desejar algo parecido com um conveniente manual do exorcismo contemporâneo que nos ajude a especificar nossos medos. Mas se a maior proeza de Jeanne des Anges foi tomar para si a nomenclatura e a sintomatologia dos demônios — e todos os superiores dela, menos Surin, insistiam que esses demônios lhes eram externos —, talvez agora a verdadeira proeza esteja na externalização dos demônios que um emaranhado de vozes midiáticas insiste em separar das forças estruturais que os instigam. É mais fácil culpar a "síndrome pós-férias" que a precariedade de um emprego tirânico; mais comum falar de remédios para TDAH que discutir o estilo de vida que é causa disso; e bem mais fácil nos rotularmos "pessoas hipersensíveis" que ressaltar o excesso de estímulos que sufoca todo mundo o tempo todo. Felizmente, a autobiografia de Jeanne des Anges lembra que não interessa em que século esteja lendo isto: você jamais deve permitir que os outros digam quais são os seus demônios.

## Como uma freira que vestiu o hábito aos 75 anos pode ajudar a aplacar sua cronofobia

Fazia frio em Puebla em 10 de outubro de 1679, e a cidade mexicana inteira cheirava a flores e cera derretida. A brisa do outono começava a se instalar, mas nada poderia impedir as massas de saírem de casa de manhãzinha e se dirigirem ao convento das carmelitas descalças. Era essencial chegar ao portão antes do horário marcado e brigar por um lugar na multidão para conseguir levar algo de lembrança. Muitos voltariam para casa satisfeitos, carregando uma recordação debaixo do braço ou segurando com delicadeza "as flores que enfeitavam o corpo"[30] da falecida. Os mais sortudos tinham convencido a freira na entrada a presenteá-los com "algum pertence da irmã Esperanza" e correram para casa com a adrenalina de quem consegue tirar uma selfie com Beyoncé, segurando "as tigelas de onde ela comeu e os jarros pequenos em que tomou água".[31] Embora fizesse apenas "um ano menos nove dias" que Juana Esperanza de San Alberto tinha vestido o hábito carmelita a contragosto, sua morte transformou a cidade numa procissão inédita. O caixão cheio de flores e iluminado por velas foi, durante todo aquele outubro gélido, o grande assunto de Puebla.

Juana Esperanza de San Alberto nasceu na Guiné-Bissau no início do século XVII. Quando um navio negreiro a atirou na doca de Veracruz, aos 5 ou 6 anos, ela foi comprada por María Fajardo, uma espanhola que também tinha chegado ao México quando criança, embora sua jornada tenha sido bem mais confortável que a da jovem escravizada. Depois de enviuvar, María se afastou do mundo e ingressou nas carmelitas descalças de Puebla, doando todos os seus pertences ao convento — inclusive as duas mulheres que havia escravizado. María faleceu pouco depois de fazer os votos e, embora as freiras e as autoridades da Igreja resistissem à ideia de que Juana Esperanza permanecesse no convento, ela acabou amolecendo o coração de todos: "Filhas de Jerusalém, esposas de Jesus Cristo, embora eu seja negra, sou linda, e o Rei Todo-poderoso me ama e me trouxe para Sua Igreja."[32] Graças à dedicação de uma das companheiras, a vida de Juana escapou da sina da obscuridade sob a forma de um relato biográfico que acabou circulando, suavizado e provavelmente resumido, na crônica impressa do convento, escrita pelo clérigo mexicano José de la Parra no século XVIII.

Juana Esperanza de San Alberto quase não falava. Enquanto as outras carmelitas gastavam os dias com passatempos excêntricos como passar "um pedacinho de carne do tamanho de uma unha [...] da nossa Mãe Sagrada Teresa de Jesus"[33] de cela em cela, competindo para ver quem tinha a visão mística mais espetacular, Juana Esperanza — que nunca era convidada a participar dessa brincadeira macabra — perambulava sozinha. Depois de terminar as tarefas na cozinha, levava um jarro até o chafariz do pátio com o pretexto de buscar água, mas continuava ali, olhando as estrelas, imersa em orações, até as três ou quatro da madrugada. Se estava mesmo rezando ou só refletindo sob o vasto céu noturno, perdida em pensamentos sobre a freira que a havia acusado de estragar a refeição do dia, ou a que a responsabilizara por quebrar uma panela de barro, ou as carmelitas desdenhosas que a mandavam servir a ceia depressa, não sabemos. Tampouco sabemos se, durante as longas horas que passava "sentada no peitoril da janela, contemplando os céus",[34] Juana Esperanza murmurava Pai-Nossos ou Ave-Marias entre os dentes trincados ou se pensava no destino trágico das mulheres com quem tinha cruzado o Atlântico numa viagem angustiante. Detestava confessar seus problemas aos padres, deãos e frades que viviam em volta dela, arrumando seus chapéus idiotas e apertando as cordas de suas batinas, incomodando-a com perguntas sobre o estado de sua alma. Ela sempre permanecia calada.

✝

A certa altura, Juana Esperanza já não sabia mais que idade tinha, embora se desse conta de que os anos se acumulavam às suas costas. Durante muitos deles, ela tinha vivido no convento sem aceitar plenamente o papel de carmelita descalça. Talvez a proposta do hábito parecesse, para alguém que nunca tinha conseguido arrecadar o dote necessário, uma caridade que não queria se dignar a aceitar. Ou talvez tenha feito apenas o que muitas gostariam de fazer: viver como freira sem se comprometer de todo com o estilo de vida. Mas em 1678, doente e dependente das mulheres que a rodeavam, ela mudou de ideia. Talvez o desejo de abraçar a sensação de pertencimento que suas futuras irmãs sempre tinham questionado e à qual ela mesma havia resistido finalmente tivesse sido maior do que as reservas. Um ano antes de morrer, com quase 75 anos, Juana Esperanza de San Alberto enfim fez os votos de carmelita descalça.

Fazia muito tempo que não andava sem a onipresente bengala e, não fosse pela ajuda e pelo cuidado das outras freiras, não teria conseguido nem se arrastar até a comunhão. Se até pouco tempo distinguia Mariana del Sacramento da madre Nicolasa pelo barulho das sandálias atravessando o claustro às pressas, ela agora confundia rostos e vozes. Entretanto, incentivada pelo isolamento sensorial da velhice, ainda conseguia avaliar a importância das visitas do convento pela agitação que causavam ao chegar. E, para seu azar, não havia marquesa, vice-rainha ou autoridade suprema da Igreja que aceitasse ir embora sem conhecer a "linda mulher negra"[35] que tinha passado os últimos trinta anos vivendo com as carmelitas. No dia em que Don

Diego de Malpartida Centeno, deão da Catedral do México, apareceu no convento, temos certeza de que as freiras beliscaram as bochechas para ficarem mais coradas, mas sabemos que Juana Esperanza não fez isso. Ela aguentou as perguntas dele de cabeça baixa, silenciosa. Quando o deão disse, irritado, "Escute, Esperanza, não deixe de dizer ao padre tudo o que se passa na sua alma e tudo o que lhe aconteceu em orações", Juana foi incapaz de se conter — estava à beira da morte e protegia demais a dignidade que mantivera ao conquistar, a duras penas, um posto respeitável no convento.[36] "Devo fazer agora o que não fiz a vida inteira?", retrucou ela — um revide do século XVII que desconfiamos que Juana ruminasse havia décadas.

A passagem do tempo, a reflexão silenciosa e os desafios da vida comunitária garantiram a Juana Esperanza a autoridade e compostura de que toda mulher precisa para receber bem a velhice. Confessamos que é difícil formar uma imagem clara dela, enterrada como está sob o peso da condescendência que encobre os poucos relatos de sua vida que conseguimos descobrir. No entanto, com toda "queda terrível"[37] seguida pelo auxílio das outras freiras (sempre com uma "cadeirinha" para ajudá-la a se levantar de novo), com a determinação com que se agarrava à bengala para continuar comparecendo aos rituais coletivos e com a fidelidade obstinada ao seu misterioso autodomínio no falar, chegamos a uma Juana Esperanza que obteve o que tanto almejamos: uma boa velhice.

✝

O fim do doutorado coincidiu com nossa chegada aos trinta e tantos anos. Quase sem percebermos, nossas conversas foram dominadas por palavras que poucos meses antes não sabíamos direito o que significavam: *retinol, hialurônico, colágeno, assoalho pélvico, perimenopausa.* À medida que nos aproximávamos dos quarenta anos, o conceito de envelhecimento digno começava a incluir neuroses estéticas e ansiedades reconfortantes a respeito de um futuro precário em que a independência simplesmente deixa de ser opção. Queríamos evitar os pés de galinha, achar algum jeito de garantir uma autonomia vitalícia e, por mais difícil que seja admitir uma coisa dessas, ter a certeza de que o corpo não deixaria de atender às exigências da produtividade. Os conventos sempre nos pareceram lugares com os quais poderíamos aprender a envelhecer bem: a impressão era de que em cada canto do claustro havia uma religiosa de pele impecável e outra que bateu recorde de longevidade. Mas a vida de Juana Esperanza nos ensinou que talvez a lição do convento sobre envelhecimento digno não seja encontrar uma fórmula mágica — alguma substância que nos transforme numa versão impecável, forte e flexível de nós mesmas, como acontece com Demi Moore no filme de Coralie Fargeat. A verdadeira lição pode estar em viver dentro de um paradigma cultural que valoriza a aceitação em vez do controle, a interdependência em vez do individualismo.

Quando somos afligidas pela inquietação causada pela passagem veloz dos anos, sempre que nos pegamos boquiabertas, apavoradas com uma ruga nova, recorremos a alguma anedota da velhice de Juana Esperanza para aplacar o desespero com o passar do tempo que acaba por nos atormentar. José de la Parra conta que "nos últimos anos, sua visão ficou tão ruim" que uma freira "saiu da galeria numa noite de inverno para subir ao coral e se deparou com Esperanza num dos claustros, encostada à parede, segurando a bengala, imóvel, porque não achava a cela ao sair da cozinha e tinha passado boa parte da noite ali, esperando alguém que a ajudasse".[38] A freira "a colocou na cama, a cobriu, depois foi à cozinha pegar um pouco de fogo para aquecê-la". Já nos confortamos durante TPMs, torcicolos e crises do ciático suficientes para saber que não importa em que século você esteja lendo isto: encha seus anos dourados de amigas prontas para confortá-la quando você mais precisar.

[illegible]

[illegible]

[illegible]

# *Fama*

*Você vê o estardalhaço que madre Luisa provoca no mundo?*

Petronila de San Lorenzo

## Você pode até tentar, mas quero ver conseguir: como domar seu desejo de ser relevante com a ajuda de uma freira cancelada do século XVII

Imagine uma organização internacional com o poder de submeter a vida a um processo burocrático obscuro para decidir se você é digna ou não da eterna aclamação e adoração pública. Um grupo de homens que se reúne para analisar cada detalhe da sua vida e obra e que, no fim das contas, pode declarar sua carreira foi tão deslumbrante que suas criações merecem ser pregadas mundo afora. Pilhas de documentos carimbados decretam que seu rosto se tornou tão icônico que alguém tatuá-lo na pele não é nem assustador, nem absurdo. Um comitê de especialistas que proclama ao mundo que agora você é uma celebridade verificada.

Foi o papa franciscano italiano Sisto V, em 1588, que estabeleceu a "Sagrada Congregação de Ritos", uma organização que, com esse nome pomposo, visa a confirmar a fama das santidades com provas irrefutáveis. Escandalizado com a abundância de santos medievais com credenciais duvidosas, o Santo Padre resolveu dificultar o processo necessário para conquistar o símbolo azul póstumo da canonização. Embora só fosse possível provar o gostinho cobiçado da fama autorizada depois da morte, no fim do século XVI, toda freira católica que almejasse um lugarzinho no panteão exclusivo do martirológio sabia que boa parte do seu sucesso dependia do cumprimento diário de rituais calculados: comer pouco, sofrer muito e realizar o número certo de milagres. Poucas freiras dos séculos XVI e XVII escaparam do mantra da religiosidade da Contrarreforma: *faça de conta até acreditar*.

Hoje, ainda é impossível se salvar da artilharia incessante da mídia — a necessidade implacável de anúncios, algoritmos e *stories* no Instagram insistindo que você internalize a busca pela fama e o reconhecimento social como se fossem os faróis da existência. Das catacumbas acadêmicas, enterradas na irrelevância social que considerávamos garantida pela nossa devoção aos cantos mais negligenciados dos séculos XVI e XVII, nos acreditávamos imunes à sede contagiante de notoriedade que cerceia nossa época. No entanto, começamos um podcast, e por isso as conversas matinais passaram a ser mais ou menos assim:

— A gente não está no ranking do Spotify essa semana, Ana. Você acha que as pessoas estão ficando de saco cheio da gente?

— Não fala uma coisa dessas. E se a gente postar reels sobre o último episódio?

— Reels geralmente dão certo, mas a gente tem que postar à noite, senão ninguém vê, né?

— Não sei, Carmen. Quem sabe mais gente vê de manhã cedinho? Será que a gente marca alguém? Posta uma foto também? A gente sempre tem mais visualização quando mostra a cara.

— Ana, você acha que as pessoas não gostam mais da gente?

Acabamos entendendo que mesmo um simulacro de reputação midiática pode causar uma cegueira que nenhuma água benta é capaz de curar. Sentimos afinidade com aquelas aspirantes a santas que, ajoelhadas durante as orações, provavelmente perderam o foco enquanto ponderavam se deviam passar a manhã exibindo a levitação ou dando cambalhotas em nome de Jesus na sala. Nervosas com a ideia de que a incapacidade de manter o desempenho com o público nos condenaria a um esquecimento ainda maior do que sofria a biblioteca subterrânea iluminada por luzes fluorescentes onde ficavam os livros que mais consultávamos, e perplexas com as extravagâncias erráticas do algoritmo — nos elevando ao posto de mais ouvidas num dia e nos jogando entre os criadores de conteúdo esquecidos no outro —, demos a sorte de achar uma freira que nos ensinou tudo o que precisamos saber (e você também) sobre o controle do desejo perigoso de relevância.

†

Em 1623, quando o futuro rei da Inglaterra fez um esforço especial para visitar um vilarejo no norte da Espanha e conversar com Luisa de la Ascensión, a clarissa de 60 anos entendeu que sua atuação tinha ido longe demais. Uma coisa era a aristocracia e a família real espanhola inteira desfilarem pelo convento, o papa Gregório XV reservar um tempinho da agenda movimentada para lhe escrever cartas, algumas milhares de cruzes de madeira com seu nome chegarem aos cantos mais longínquos das Américas ou metade da Espanha procurá-la com pedidos de que curasse cistos e pneumonias com o simples toque de suas mãos. Outra bem diferente era o futuro chefe supremo da Igreja Anglicana, um inimigo frequente da Espanha, se encantar por ela. Luisa aproveitou o encontro improvável com a satisfação de quem conseguiu se posicionar no mercado corporativo mais exclusivo e inacessível que existe. No entanto, uma década depois, em 1635, quando uma delegação de diplomatas ingleses a visitou e solicitou "duas pinturas pequenas ou miniaturas dela"[1] a serem entregues ao então coroado rei da Inglaterra, a sensação de triunfo já tinha quase sumido. Os quinze minutos de fama haviam se esgotado. Luisa deixara de trocar cartas pessoais com a rainha e de administrar livremente as vastas doações feitas ao vilarejo de Carrión de los Condes para viver confinada — a mando da Inquisição — na cela de um convento agostiniano a quilômetros do convento de clarissas que tinha sido seu lar desde os 15 anos.

Isolada no quarto e impedida de se comunicar com o mundo exterior, Luisa — que pouco tempo antes havia se bilocado para o Japão, Flandres e Roma e tinha sido consultada a respeito do casamento da irmã do rei Filipe IV — tenta abafar os suspiros angustiados de quem sabe que os mesmos dons que a catapultaram para a fama desencadearam seu cancelamento impiedoso. Ela se esforça, portanto, para apagar da memória todas as vezes que se gabou de seu jejum, que gritou para os céus que sobreviveu (segundo a defesa à sua personalidade pública escrita pelo franciscano Pedro de Balbas) comendo apenas "uma dúzia de grãos-de-bico" ou "um pedaço de pão do tamanho de uma avelã".[2] Afinal, se tinha dado certo para Catarina de Siena, canonizada dois séculos antes, por que não daria certo para ela? Porque decifrar o algoritmo da Contrarreforma era tão improvável como achar a fórmula garantida do sucesso nos labirintos caóticos das redes sociais. Assim como fazer mil agachamentos búlgaros por dia não é garantia de ter a vida nem o corpo da influencer fitness Jen Selter ("a rainha dos agachamentos"), não importa quantos dias as Luisas do mundo viveram de pão e água — isso não assegura uma passagem direta para a santidade. Mesmo seguindo todas as dicas da Deusa da Glicose, uma guru com cinco milhões de seguidores que apregoa o domínio do nível de glicose no sangue, você não vai ter a energia nem o abdômen desenhado que ela tem; você pode posar para todos os retratos imitando os gestos de Teresa de Ávila, mas isso não é garantia de que ganhará uma festa na praça de São Pedro. Talvez fosse mais fácil se houvesse uma regulamentação das poses, filtros e roupas que usamos nas fotos das redes sociais — assim como a decretada pelo papa Urbano VIII em 1642, quando ele decidiu cancelar qualquer um que, sem santidade, se permitisse retratar com auréolas e raios glamourosos.

Como uma celebridade que, da noite para o dia, se vê no precipício de um império maculado, Luisa de la Ascensión culpa os outros pela sua desgraça. Havia todas aquelas freiras invejosas que ela nunca tinha levado a sério, como Petronila de San Lorenzo, que ficava resmungando para as irmãs do convento: "Você vê o estardalhaço que madre Luisa provoca no mundo? Bem, ela vai ver o sofrimento que o futuro guarda. Eu não vou estar aqui para presenciar isso, mas vocês, sim."[3] Assustada com a ideia de morrer sendo considerada uma fraude, Luisa, se era um pouquinho parecida com a gente, não só recapitula todos os comentários que ignorou por achar que eram apenas demonstrações de uma inveja mesquinha por parte de jovens irrelevantes, mas também começa a desconfiar até do comportamento de suas seguidoras mais leais. Por que se responsabilizar por aquelas devotas fervorosas que "cortavam seu véu com tesouras enquanto ela estava em transe"[4] e os distribuíam pela Espanha e pelas Américas alegando serem relíquias? Ela agora se sente ridícula, obrigada a improvisar desculpas para evitar que a Inquisição a acuse de "grave presunção". "Os véus? Dei a elas para que limpassem as penas de escrever", blefa.[5] Claro que ninguém acredita: "É impossível que sejam necessários tantos véus para limpar as penas", zomba uma testemunha perante a Inquisição.[6] Seria culpa dela se as freiras interpretavam como um "milagre" o que era apenas um "capricho"? Ela agora se arrepende daquele Dia de São João em que, querendo agradar às irmãs, decorou o refeitório com "alguns galhos e, num deles, cerejas e laranjas", no que as freiras espalharam o boato de que "do galho de repente brotaram cerejas e laranjas".[7] Estúpidas desmioladas. Ela tinha deixado que a retratassem como a *vera effigies* (a cópia fiel) de uma santa? De jeito nenhum. A culpa era dos fanáticos que insistiam em mexer nas imagens de Santa Clara e passá-las adiante como retratos de Luisa. Burros imprestáveis. Com as gravuras nas mãos, ela observa maliciosamente: "Ouvi dizer que são de uma santa."[8] Será que a Inquisição não ganharia mais indo atrás das pessoas que, sem seu consentimento, tinham feito uma lista das "virtudes e graças que Nosso Senhor havia conferido às contas e às cruzes da madre Luisa"?[9] O que ela já sabia havia tempos estava vindo à tona — os supostos devotos só queriam lucrar à custa dela.

A angústia logo se transformou em raiva quando Luisa se perguntou onde os signatários antes ávidos da "Confraternidade de Defensores da Imaculada Conceição" estavam agora. Ela tinha abraçado a fama para fazer proselitismo de sua causa favorita: a defesa ferrenha da ideia de que a avó de Jesus, Santa Ana, havia concebido a Virgem Maria sem precisar recorrer ao marido, São Joaquim — uma das maiores controvérsias do dogma católico. (Afinal, toda celebridade precisa de um ato filantrópico, uma causa política, uma teoria da conspiração ou uma excentricidade espiritual.) Estão preservadas num manuscrito de 237 páginas as assinaturas de todos aqueles que, antes da fatídica data de 15 de março de 1635, quando a Inquisição mandou que Luisa fosse retirada do convento, não viam problema em se declararem defensores entusiásticos da confraternidade da clarissa. Como alguém que fica rolando a tela para ver a lista de seguidores de uma conta de Instagram e medir sua relevância social, o manuscrito é uma explosão de contas verificadas: "Eu, o rei", "Eu, o príncipe", "Eu, a princesa", "Eu, o conde-duque", além de Margarita de la Cruz, Ana Dorotea e todas as nepofreiras da Ordem das Descalças Reais, a irmã Jerónima de la Asunción, fundadora do primeiro convento católico das Filipinas, inúmeras carmelitas descalças, abades, frades, bispos e até um retrato de Santa Teresa de Ávila (porque ninguém tinha dúvidas de que ela assinaria caso estivesse viva).[10] Onde estava toda aquela gente, pessoas que babavam em suas cruzes, suas contas e seus retratos?

Quando se conformou com o fato de que os métodos punitivos da Inquisição sempre triunfariam sobre a lógica, se entregou à memória de seu estrelato. Entre as quatros paredes de sua cela agostiniana, recordou que, "ao abrir a porta do claustro" para sair do cárcere, "toda a multidão que a esperava ali fora começou a chamá-la de Mãe e Rainha", os brados cada vez mais altos à medida que deixava as pessoas beijarem o crucifixo sagrado que usava no pescoço. Sorriu ao relembrar "os berros das pessoas que, sem se importar com o risco de serem pisoteadas, foram atrás [dela]".[11] Riu ao se lembrar da expressão atônita do inquisidor ao testemunhar o aplauso das massas quando ela chegou a Valladolid. Ele tentou convencer seu secretário a pôr um ponto-final naquilo, mas o jovem assistente apenas respondeu: "Meu senhor, se [Luisa] está fazendo milagres pelo caminho e Deus está fazendo com que sejam vistos, que a Inquisição inteira venha pôr o ponto-final, pois eu não tenho como fazer isso."[12]

✝

No fim das contas, Luisa morreu sozinha na cela transformada em prisão em 1636, esperando que seu julgamento pela Inquisição chegasse ao fim. O encerramento só viria muito depois, em 1648, quando, após deliberações intermináveis, os inquisidores concluíram que a demonstração de santidade dela não encobria nada digno de reprovação. Aquela grande celebração na Praça de São Pedro nunca aconteceu, mas ao longo da vida Luisa conseguiu suscitar mais gritos histéricos e suspiros devotos dos fãs do que quase todas as outras freiras do século XVII que acabaram colecionando auréolas póstumas. Duas pequenas imagens de Luisa de la Ascensión estão em nossas escrivaninhas. Quase todos os dias, sempre que empacamos no roteiro de um episódio ou perdemos o fio da meada escrevendo este livro, o olhar de Luisa nos lembra que é hora de parar com a obsessão com os rankings e com a pesquisa compulsiva de nossos nomes no Google. Independentemente do que tentassem, todas as freiras sabiam que ganhar fama como "santa viva" não era garantia de canonização após a morte — assim como viver no anonimato não erradicava a possibilidade muito real de que fossem acrescidas à lista de santas dali a dois ou três séculos. Luisa nos ensinou que você pode tentar, mas é difícil que consiga. Se os mistérios do algoritmo são tão enigmáticos quanto às decisões da Sagrada Congregação de Ritos, talvez seja melhor abandonar a corrida traiçoeira em busca da fama. É mais proveitoso, sem dúvida, se concentrar em deixar que as levitações tragam alegria, permitir que os momentos de arrebatamento causem satisfação e garantir que cada pequeno milagre do cotidiano se torne uma fonte de paz e maravilhamento para quem caminha ao seu lado.

## Swifties, beliebers e devotos das contas do rosário de Santa Juana: como fandoms radicais podem ser o melhor recurso para a formação de comunidades

Leonora de San Buenaventura nunca tinha sentido dor igual. Como qualquer freira do século XVII, ela se lembrava de febres extremas, uma ou outra infecção urinária, todo tipo imaginável de problema intestinal e até dores musculares de tanto arrastar relicários e baús pelo convento. Mas esse sofrimento específico era de um ineditismo apavorante. Todo mundo a havia advertido a respeito da "grande dificuldade da jornada": as "ondas incessantes", as tempestades, "o calor insuportável", "caminhos tão estreitos como um tijolo" e as "hordas intoleráveis de mosquitos".[13] No entanto, ninguém tivera a decência de avisar que, depois de semanas montada naquela mula desgraçada, ela seria dominada por um desconforto tão horrendo e, acima de tudo, tão íntimo. Leonora ansiava por desmontar e continuar a pé, mas sabia que Acapulco — lugar onde ela e as outras clarissas enfim embarcariam no navio que as levaria a Manila (ou ao túmulo, como todas repetiam, desanimadas) — ficava tão longe que a maldita mula, acolchoada com uma "sela de viagem", era a única opção. Cheia de picadas de mosquito e disfarçando outras coceiras mais constrangedoras, ficava nostálgica ao pensar nos meses que passaram espremidas no barco que as levara da costa espanhola para Veracruz. Foi só no dia em que sentiu como se estivesse montada no mais áspero dos cilícios que decidiu, em meio às lágrimas, buscar ajuda. Num cochicho abafado, revelou às demais clarissas aventureiras que a causa das caretas e dos espasmos em cima da mula era uma crise aguda de hemorroidas. Não sabemos as palavras exatas de Leonora. Talvez tenha encontrado algum subterfúgio lexical para não precisar enunciar um termo tão indecoroso, já que a confissão, suspeitamos, a envergonhava — empoleirada na mula ossuda em 1620, indo da Cidade do México para Acapulco — tanto quanto envergonharia você hoje, sentada na cadeira Herman Miller do home office.

Num instante, as outras nove freiras avançaram para formar um círculo em volta de Leonora, pálida e cada vez mais suada. Se alguém podia amenizar o sofrimento, era a irmã María de los Ángeles, uma enfermeira que saiu do Convento de La Visitación, na Cidade do México, para se juntar ao peculiar cortejo transoceânico. Embora educada para a restrição e a tirania do bem-estar, alguma coisa na enfermeira — um gesto dramático para afugentar os mosquitos, uma réplica feita com excessiva rispidez — traía um indício de sobressalto, justamente do tipo que você não quer ver no rosto da amiga menos hipocondríaca quando pergunta: "Você acha que eu devo ir para o pronto-socorro?" Se a irmã María de los Ángeles, que conhecia todos os remédios naturais que brotavam nas estradas e nos penhascos mexicanos como a palma da mão, não era capaz de aliviar a dor da coitada Leonora, as clarissas sabiam que só restava uma alternativa: "Uma conta moída de Santa Juana dissolvida num copo d'água."[14] Como seria de se esperar, a mistura funcionou. Ana de Cristo, a freira encarregada de registrar todos os suplícios e surpresas da odisseia, mais tarde relataria o incidente no tom impassível de quem já cansou de ver ressacas sendo curadas com ibuprofeno: "Depois disso, [Leonora] ficou totalmente boa."[15]

Quando Leonora enfim conseguiu montar na mula, no dia seguinte, sem se contorcer, a mente por trás daquela expedição inédita — uma clarissa idosa chamada Jerónima de la Asunción — teve a certeza de que a ideia de encher os baús de contas de rosário abençoadas por uma freira morta quase um século antes tinha sido coisa de gênio. Jerónima, nascida em 1555, não conhecera Santa Juana, também chamada de Juana de la Cruz, a franciscana terciária que cativara o imperador Carlos V com seu jejum exagerado, visões e levitações improváveis, além de seus banquetes divinos. Juana — que até a morte, em 1534, dedicou toda a sua energia e capacidade de liderança à transformação do convento numa residência artística multidisciplinar — sabia muito bem que sua fama era tão difundida que homens e mulheres do mundo inteiro cochichavam que ela não era apenas uma freira, mas sim "uma santa viva". Essa religiosa, que inspirou os homens mais severos da época a se comportarem feito tietes chorosas quando ouviam seus sermões, gostava tanto de capitalizar sua influência quanto qualquer estrela empreendedora de hoje. Portanto, lançou um império mundial de *merchandising*. Muito antes das ecobags onipresentes de Harry Styles ou das pulseiras da amizade dos fãs de Taylor Swift, existiram as contas milagrosas de Santa Juana.

✝

Como alguém resolve que objetos merecem virar produtos oficiais? No fim de 2021, embora ainda não tivéssemos lançado muitos episódios do podcast, já tínhamos conseguido um público muito fiel de proporções modestas, e ele aguardava nossos lançamentos com a impaciência eufórica de um peregrino com a esperança de testemunhar um milagre em Lourdes. Isso nunca deixou de nos surpreender, mas realmente havia gente animada para mergulhar por horas a fio em debates teológicos complexos sobre o consumo de chocolate, a loucura conventual por Cristos lactantes e os talentos para a dissecação acumulados por algumas freiras italianas com gosto por anatomia.

Foi nessa época que gravamos o episódio que deve ser o mais adorado e mais extremo até hoje: três horas de uma conversa fervorosa sobre o universo repulsivo das relíquias — fragmentos corpóreos ou têxteis que podem intermediar milagres, ser alvo de cobiça sagrada ou representar marcas de prestígio, mas que são, acima de tudo, símbolos de identidade coletiva. Foi então que as pessoas começaram a pedir que criássemos algum produto, que acrescentássemos relíquias nossas ao mercado. Com meios limitados à disposição, simplesmente imprimimos adesivos com a arte da capa do podcast e os enviamos a todo mundo que pediu (de graça, porque o espírito do *girl math* ainda se sobrepunha ao desejo de sermos comerciantes prósperas). Mas, na falta de adesivos, que relíquias uma freira do século XVI poderia fazer com as próprias mãos?

O biógrafo franciscano de Juana de la Cruz, Antonio Daza, narra que um dia, por insistência das freiras que viviam com ela, Juana saciou o desejo de bugigangas divinas em massa. Pediu que as irmãs juntassem todas as contas de rosário que tivessem para que seu anjo da guarda pudesse levá-las para o céu, abençoá-las e voltar com peças santificadas. Obedientes, as freiras reviraram o convento à procura de todos os rosários e lhe entregaram. "Ao ver as contas reunidas", explica o biógrafo, ela ordenou que fossem colocadas numa caixinha e confiadas a uma das freiras mais velhas, que iria trancá-las num canto e guardar a chave. Em seguida, Juana começou a rezar e, quando a viram arrebatada, tiveram a certeza de que foi nesse momento que o anjo ascendeu para abençoar os rosários no céu. Movidas pela curiosidade, correram até a irmã que guardava a chave, destrancaram a caixa e viram que ela estava vazia. Não restava nem sequer uma continha, confirmando o que tinham imaginado.

Quando Santa Juana emergiu do êxtase, "uma fragrância ótima e um cheiro doce dominaram o convento inteiro".[16] Todas as freiras correram para abrir a caixinha de novo e, de olhos arregalados, descobriram que "os mesmos rosários e contas que tinham colocado ali dentro estavam lá, sem faltar nenhum, pois o anjo que os levara aos céus já os tinha devolvido abençoados [...] e Juana disse que a fragrância e a doçura vinham dos rosários, que as absorveram das mãos sagradas de Nosso Senhor Jesus Cristo".

Em comparação com a grandeza das contas de rosário alçadas aos céus e abençoadas por Jesus em pessoa, nossos adesivos modestos (apesar de assinados, é claro, com nossos nomes e um coraçãozinho no verso) não eram nada. Talvez a única coisa que se aproxime desse encontro quase tangível com o divino seja um camafeu enviado por Lana Del Rey.

É muito fácil julgar os delírios das freiras do século XVI, que pareciam predispostas a acreditar em qualquer narrativa bizarra. Mas não podemos esquecer que, em 2020, a vela de Gwyneth Paltrow chamada *This Smells Like My Vagina* — ou seja, "Isto tem o cheiro da minha vagina", ao preço não tão modesto de 75 dólares — se esgotou em horas, deixando centenas de pessoas a ver navios no limbo da lista de espera.

É possível que essa correria não tenha sido fomentada por uma reverência genuína à atriz, mas pelo mesmo entusiasmo irônico que nos levou a comprar o vinho rosé de Lisa Vanderpump, participante do reality show *The Real Housewives of Beverly Hills*. O que hoje inspira uma risada confusa diante dos absurdos comerciais da fama já foi a irresistível lógica taumatúrgica das relíquias. As contas abençoadas de Juana, é claro, eram milagrosas: podiam acalmar tempestades, expulsar demônios, curar doenças, repelir tentações e até apagar incêndios. O mais impressionante, no entanto, é que, para os poderes serem transferidos para outros rosários, bastava que se tocassem. Motivado por essa construção de marca imbatível, o fandom de Santa Juana só fez crescer.

✝

Quando o sino que chamava as freiras do convento de Santa Isabel de los Reyes, em Toledo, às matinas repicou naquela manhã de 1599, nem uma única clarissa teria imaginado que dali a poucas horas a promessa de reclusão e clausura que tinham feito em seus votos se esvairia. No final do dia, algumas reclamavam pelos corredores que nunca deveriam permitir que um frade dominicano ficasse por perto durante tanto tempo se a ideia era preservar a quietude da vida conventual, enquanto outras passavam a noite em claro, nervosas, imaginando o cheiro do mar e o gosto que teriam aquelas frutas enormes que tinham visto nas iluminuras das crônicas do Novo Mundo. O responsável por toda essa comoção foi o frei Diego de Soria, um missionário dominicano que tinha acabado de voltar das Filipinas decidido a achar uma freira capaz e valente a ponto de criar o primeiro convento de mulheres religiosas em Manila. Quando viu Jerónima de la Asunción, na época uma clarissa robusta de 44 anos, entendeu que era ela quem estava procurando. Jerónima, que desde criança almejava "saber alguma coisa sobre tudo o que existia",[17] aceitou o desafio com entusiasmo, sem saber que a burocracia papal a lançaria numa espera aflitiva de duas décadas. Não importa o século em que você esteja lendo isso: caso esteja prestes a embarcar numa batalha administrativa para estender seu visto, atualizar sua autorização de residência ou obter a permissão da sua ordem para fundar um convento nas Filipinas, dê o primeiro passo no mínimo três meses antes do que você acredita ser necessário. Assim, talvez o processo termine só três anos depois do planejado. Por sorte, o fervor de Jerónima estava arraigado numa paciência extraordinária, e ela sabia esperar. Era uma clarissa muito comprometida, mas, acima de tudo, era fã de Juana de la Cruz. Então, quando enfim soube que tinha sido escolhida para chefiar a missão — um papel muito cobiçado pelas outras irmãs —, sua única obsessão era achar uma forma de carregar consigo um fragmento daquela freira incrível até as ilhas distantes. Não era difícil. Jerónima podia até estar impossibilitada de maratonar vídeos de sua popstar preferida ou tocar diversas vezes a música que ela gravara pouco antes de morrer, mas a freira idosa tinha acesso a algo bem melhor: visões milagrosas, um paradigma imaginativo que vinha muito a calhar para o cultivo de relações parassociais. Assim, "quando a Venerável Madre [Jerónima], junto com suas companheiras, estava na nova Vera Cruz, o Senhor lhe trouxe febres que eram um enorme sofrimento; no entanto, ela continuava indo à missa todos os dias. E no último dos três [dias] que passou lá, a gloriosa Santa Juana a presenteou com um abraço amoroso". Nas palavras do biógrafo de Jerónima:

> Imersa em lamentos afetuosos e colóquios meigos com a Santa Juana de la Cruz, pedindo o apoio e intercessão nessa iniciativa que estamos prestes a empreender (e na qual muitas vezes sinto que nos acompanha), eu a percebi do meu lado [...] Santa Juana, como uma pessoa que andasse e conversasse alegremente com outra [...] e, quando pedi à gloriosa santa que Deus concedesse o sucesso dessa fundação, ela me deu um grande abraço.[18]

Você é mesmo fã de Taylor Swift se a diva pop não aparece em todos os cantos da sua casa, disposta a lhe dar um abraço carinhoso e a consolá-lo nas noites de febre? Será que sequer faz sentido continuar louca pela Rihanna se vocês não podem ter conversas carinhosas? Pense bem.

Jerónima não podia trocar o hábito por um moletom estampado com o rosto de sua diva predileta, mas podia acariciar as contas do rosário de Santa Juana até as mãos se encherem de bolhas. Ela tinha conseguido esse tesouro depois de mexer todos os seus pauzinhos eclesiásticos e chorar convulsivamente em inúmeras portas de convento durante as duas décadas que teve para arrumar as malas para a viagem mais importante de sua vida. Se, no verão de 2024, milhões de jovens examinavam com atenção os punhos de outras pedestres à procura de pulseiras que revelassem seu pertencimento à vasta comunidade transnacional de swifties, no verão de 1620, ter, exibir e, nos casos mais extremos, ingerir as contas originais (ou pelo menos abençoadas) de Santa Juana gerava a mesma afinidade instantânea que todas encontramos na devoção compartilhada por alguém. Sempre que ouvimos alguém ridicularizar fandoms radicais e suas quinquilharias promocionais — como se o fascínio febril por alguém ou alguma coisa fosse sinal de ingenuidade ou de lavagem cerebral —, pensamos logo nos infinitos vídeos que os ouvintes nos mandam de ruas, cinemas, universidades, bares e supermercados onde grudaram nossos adesivos com a missão apostólica de atrair novos discípulos. Nós também pensamos no consolo comunitário que as contas de Santa Juana propiciaram a Jerónima e às clarissas.

Diante de todas as incertezas e todos os riscos de uma viagem internacional épica, Jerónima carregou todos os símbolos de proximidade e segurança que conseguiu reunir — inclusive duas freiras do mosteiro de Madri onde Santa Juana havia feito seus milagres febris. Assim, Sor María Magdalena de Cristo e Sor María Magdalena de la Cruz viraram guardiãs das inúmeras contas que seriam lançadas no mar revolto ou transformadas em poções salvadoras nos momentos mais desesperadores da expedição. Também levaram consigo a devoção carismática a Juana que, num piscar de olhos, as transformou nas grandes amigas de que o "esquadrão de clarissas" precisava para encarar jornada até Manila.[19]

Embora chegar aos 65 anos hoje em dia signifique apenas ter potencial para uma nova era experimental, estética e romântica (vide Madonna), é difícil acreditar que em 1620 uma mulher dessa idade fosse capaz de sobreviver a uma viagem de um ano, três meses e nove dias. Quando enfim chegou a Manila, Jerónima tinha certeza de que estava sã e salva graças ao produto extraordinário que Juana de la Cruz profeticamente distribuíra antes de falecer. Desconfiamos de que teve mais a ver com o amor daquelas que, assim como ela, se consideravam imitadoras acanhadas e acólitas orgulhosas da freira que brilhou num convento minúsculo um século antes. Se a adoração incondicional por Santa Juana deu a Jerónima a motivação necessária para participar, contra todas as probabilidades, da violenta arena logística da expansão colonial, ela nos ensinou algo bem mais sutil: seja você swiftie, directioner, belieber, parte do ARMY, do BeyHive ou uma devota fervorosa das freiras do século XVI, os laços de uma comunidade de veneração podem ser os mais acolhedores e poderosos que existem.

### Como vencer o FOMO: uma bilocação para cada evento que você deixou passar

A primavera na cidadezinha de Ágreda é fria e monótona. As janelas gradeadas do convento concepcionista, fundado por Catalina de Arana, têm vista para o horizonte avermelhado do planalto e são convidativas para as ventanias traiçoeiras que sopram das montanhas de Moncayo. Não faz muito tempo que a filha de Catalina, María Coronel y Arana, fez seus votos e adotou o nome de María de Jesús. O edifício de pedras que a abriga, e também a uma comunidade de concepcionistas, já foi à casa de sua família — até uma manhã de 1618, quando a mãe despertou de repente, gritando a respeito de uma visão noturna. Segundo a revelação, a casa seria transformada no mosteiro das freiras descalças da Imaculada Conceição, ela e as duas filhas virariam freiras, adotando o hábito concepcionista, e o marido e os dois filhos se mudariam para o Convento de San Antonio, em Nalda. E assim foi feito. Nem os protestos do esposo — ele não tinha vontade nenhuma de virar monge franciscano da noite para o dia —, nem as reclamações dos vizinhos, que viam nessa dissolução familiar uma cabal "afronta ao santo matrimônio", poderiam alterar o curso da visão de Catalina.[20] Afinal, no século XVII, quem teria a audácia de contestar as vontades de Deus? A revelação divina, sejamos sinceras, vinha bem a calhar para a mãe de María. Ela não só poderia escapar de um casamento insuportável, como também botaria um ponto-final no desejo da filha de se juntar às carmelitas descalças de Tarazona, uma fantasia da infância que as separaria para sempre.

Cinco anos depois, María força a vista míope para vislumbrar os moradores da cidade ao longe, através das barras da cela, e suspira. Sim, o hábito azul-celeste das concepcionistas lhe cai bem, e às vezes ela se sente ao mesmo tempo exaltada e atormentada por levitações dramáticas, mas de que elas valem se ninguém além da mãe, da irmã e de outras três ou quatro freiras pode testemunhá-las? Sim, María se tornou freira, deveria ser parte de um projeto grandioso que vai muito além dos limites de sua cidadezinha, mas acabou ficando com as concepcionistas, sob a direção dos franciscanos, e não com as carmelitas descalças e a revolucionária regra teresiana com que sonhava. A notícia da inédita cerimônia de canonização múltipla que o papa Gregório XV tinha realizado pouco antes em Roma chegou a Ágreda. Cinco ícones do catolicismo — Santo Isidoro, o Lavrador; Santo Inácio de Loyola; São Francisco Xavier; São Filipe Néri e Santa Teresa de Jesus — foram alçados à santidade. Quando a notícia começou a circular no salão do convento, com as freiras lendo em voz alta cartas que descreviam as procissões, festas extravagantes, sermões, concursos de poesia e estruturas efêmeras que animaram as ruas de Roma, María suspirou de novo. Às escondidas, se atrevia a imaginar como teria sido viajar para Roma e celebrar os cinco santos com toda aquela gente. Além disso, com o rosto corado, imaginava-se como um desses santos. Tentava purificar as pontadas de inveja, transformando-as em admiração, mas não conseguia; ela também gostaria de peregrinar até Jerusalém como Santo Inácio, morrer como missionária na China como São Francisco Xavier ou cruzar a Castilha fundando conventos como Santa Teresa. Mas sabia que jamais sairia do convento, que ia morrer na casa onde nascera. Se o Vaticano um dia resolvesse beatificá-la, sem dúvida faria de María de Jesús de Ágreda a santa padroeira do FOMO, a santa que intercede por todos nós que somos incapazes de resistir ao medo de perder eventos importantes.

✝

A ansiedade causada pela sensação de que a vida está acontecendo em outro lugar é, como as pessoas costumam dizer, um problema endêmico do século XXI, um subproduto terrível do vício em redes sociais. Durante muito tempo, tínhamos certeza de que nenhum FOMO era mais intenso que aquele gerado pelos ritmos melancólicos da vida acadêmica. Em várias noites de sexta-feira, o feed nos deixava paralisadas, cheio de provas de que a vida de todos estava avançando enquanto a nossa permanecia presa a documentos de Word eternamente abertos. Isso acabou quando descobrimos o dom da bilocação. Apesar de sua parca presença na Bíblia e das ocorrências esporádicas na Idade Média, tais relatos começaram a se multiplicar a partir do século XVI. Esses narradores diziam ter testemunhado alguém (quase sempre um monge ou uma freira) aparecer a quilômetros do lugar onde moravam, embora outras testemunhas confirmassem que ao mesmo tempo a pessoa rezava, comia ou esfregava os azulejos de uma capela. Os teólogos correram para escrever sobre esse dom esquisito, lançando mais perguntas do que respostas. Se o corpo estava em dois lugares ao mesmo tempo, onde estava a alma? Seria o segundo corpo uma espécie de holograma? Será que a presença era uma casca operada por um anjo, ou talvez pela Virgem Maria? Enquanto isso, os casos de bilocação aumentavam numa velocidade estonteante.

Às vezes, a bilocação era um exercício discreto, logístico, que servia para contornar as inconveniências de uma agenda muito cheia. Graças a tal dádiva, por exemplo, Santo Antônio de Pádua pôde continuar com seus sermões da Quinta-feira Santa numa igreja de Limonges, na França, sem quebrar a promessa de, ao mesmo tempo, dar aulas em seu mosteiro, a 25 quilômetros de distância. Pensando em situações mais mundanas, a bilocação é o superpoder que todo mundo gostaria de ter quando é assolado pela desconfiança irritante de que deixou o gás aberto em casa, mas não pode se teletransportar para verificar. Esse foi o caso de Santa Teresa, que, estando no convento de Ávila, intuiu que as carmelitas de Malagón haviam se esquecido de que precisavam manter a vela da capela sempre acesa. Ela se bilocou para a cela de Ana de Jesús para adverti-la do descuido. Para freiras como a carmelita Juana de Jesús María (que, sem sair de seu convento em Burgos, alegava ter viajado para as Américas e até se esquivado de flechas dos nativos) ou a dominicana Martina de los Ángeles (que jurava ter se bilocado entre o convento de Zaragoza e a Batalha de Lützen, onde supostamente matou o rei Gustavo Adolfo, da Suécia, com as próprias mãos), esse era o passaporte para uma emancipação geográfica impensável. Também era uma forma incontestável de alguém se colocar no primeiro plano da frenética missão evangelizadora da Igreja Católica, mesmo em suas fronteiras mais remotas. Para María de Jesús de Ágreda, a bilocação era uma faca de dois gumes. Suas aparições misteriosas do outro lado do Atlântico a sujeitaram ao escrutínio insuportável da Inquisição e a boatos criativos que distorciam seus relatos; ainda assim, a suspeita é de que, quando morreu em sua cela de Ágreda, em 24 de maio de 1665, María partiu sem se arrepender de seu trabalho missionário sobrenatural no Novo México e no Texas.

✝

As (muitas) horas que passamos lendo *Relato da vida da Madre Venerável María de Jesús* (1687), escrito pelo bispo José Jiménez Samaniego; *Cidade Mística de Deus* (1670), uma biografia da Virgem Maria escrita pela própria María; e os testemunhos reunidos durante o processo inquisitorial contra a concepcionista em 1649 e 1650, foram interrompidas por períodos de dez minutos a duas horas encolhidas na cama com os telefones na mão e pela inevitável capitulação à angústia aguda do FOMO. O ritual desse martírio autoinfligido em geral se desenrolava assim:

> Primeiro, abríamos todos os aplicativos que nos permitiam monitorar, em tempo real, a diversão dos amigos mais próximos, de amigos dos amigos, de celebridades que nunca tínhamos conhecido, mas que estavam, sem exceção, curtindo plenamente a vida bem longe de nós.
>
> Em seguida, com uma amargura crescente, não resistíamos a verificar quem tinha sido marcado em cada uma das fotos. Assim ficávamos sabendo de novas conexões entre grupos que antes eram

distantes e percebíamos que os bares que frequentávamos tinham sido substituídos por lugares novos que nunca tínhamos ouvido falar.

A última fase dessa tenebrosa confirmação de nossa irrelevância espectral sempre incluía uma troca melancólica de capturas de tela com alguma revelação: sua ex bêbada com seus amigos, o bar com picles deliciosos fechou, selfies com fundo de azulejos que não identificávamos. Depois, só restava o silêncio de nossos quartos enquanto piscávamos os olhos e voltávamos ao presente, desnorteadas e ainda confinadas no mesmo apartamento triste da Nova Inglaterra.

Por sorte, quando esse sofrimento autoimposto terminava, os livros de María continuavam ali. E em pouco tempo nos demos conta de que a freira volta e meia se sujeitava à penitência do FOMO. Era raro que se passasse um dia sem que ficasse acordada até tarde lendo *Cosmografia* (1548) de Petrus Apianus, *Tratado de coisas de astronomia e cosmografia e filosofia natural* (1573) de Juan Pérez de Moya ou *Livro ou tratado sobre animais terrestres e voadores, incluindo histórias e características* (1615) de Jerónimo de Cortés — livros que instigavam seu entusiasmo com a variedade infinita de tudo o que existia no mundo além dos muros do convento. O que ela achava mais difícil de aguentar — a perseguição visionária que lhe causava mais sofrimento e a fazia disparar pelos corredores do convento, desesperada — eram as narrativas dos missionários franciscanos sobre as viagens de evangelização pelas Américas. María guardava todos os detalhes novos num arquivo mental, que mais tarde transmitiria por meio de uma complexa rede epistolar. Com um dom incrível para o networking, a freira conseguiu se corresponder com muitas figuras proeminentes, entre elas o vice-rei de Aragão, o capelão das Descalças Reais de Madri e até o rei Filipe IV em pessoa, de quem, em troca dos conselhos, ela conseguia ainda mais informações sobre tudo o que estava acontecendo em lugares onde jamais pisaria. María gostava de pensar que cada conselho que escrevia era uma forma de ir além dos muros do convento. Mas, quando largava a pena na mesa, depois de se despedir e assinar cada carta, via-se tomada pelo mesmo desânimo que nos dominava quando largávamos o celular, o baque do aparelho abafado contra o colchão, encerrando nossas excursões virtuais.

✝

Não interessa em que século você esteja lendo isto: só existem duas opções para tentar acabar com o FOMO. Você sempre pode recorrer à resposta imbatível dada por Lindsay Lohan em janeiro de 2019, quando perguntaram se ela não tinha sido convidada para participar do videoclipe de "Thank U, Next", de Ariana Grande — uma homenagem a clássicos cult como *Meninas malvadas* (2004) que contou com a participação de várias estrelas de Hollywood, mas não com a de Lohan, uma ausência gritante. "Acho que provavelmente não conseguiram entrar em contato comigo. Sei lá. Não é tão fácil assim vir de Dubai", disse.[21] María de Jesús de Ágreda poderia ter seguido o método de Lohan e abraçado a inevitabilidade de sua exclusão: a hierarquia eclesiástica não a recrutou para missões em lugares distantes porque ela era uma mulher enclausurada em Castilha. Também poderíamos ter nos poupado do sofrimento dos aniversários perdidos lembrando a nós mesmas que, no fim das contas, todo mundo sabia que não era fácil sairmos de Providence. No entanto, existe uma segunda opção: exercer o dom da bilocação.

Um dia, em 1620, canalizando a desorientação de quem acorda num ambiente desconhecido com a pior ressaca da vida, María confessou ao bispo Samaniego que:

> [...] de repente levada ao êxtase pelo Senhor sem perceber como isso se deu, ela teve a impressão de estar em outra região, com um clima muito diferente, e entre pessoas cuja aparência, costumes e disposição se equiparavam àqueles que abstratamente ela fora informada serem os de indígenas. Acreditou vê-los com os próprios olhos, sentir o clima mais quente no corpo, e os outros sentidos experimentarem essa diversidade.[22]

Em outras palavras, sem saber como nem porquê, María confessou ter se bilocado para o continente americano. Esse acabaria não sendo um incidente isolado. Embora seja difícil saber o número exato, relatos posteriores dizem que ela fez mais de quinhentas viagens transatlânticas — quantidade que pode parecer pequena em comparação com o uso que Taylor Swift faz de seu jatinho particular, mas inédita para uma freira do século XVII. Em sua narrativa dessa primeira bilocação, María ainda parecia estar perplexa com a mecânica do teletransporte milagroso. No entanto, após um tempo, conseguiu explicar os detalhes. O modo de transporte? São Miguel e outros "anjos da guarda" que "vinham buscá-la, a mando de Deus nosso Senhor", para levá-la voando a "províncias do Novo México, Quivira e à terra dos jumanas".[23] Lá, María se dedicou à conversão do povo jumana ao catolicismo. O idioma, é claro, não era um obstáculo. Quem precisa de Duolingo quando se sabe operar milagres? María dizia que "pregava em espanhol e que os indígenas a entendiam perfeitamente, como se essa fosse a língua deles".[24] O dom da bilocação, usado a serviço do projeto missionário agressivo e cruel da Igreja, não era novidade, mas a escala das saídas de María logo chamou a atenção de muita gente. Sobretudo depois de 22 de julho de 1629, quando uma situação tornou quase impossível pôr em dúvida seus voos angelicais.

A missão franciscana conhecida pelo nome de San Agustín de la Isleta foi fundada em 1613, no que é hoje o condado de Bernalillo, no Novo México. De vez em quando, um grupo de jumanas visitava a missão, partindo de outros cantos do Texas e do norte do México para negociar couro de búfalo. Um dia, chegaram com um objetivo totalmente diferente. Se formos acreditar nos relatos dos missionários (e é provável que isso não seja indicado), os jumanas imploraram, com lágrimas nos olhos, para se converter ao catolicismo e cumprir a promessa feita a uma bela mulher vestida com um manto azul-celeste que os visitara um tempo antes. Ao ouvir isso, os franciscanos de San Agustín identificaram a religiosa como Luisa de la Ascensión, que também declarava ter se bilocado para terras mexicanas (parece que, a certa altura do século XVII, o tráfego de religiosas bilocantes era ainda maior que o da Rota 101, na Califórnia). No entanto, quando os jumanas viram um retrato de Luisa, observaram que a "dama de azul" era bem mais nova — mesmo quatro séculos antes, havia sempre alguém pronto para contabilizar suas rugas —, e os franciscanos se lembraram logo da carta enviada de Burgos ao arcebispado do México descrevendo os milagres e as jornadas atribuídos a María. As peças se encaixaram: a dama de azul devia ser a religiosa de Ágreda.

Dali em diante, María começou a sentir que estava perdendo o controle da narrativa de suas bilocações. Em 1630, alguns meses depois da revelação surpreendente dos jumanas, o franciscano Alonso de Benavides, com a agilidade e o oportunismo de um entusiasta do *true crime*, publicou um *Memorial* sobre as missões milagrosas da dama de azul. Um ano depois, pouco preocupado com o risco de que o excesso de exposição transformasse María num joguete do projeto expansionista católico, Benavides foi a Ágreda para motivar a freira a escrever uma carta confirmando que era a mulher que tinha evangelizado os jumanas. Muitos anos depois, quando os burocratas estraga-prazeres da Inquisição a encurralaram com perguntas implacáveis, María faria pouco do relato de Benavides e insistiria que não tinha falado com os jumanas depois de 1623 (enquanto Benavides, talvez já imaginando toda uma saga, falava em oito anos de bilocações). A retratação de María sem dúvida foi suscitada pelo medo de terminar como o franciscano Francisco de la Fuente, que em 1632 foi condenado a quatro anos de serviço nas galés por mentir na alegação de que havia se bilocado para as Américas para converter populações nativas. A essa altura, ela estava exausta de ver homens aumentando a história só para promover as empreitadas missionárias da ordem franciscana, enquanto a narrativa da qual queria fazer parte, a história que despertou o FOMO e que a levou a orquestrar esses passeios a lugares remotos, era completamente diferente.

✝

Não é tarefa fácil escolher o contexto iconográfico por meio do qual você deseja ser lembrada, e mais difícil ainda é controlá-lo. Britney Spears, por exemplo, talvez jamais se livre da infâmia perseverante daquela fotografia icônica em que empunha um guarda-chuva de cabeça recém-raspada, assim como é possível que a cantora mexicana Paulina

Rubio nunca se exima de seu vídeo nas redes sociais, em que parece estar sob o uso de substâncias, durante a quarentena da covid-19. María também não tinha domínio algum sobre a direção artística da própria imagem. A iconografia tradicionalmente a representa acompanhada pela Virgem Maria, ou abrigada sob a Imaculada Conceição, ou rodeada de indígenas americanos no meio de uma vegetação exótica. Caso ela tivesse sido encarregada do próprio retrato póstumo, talvez tivéssemos algumas pinturas da concepcionista cercada não por santos e nativos, mas pela pompa dos cosmógrafos e naturalistas: uma mesa abarrotada de mapas, penas, bússolas, pedaços de coral, instrumentos de medição, minerais e um globo. No *Tratado sobre a redondeza da Terra* — um complexo texto místico sobre cosmografia e geografia que, para nós, parece um portal perdido para Ursula K. Le Guin —, María diz como conheceu "as maravilhas do Senhor, de modo que eu conhecesse a Terra inteira e a redondeza, o mar, certos reinos majestosos e os animais, os habitantes, as cidades e impérios e a variedade de criaturas".[25] De uma escrivaninha gasta em Ágreda, com a luz escassa filtrada pelas barras da janela de sua cela, María fez o que podia com o aparato logístico da bilocação missionária. Elevada pelas alturas elucidantes de suas viagens — em que, não nos esqueçamos, era transportada por anjos —, justificava as descrições de cada orbe, as explicações dos mistérios da lua e as visões com os povos mais isolados da Terra. Para María, a bilocação se tornou a peça-chave para amenizar o FOMO corrosivo que surgia sempre que lia obras publicadas pelos cientistas pioneiros a serviço do voraz projeto imperialista. Às vezes, querendo preencher a lacuna científica, uma mulher é obrigada a recorrer à fenomenologia mística da bilocação.

✝

É claro que nem todos nós podemos contar com a ajuda da graça mística para garantir um tiquinho de relevância no mundo de que almejamos fazer parte. Na ausência do dom da bilocação, temos a internet, que (à exceção da contribuição angelical e da intervenção divina) é praticamente a mesma coisa. Pelo menos é nisso que acreditam os devotos de São

Pedro de Regalado. Esse frade franciscano do século XV acumulou tanta experiência de bilocação que agora os seguidores pedem ao Vaticano que o declare o patrono da internet, e chegam a sugerir que seu nome seja grifado oficialmente como S@o Pedro de Reg@l@do. O *Tratado sobre a redondeza da Terra* escrito por María e as histórias de seus passeios fantásticos nos inspiraram a parar de capitular passivamente ao FOMO como duas *voyeurs* impotentes e a começar a criar uma presença virtual que nos permitisse fazer parte de tudo o que nos interessa de verdade. Claro que o preço disso é doar horas e dados ao algoritmo e às miteriosas gigantes Big Techs, uma concessão que somos todos obrigadas a fazer — assim como María não conseguia escapar totalmente dos termos ditados pela máquina expansionista da evangelização.

Pouco a pouco, nos demos conta de que era inútil estragar nossa vista navegando por perfis de Instagram, cheias de inveja de todo mundo que tinha escolhido ter uma vida diferente da nossa, livre das amarras de um programa de doutorado em Rhode Island. Lá no fundo, sabíamos que, assim como María jamais abriria mão do hábito azul-celeste das concepcionistas, nós também não queríamos largar a universidade prestigiosa na qual tanto batalhamos para conseguir uma vaga. O problema, no fim das contas, era como participar de todas essas vidas fascinantes que existiam fora dos nossos cubículos acadêmicos. Era aprender — sem precisar de milagres — a dividir nosso tempo com pessoas que não conhecíamos e criar nossa própria forma de bilocação, voltando sempre às histórias das freiras que salvaram nossa vida do século XXI.

# *Epílogo: Um convento portátil*

Nossa temporada em Providence estava encerrada. Era hora de fazer as malas e ir embora. Nenhuma das duas tinha terminado a tese, mas, como já não tínhamos mais seminários nem aulas a ministrar, podíamos escrever em outro lugar. No começo, a ideia nos parecia uma trégua bem-vinda. Às pressas, juntamos as roupas, doamos plantas e reunimos com muito cuidado uma pequena coleção de relíquias (uma bolinha antiestresse em forma de cérebro do Serviço de Orientação Psicológica de Brown, em vez do dedo de uma santa; uma caneca de gatinho chinês furtada do bar com karaokê dos arredores, em vez de um rosário abençoado). Estávamos prontas para quebrar o voto de clausura de uma vez por todas. Mas nenhuma das duas conseguiu dormir na última noite em Providence, como se fizéssemos uma vigília à luz de velas em homenagem aos seis anos passados ali. Na manhã seguinte, a caminho do nosso último encontro na Biblioteca Rockefeller, os pensamentos noturnos ainda nos assombravam. Acreditávamos na vida após o convento (acadêmico)?

É verdade que Providence nos deixava mais deprimidas que María de San José ficava no Convento de Santo Alberto. Aquele lugar havia nos transformado em especialistas relutantes em *sadfishing*. Tínhamos certeza de que nem uma conta do rosário de Santa Juana aliviaria nossos olhos inchados nem operaria uma cura milagrosa na nossa dor crônica nas costas. No entanto, Providence também havia nos dado uma amizade ímpar — sincronizando nossos biorritmos com mais precisão que os das carmelitas Beatriz de la Concepción e Ana de Jesús — e uma sensação de pertencimento que agora, de repente, se dissiparia.

Não tentamos esconder o pânico, e a despedida lacrimosa e ritualista de nossas escrivaninhas já deixava clara a tristeza. E agora? Sem a ementa de vinte páginas e as regras de conduta dos professores assistentes governando nossa vida, quem nos diria o que fazer? Só nos restavam as certezas de que, no último dia do mês seguinte, abrir o aplicativo do banco não nos daria qualquer alegria, de que esvaziar os conjugados de 25 metros quadrados era a renúncia a um teto todo nosso e, o pior de tudo, de que não tínhamos nem sequer terminado as teses.

Dali em diante, parecia que seria impossível não cair em todas as promessas de um guia infalível para a vida, e havia muitas: uma trend prometendo que equilibrar o cortisol era o jeito mais certeiro de encontrar propósito; a pressão constante para organizar o consumo centrado em alimentos sacrossantos contra o estresse; a exigência de montar um "menu de dopamina", uma lista personalizada de atividades diárias para gerar picos controlados de felicidade. Das curas energéticas e limpezas faciais vampirísticas do *Goop Lab* de Gwyneth Paltrow às aulas de trinta dólares de Lacy Phillips sobre "celebrar a rejeição para canalizar projeção magnética", cada canto da existência era engolido por promessas de que aquele era o grande macete que iria salvar nossas vidas. Sentadas na escada da Biblioteca Rockefeller, mudas e abatidas — a arquitetura brutalista nunca tinha nos parecido tão hostil —, era muito tentador acreditar que nossa onda de angústia era uma exceção, mas no fundo sabíamos que ninguém conseguia escapar de crises existenciais similares. Com o burnout em alta, um abismo ideológico e de gênero cada vez maior, níveis estratosféricos de estresse, ansiedade climática e todo mundo caindo na armadilha do ciclo sisifiano dos aplicativos de relacionamento, quem não estava louco para se agarrar a qualquer promessa de paz que a indústria do bem-estar pudesse oferecer? Devia existir alguma coisa que funcionasse.

Com o olhar fixo nas nossas sacolas da Ikea com livros com o prazo de devolução vencido, sabíamos que, depois que os entregássemos, todos os passos do roteiro estariam acabados. Àquela altura, receberíamos de braços abertos o conselho de qualquer um que compartilhasse conosco a mais nova estratégia de sobrevivência ao estilo DIY: limitar o tempo de tela, pôr uma pitada de carvão ativado na comida, ler um manual de autoajuda. Entrar para o convento era uma alternativa que considerávamos possível? Para um número crescente de mulheres em crises similares, sem dúvida era. Numa matéria de 2019 do *Huffington Post*, intitulada "Behold, the Millennial Nuns" [Calma lá, freiras millennials, em tradução livre], Eve Fairbanks ressaltou que, depois de décadas em queda, o número de jovens mulheres que adotavam a vida religiosa era cada vez maior.[1] "O que está acontecendo?", ela indagava. "Tudo", nós teríamos respondido. Tudo o que está acontecendo agora parece instigar as mulheres a buscar refúgio num ambiente seguro, com alimentação, abrigo e rotina garantidos e uma comunidade guiada por um objetivo em comum. No entanto, será que estávamos confusas a ponto de abandonar a vida do século XXI para fazer votos de castidade, pobreza e obediência? De jeito nenhum. Nossa saída não era o espaço entre os quatro muros dos conventos, mas sim as freiras que os habitavam havia séculos. Como ao longo de anos essas irmãs tinham nos mostrado o caminho, era natural que buscássemos refúgio folheando seus livros uma última vez — livros que nos acompanhavam fazia bastante tempo, apoiados no chão de taco empoeirado dos nossos conjugados. Estavam todas ali: María de San José, Santa Teresa, Catarina de Siena, Santa Verônica Giuliani, Sor Juana Inés de la Cruz... suas biografias, hagiografias, tratados espirituais e crônicas de viagem. Não trocamos nem uma palavra, mas o carinho com que empilhamos os livros, como se lhes disséssemos adeus, trazia um sofrimento em comum: acreditávamos na vida depois deles? Das sacolas cheias de lombadas esfareladas e capas desbotadas pelo sol emergiu, como um sinal, uma sobrecapa com o rosto de Jerónima de la Asunción. De sobrancelhas arqueadas, crucifixo de madeira na mão e olhar penetrante, a clarissa parecia decidida a fazer o que fosse preciso para nos arrancar de nossa nostalgia chorosa. E conseguiu. Em *História de Nossa Santa Madre Jerónima de la Asuncíon*, sua companheira Ana de Cristo narrou as tribulações que Jerónima e as outras aventureiras do "esquadrão de clarissas" enfrentaram desde que saíram de Toledo até o momento em que enfim se instalaram em Manila, mais de um ano depois. Em 1620, essas freiras deixaram a calmaria do convento para trás e embarcaram numa viagem transoceânica, encarando a ameaça dos corsários, tempestades no mar e uma falta assustadora de higiene que transformava a mera sobrevivência num prêmio esquivo e cobiçado.

Naquela manhã, tivemos a convicção de que sentíamos um medo tão insuportável como o vivenciado pela gangue de clarissas antes de embarcarem na aventura mais ousada de suas vidas. (Jamais subestime a capacidade dramática de duas mulheres de trinta e poucos anos fitando o abismo de uma mudança de vida, por mais banal que a mudança possa parecer.) Enquanto virávamos as páginas e deixávamos para trás o rosto intimidador de Jerónima, a nuvem de inquietude começou a se dissipar. Afinal, se quase todas as clarissas tinham conseguido prosperar ao ar livre, longe dos limites aconchegantes do claustro, talvez nós também conseguíssemos. O grupo de freiras havia descoberto uma verdade vital: para sobreviver, tinham que levar o convento com elas. Depois que embarcaram rumo a Acapulco, Jerónima e suas companheiras transformaram o espaço num claustro improvisado em alto-mar, uma espécie de convento portátil.

> Zarpamos na Terça-Feira Santa e, se o Senhor teve muito conforto no primeiro barco, não teve menos no segundo, bastante amplo, com uma cabine da popa maior, com um belo corredor e toalete. Por fim, nos sentimos como se numa cela enclausurada, acompanhadas pelas guardiãs: a madre Vigária e a irmã Luisa de Jesús, que cuidavam de tudo o que acontecia ali dentro; as visitas que não podiam ser dispensadas podiam entrar; e a irmã Magdalena de Cristo diligentemente preparava todas as refeições.[2]

Você pode até sair do convento, mas o convento não sai de você.

Enquanto alunos passavam por nós, descarregando as malas cheias de livros a serem devolvidos, nosso desespero ia passando pouco a pouco. Não havia milagre visível, mas, de repente, uma convicção quase milagrosa nos dominou. As freiras nos diriam o que fazer. As freiras com as quais tínhamos passado dias e noites (e que tivemos a descortesia de misturar a nossas personalidades prediletas de reality shows, a atrizes e a crushes de internet) seriam as mesmas que nos mostrariam o caminho. De súbito, a angústia virou entusiasmo. Queríamos pegar pela gola a bibliotecária que escaneava nossos livros com gestos mecânicos, os professores cansados, os amigos que enchiam nossos celulares de mensagens e os estudantes que circulavam sem rumo em frente ao Biltmore Hotel — agora rebatizado de The Graduate —, onde havíamos nos conhecido. Queríamos reunir todo mundo e proclamar que descobrimos a receita para criarmos um refúgio terapêutico contra a incerteza, um santuário contra a inquietude. Um convento portátil para o século XXI.

Isso não significava a existência de uma resposta específica para cada pergunta suscitada pelo desespero — mas quem seríamos nós para julgar se alguém escolhesse seguir as diretrizes de María de San José para dominar a arte de ficar à toa; os cinco passos de Sor Juana Inés de la Cruz para a escrita do e-mail perfeito; o MBA em que Arcangela Tarabotti ensinava a botar as amigas para trabalhar; as anotações de Teresa de Jesus sobre *girl math*; ou mesmo se alguém resolvesse homenagear Santa Verônica Giuliani comendo cinco tangerinas às sextas-feiras. Significava, sim, a descoberta de um refúgio nas narrativas das nossas freiras, entrelaçando genealogias celebratórias que nos ancoravam num presente cada vez mais alienante, sabendo que (independentemente do século em que você esteja lendo isto) os percalços da vida — sejam as retaliações brutais da Inquisição ou as dores de um coração partido — só são suportáveis quando a pessoa é abraçada pela ternura de um santuário coletivo. Encontramos nossa forma de viver depois do convento (acadêmico). Sem vocação espiritual e sem força ou desejo de enfrentar os rigores do claustro, deixar Providence se tornou uma empreitada criativa: a invenção de um convento portátil para todas nós.

— Faz sentido à beça.

— É a simples *sabedoria das noviças.*

E fomos embora de Providence com a escrita deste livro como uma nova missão em comum. *Parecia impossível, dadas as circunstâncias, que escrevêssemos tanto quanto era necessário escrever.* Mas foi o que fizemos.

# *Agradecimentos*

Muitos anos se passaram desde aquele dia nos degraus da Biblioteca Rockefeller, aproveitando os raros raios de sol e sonhando com a escrita de um livro. Na época, já tínhamos lançado um punhado de episódios do nosso podcast, *Las hijas de Felipe*, e a ideia de nos unirmos na escrita — uma atividade que sempre nos pareceu muito solitária — nos empolgava. A jornada para darmos vida ao livro *A sabedoria das noviças* durou mais do que prevíamos e teria sido impossível sem o esforço coletivo de muitas pessoas. Agradecemos muito a todos os nossos ouvintes que desde quando gravávamos num banheiro apertado forrado com tapetes de ioga em Providence acreditaram que a análise da vida, das relíquias, das bilocações e das angústias das freiras dos séculos XVI e XVII valiam seu tempo.

Este livro é a culminação de muitos anos de leituras e pesquisas, e esperamos que sirva de homenagem sincera aos muitos estudiosos que, em silêncio, respaldam cada uma destas páginas. Se Sarah E. Owens não tivesse passado uma quantidade imensa de tempo transcrevendo o diário de Ana de Cristo, talvez Jerónima de la Cruz nunca tivesse encontrado um lugar nestas páginas — obrigada pelo envio de sua transcrição meticulosa! Não só este livro, como nossas vidas não seriam iguais se Tanya Tiffany não tivesse passado horas inestimáveis pesquisando Margarita de la Cruz e sua coleção de estátuas do Menino Jesus. Sem a investigação a fundo de Carlos M. Eire sobre as levitações e a bilocação de algumas de nossas freiras prediletas, jamais teríamos concebido um capítulo dedicado às necessidades físicas delas. Também declaramos nossa profunda gratidão a Rebeca Sanmartín Bastida por nos ajudar a ver, por meio de seus inúmeros livros e artigos, que nem María de

Santo Domingo, nem Juana de la Cruz — apesar de terem nascido bem antes dos séculos que abordamos — deviam ficar de fora deste livro. Agradecemos enormemente a Sherry Velasco por ter escrito *Lesbians in Early Modern Spain* [Lésbicas na Espanha do início da Era Moderna, em tradução livre] e desencavar fontes primárias tão suculentas que nem sonharíamos com sua existência. Caso não tivéssemos mergulhado na pesquisa incrível de Isabella Campagnol, este livro careceria de seu luxo veneziano e de seus exemplos mais empolgantes de empreendedorismo conventual. Seremos para sempre gratas a Álvaro Enrigue por sua análise ótima, envolvente e sagaz dos sonetos matemáticos e econômicos de Sor Juana. E seria impossível termos entendido as complexidades da obra e da persona da freira sem o estudo magnífico de Stephanie Merrim. Devemos muito a ela e às suas exigência carinhosas: foi nas aulas de Merrim sobre o Barroco como plataforma maleável e portátil que nossa noção dos séculos XVI e XVII como temporalidades elásticas foi despertada, sem que nos déssemos conta disso.

Nossos anos de Providence podem até ter sido difíceis, mas teriam sido insuportáveis e em vão sem o abrigo do Departamento de Estudos Hispânicos da Brown. À comunidade generosa e amorosa chefiada por Laura Bass na Rochambeau House, nosso obrigada. A perspicácia de Laura; as falas hipnotizantes de Felipe Martínez-Pinzón; o humor eletrizante de Michelle Clayton; as geniais leituras minuciosas de Sarah Thomas — gostamos de pensar que *A sabedoria das noviças* tem pelo menos um pouquinho de todos eles. O livro também deve muito ao nosso semestre intrépido com a maravilhosa Tara Nummedal. Betsy Wright, obrigada por permitir nossa participação na incrível equipe editorial do *Bulletin of the Comediantes*: nossa compreensão do mundo no começo da era moderna se deve profundamente a nosso vasto trabalho no periódico.

Um enorme obrigada a Maria Cardona, Jan Martí e Rebeca González por nos ajudarem a trazer este livro ao mundo e transformá-lo em um lançamento global — Santa Teresa morreria de orgulho! Sem a ajuda de Ben Brooks e Laura Ibáñez, como eles bem sabem, jamais teríamos achado as palavras certas para nossas freiras. Amy Guay, a editora dos nossos sonhos: obrigada por ser a leitora dedicada que essas freiras merecem e por garantir que este livro chegue aos leitores em sua melhor forma. Nem nos nossos sonhos acadêmicos mais loucos teríamos imaginado uma editora tão atenta.

A todas as freiras de hoje, que, muitas vezes em condições precárias, se dedicam à preservação das obras de suas predecessoras, patrocinando edições e apoiando trabalhos que lançam luz sobre elas — obrigada. Este livro não existiria sem o empenho de vocês. Um agradecimento especial à carmelita María José Pérez González por seu trabalho incansável para dar mais visibilidade aos textos das freiras carmelitas descalças dos séculos XVI e XVII.

Nenhum doutorado ou livro é possível sem o apoio inabalável e o amor da família e dos amigos: GRACIAS. Agradecemos imensamente a nossas namoradas, por sempre aguentarem nossas versões lastimáveis quando furávamos um prazo, colocávamos uma nota de rodapé no lugar errado ou não conseguíamos descobrir a data exata em que uma recoleta agostiniana tinha roído a unha do mindinho direito. Arden, milagre da minha vida, obrigada por ser uma aparição de Maria todo santo dia — um raro anjo sexy cheio de *filloas*, devoção e sorrisos salvadores. Nerea, *mi amor*, OBRIGADA por cuidar de tudo (da lasanha sem glúten à busca pela palavra perfeita), como se eu fosse um homem do século XX, para que eu pudesse me concentrar nas minhas freiras. Obrigada por ser o melhor ser humano mesmo quando a vida ia de mal a pior (!). Você é a melhor parte de ser lésbica, e isso é coisa à beça: *crea que estamos hechizadas la una con la otra.* ❤

*A Ana,*
*por ter me desafiado. "SE DEIXE LEVAR PELOS SEUS DESEJOS", disse ela. Las hijas, este livro, minha vida pós-pandemia — nada disso aconteceria se não fosse pela sabedoria amável de Ana.*

*A Carmen,*
*por ser a amiga que passei anos sem ter, mas de que sempre precisei. Por dividir um pouco de sua paciência invejável comigo, por ficar do meu lado durante todos os fiascos amorosos, por ter uma prosa muito mais cativante do que a de María de San José. Obrigada, Carmen, por tornar a vida um lugar verdadeiramente angelical.*

# *Guia de personagens*

**María de San José (carmelita descalça, 1548–1603).** Nascida María Salazar de Torres, em Toledo, Espanha, María era uma menina da alta sociedade que virou uma austera carmelita descalça. Muito leal (apesar das variações de humor típicas de uma geminiana), ela é a melhor amiga de Santa Teresa. María vai ensinar você a formar um sindicato com a dignidade de uma religiosa do século XVI, porque ela sabia muito bem que freira que só trabalha e nunca se diverte fica chata.

**Santa Teresa de Jesus (carmelita descalça, 1515–1582).** Nascida Teresa de Cepeda y Ahumada, em Ávila, Espanha, Teresa fundou a própria ordem religiosa, as carmelitas descalças, estabelecendo-se como a celebridade mais popular da Espanha do século XVI. Boa de negociação e workaholic, obstinada e cativante, Teresa é a amiga que sempre diz o que você não quer ouvir. Ela ajuda a negociar o financiamento de um imóvel e ao mesmo tempo dá as opiniões sinceras de que você precisa para lidar com os altos e baixos das amizades tóxicas.

**Ana de São Bartolomeu (carmelita descalça, 1549–1626).** Nascida Ana García Manzanas em um vilarejo pequeno de Castilha, Ana perdeu os pais quando era muito nova e se juntou às carmelitas descalças em 2 de novembro de 1570, aos 21 anos. Com o tempo, se tornou o braço direito de Teresa de Jesus — era sua amanuense, enfermeira e secretária. Apesar de ter passado boa parte da vida à sombra de carmelitas mais famosas e controversas, Ana conquistou um lugar especial no coração de Teresa: "Ana, Ana, você é a santa; eu só levo a fama", sussurrou para Ana antes de morrer.

**María de San José (recoleta agostiniana, 1656–1719).** María nasceu Juana Palacios Berruecos na aldeia indígena de Tepeaca, perto de Puebla de los Ángeles, no México. Embora só tenha aprendido a ler e escrever aos 32 anos, a mando de seus confessores, conseguiu produzir mais de duas mil páginas relatando sua vida antes e depois de entrar para o convento. No entanto, não obedeceu calada. Essa freira reclamona vai lhe ensinar os benefícios de enunciar incessantemente, como se fosse uma prece, sua "maior repugnância pelo trabalho".

**Sor Juana Inés de la Cruz (jeronimita, 1648–1695).** Nascida Juana Inés de Asbaje, em San Miguel Nepantla, México, ela é o rosto intrigante que nos saúda nas cédulas de duzentos pesos mexicanos, é a heroína de uma produção da Netflix e, talvez, seja a figura mais icônica da cultura pop latina. Essa distinta jeronimita, escritora requintada e filósofa intrépida, vai ajudá-la a largar mão do hábito de tentar agradar a todo mundo, lhe oferecer uma boa alternativa para o pesadelo financeiro da *girl math* e lhe ensinar a escrever aquele e-mail assustador para o chefe.

**Santa Verônica Giuliani (clarissa capuchinha, 1660–1727).** Nascida Ursula Giuliani, em Mercatello sul Metauro, Itália, ela cumpriu as metas da santidade de forma tão convincente que foi canonizada apenas um século depois da morte. Embora fosse da opinião de que nada era tão gostoso quanto a santidade — sua dieta incluía acepipes como vômito de gato e ratos desmembrados —, ela vai lhe ensinar como transformar sua neurose com a alimentação em um refeitório todo seu.

**Juana de la Cruz, *la Santa Juana* (franciscana terciária, 1481–1534).** Nascida Juana Vázquez Gutiérrez em uma cidade nos arredores de Toledo, Espanha, era uma virtuose da arte performativa cujos sermões cativantes conquistaram a admiração do imperador Carlos V. Com as contas milagrosas de seu rosário, criou um império de produtos licenciados que causaria inveja até em Taylor Swift. Para contrabalançar o jejum radical imposto pela vida religiosa, ela se entregava a visões vívidas cheias de frutas caramelizadas e *piñatas* entupidas de docinhos de padaria.

**Catalina Ledesma e Inés de Santa Cruz (nascidas c. 1570).** Nascidas por volta de 1570 em Castilha, as duas não têm nada a ver com o que se espera de duas freiras do século XVII. Popularmente conhecidas como "Caniças" devido ao formato de seus "dildos", ambas foram presas por sodomia feminina em 1603, depois que suas vizinhas identificaram corretamente barulhos de paixão através das paredes. Inés e Catalina precisaram mudar de cidade, lutar contra a perseguição da Inquisição e lidar com os altos e baixos emocionais de relações poliamorosas, mas nada foi capaz de destruir o longo relacionamento das duas.

**Benedetta Carlini (teatina, 1590–1661).** Nascida (com este nome) em um vilarejo bucólico nas colinas da Toscana, Benedetta dedicou a vida à fé desde os 9 anos de idade. Os estigmas sangrentos e os arrebatamentos místicos que lhe garantiram a reputação de santa foram logo eclipsados pelos dois anos de caso amoroso, que às vezes não era consensual, com sua assistente, a irmã Bartolomea Crivelli. O lesbianismo a levou a enfrentar o tribunal da Inquisição e, séculos depois, a predestinaria às lentes pornográficas de Paul Verhoeven.

**Ana de Jesús (carmelita descalça, 1545–1621).** Nascida Ana Lobera Torres, em Medina del Campo, Espanha, Ana não só era uma defensora fervorosa do legado de Santa Teresa, como também personificava o amor mais inabalável e dedicado do século XVII. Para nós, é um oráculo genuíno do romance, um farol de sabedoria para todas as relações a distância. Ana mostrará todas as ferramentas essenciais para você aproveitar seus afetos ansiosos, transformando a incerteza em força.

**Beatriz de la Concepción (carmelita descalça, 1569–1646).** Nascida Beatriz Zúñiga Palomeque em uma família da nobreza espanhola, ela disse sim ao hábito carmelita aos 21 anos. Aos 35, deixou a Espanha para fundar, com Ana de Jesús, conventos carmelitas na França e em Flandres. Como destinatária das cartas mais passionais e sinceras de Ana de Jesús, Beatriz de la Concepción tem todas as chaves para você superar os desafios das relações a distância e, depois, a dor da perda.

**Sor Ana Dorotea de la Concepción (clarissa, 1612–1694).** Nascida Ana Dorotea, em Viena, era a filha ilegítima de Rodolfo II, o Sacro Imperador Romano. Em 1622, chegou à Espanha para se instalar no convento mais prestigioso da Europa do início da era moderna: o convento das Descalças Reais, em Madri. Blindada por uma herança substancial, acabou esbanjando a fortuna em objetos devocionais extravagantes e relíquias disputadas.

**Sor Margarita de la Cruz (clarissa, 1567–1633).** Nascida em Wiener Neustadt, na verdade, Margarita de la Cruz era a arquiduquesa Margarida da Áustria, a nepofreira mais bem-relacionada do século XVII — nunca se deixe enganar pelo nome austero que uma freira escolhe para si. Reclusa em seu convento opulento e cercada de uma coleção enorme de pequenas esculturas de policromo do Menino Jesus — um precursor bizarro dos bebês reborn —, essa freira é uma prova do fato de que toda herdeira tem suas peculiaridades, seja em que século for.

**Santa Hildegarda de Bingen (beneditina, 1098–1179).** Nascida Hildegard, em Bermersheim vor der Höhe, um distrito de vinhedos no oeste do Reno. Polímata, cientista natural, compositora, escritora mística e fabricante de cerveja, é provável que Hildegarda seja a santa medieval mais prolífica e verificada que existe — ela tem um planetinha, *898 Hildegard*, e uma planta, *Hildegardia*, batizados em sua homenagem. Essa extravagante abadessa e empreendedora tardia vai lhe ensinar que nenhum risco empresarial vale a pena sem o apoio e a colaboração dos amigos.

**Arcangela Tarabotti (beneditina, 1604–1652).** Nascida Elena Cassandra Tarabotti, em Castello, Veneza, essa freira adorava um pseudônimo: usava o nome Arcangela, mas também Galerana Baratotti e Galerana Barcitotti. Era uma grande vítima da moda (vivia reclamando que não tinha as últimas tendências à sua disposição), bem como a maior fashionista de todas (tinha jogo de cintura suficiente para customizar seu hábito com um bom gosto digno da passarela conventual mais fina). Acima de tudo, Arcangela, que conseguiu transformar a habilidade de suas irmãs para o rendado em um negócio têxtil lucrativo, vai ajudar a colocar sua visão empresarial original em prática.

**María de Santo Domingo (dominicana terciária, c. 1480–1524).** Nascida (com este nome) em Aldeanueva de la Sierra, Espanha, essa beata com propensão ao misticismo, queda pelas artes performáticas e talento para ser expulsa de mosteiros (ela morou em três, no mínimo) é a rainha do dramalhão *par excellence*. Dotada do dom para as lágrimas, María vai ajudá-la a largar a culpa por fazer parte da suposta geração floco de neve. Graças a ela, você vai finalmente abraçar a *Mater Dolorosa* que existe dentro de si.

**Santa Catarina de Siena (dominicana, 1347-1380).** Nascida Caterina di Jacopo di Benincasa, em Siena, Itália, essa mística do século XIV se tornou a influenciadora mais reverenciada e icônica, uma verdadeira *it girl*, para as freiras do século XVI. Escreveu tratados espirituais, se meteu na política papal, excursionou pelo norte da Itália e o sul da França defendendo a reforma do clero e foi canonizada em 1461. Entretanto, sucumbiu ao jejum rigoroso, e sua anorexia sagrada desencadeou a queda que vai ser um sinal para você rejeitar o ímpeto de participar da última tendência alimentar.

**Jeanne des Anges (ursulina, 1602–1665).** Nascida Jeanne de Belcier, em Cozes, França, era a madre superiora do convento de Loudun que revolucionou a França do século XVII com um surto escandaloso de possessões demoníacas. Foi esperta a ponto de transformar as contorções macabras do exorcismo num desfile de celebridades que culminaria na visita da rainha da França. Jeanne, que talvez tenha sido a catalisadora de um movimento #MeToo, vai ensinar por que você nunca deve permitir que alguém dê nome a seus demônios.

**Juana Esperanza de San Alberto (carmelita descalça, ?-1679).** Nascida com um nome que infelizmente se perdeu, no início do século XVII, no que é hoje a Guiné-Bissau, antigo império do Mali, África Ocidental, tinha apenas 6 anos quando foi escravizada e levada para o México.

Quando seus escravizadores morreram, foi confiada ao convento de San José em Puebla, onde trabalhou como criada durante 68 anos. Tornou-se carmelita e virou freira apenas um ano antes de falecer. Por mais modesta que possa parecer, a idosa Juana Esperanza ganhou fãs devotos que guardariam relíquias como os jarros de onde ela bebera água. Sofrendo de cronofobia? Nada de desespero. Tome como exemplo a saudável aceitação da velhice por Juana Esperanza.

**Luisa de la Ascensión (clarissa, 1565–1636).** Nascida Luisa Ruiz de Colmenares, em Madri, Espanha, Luisa foi criada com os confortos de uma família de classe alta. No instante em que pisou no mosteiro de Santa Clara, ela se destacou, e acabaria ganhando fama internacional pela destreza mística. Mas jamais foi santa. A vida dessa clarissa é uma fábula moral sobre a fama, uma advertência contra a busca desesperada pela marquinha azul da canonização. Ela foi perseguida pela Inquisição e, apesar de ter sido inocentada da acusação de fraude, o mal já estava feito — tinha sofrido cancelamento.

**Jerónima de la Asunción (clarissa, 1555–1630).** Nascida Jerónima Yáñez de la Fuente, em Toledo, Espanha, desde criança essa freira perguntadora almejava "saber alguma coisa sobre tudo o que existia" no mundo e sua curiosidade a levou a enfrentar mares revoltos e cheios de piratas para criar o primeiro convento de mulheres religiosas em Manila. Vai ensinar a você que não há vergonha alguma no fandom radical — ela se apegou às contas do rosário de Santa Juana com o fervor de uma swiftie que não larga suas pulseiras da amizade — e que é um prazer gigantesco enfim conseguir ver o mundo aos 65 anos.

**María de Jesús de Ágreda (concepcionista, 1602–1665).** Nascida María Coronel de Arana, em Ágreda, Espanha, tecnicamente María de Jesús nunca saiu da cidade natal. Você pode achar que seu caso de FOMO é grave, mas seu medo de ficar de fora de eventos importantes é tão forte a ponto de clamar pelo dom da bilocação? O desejo que María de Jesús tinha de ver o mundo e de evangelizar era tão aguçado que, por milagre, ela se fez presente no Novo México e no oeste do Texas.

# Notas

## Introdução

1. María de San José Salazar. *Book For the Hour of Recreation*. Introdução e notas de Allison Weber, tradução de Amanda Powell. (The University of Chicago Press, 2002), 163.
2. Ibid., 33.
3. Ibid., 30.

## Amigas

1. Belchior de Santa Ana, *Chronica de carmelitas descalços, particular do reyno do Portugal e provincia de Sam Felippe* (Lisboa: Henrique Valente de Olіueira, 1675), 293.
2. María de San José Salazar, *Book for the Hour of Recreation*, introdução e notas de Allison Weber, tradução de Amanda Powell (The University of Chicago Press, 2002), 43.
3. María de San José, "Instrucción de novicias", *Humor y espiritualidad en la escuela teresiana primitiva: Santa Teresa de Jesús, Jerónimo Gracián, Ana de Jesús, María de San José* (El Monte Carmelo, 1966), 566. Tradução de Ana Garriga e Carmen Urbita por Débora Landsberg.
4. Canção popular italiana que circula por Veneza desde a Renascença. Tradução de Ana Garriga e Carmen Urbita por Débora Landsberg.: "*Madre non mi far monica,/ Che non mi volgio far/ Non mi tagliar la tonica/ Che non la voi portar/ Star tutto el zorno/ A vespero e a messa/ poi la madre badessa / non fa se non gridar.*"
5. María de San José, *Aviso para el gobierno de religiosas*, organização de Juan Luis Astigarraga (Instituto Histórico Teresiano, 1977), 18–19. Tradução de Ana Garriga e Carmen Urbita por Débora Landsberg.
6. Citação tirada de Isabella Campagnol, *Forbidden Fashions Invisible Luxuries in Early Venetian Convents* (Texas Tech University Press, 2014), 82.
7. Jerónimo Gracián, *Escolias . . . a la Vida de Santa Teresa compuesta por el P. Ribera*, citação tirada de José Luis Astigarraga, "Escolias del P. Jerónimo Gracián a la Vida de Santa Teresa compuesta por el P. Ribera", *Ephemerides*

*Carmeliticae*, no. 32 (1981–82): 350. Tradução de Ana Garriga e Carmen Urbita por Débora Landsberg.

8. Citação tirada de Barbara Mujica, *Women Religious and Epistolary Exchange in the Carmelite Reform. The Disciples of Teresa de Avila* (Amsterdam University Press, 2020), 82.
9. Carta de Teresa de Jesus para Jerónimo Gracián, 4 de outubro de 1579, *Epistolario,* organização de Teófanes Egido and Luis Rodríguez Martínez (Espiritualidad,1984), 643. Tradução de Ana Garriga e Carmen Urbita por Débora Landsberg.
10. Teresa de Jesus, *The Book of the Foundations*, tradução de Rev. John Dalton (T. Jones, 1853), c. XXV, 154.
11. Carta de Teresa de Jesus a Jerónimo Gracián, 4 de outubro de 1579, *Epistolario*, 643. Tradução de Ana Garriga e Carmen Urbita por Débora Landsberg.
12. Ibid., 15 de abril de 1578, *The Collected Letters of Saint Teresa of Avila*, tradução de Kieran Kavanaugh, vol. 2. (ICS Publications, 2007), 51.
13. Carta de Teresa de Jesus a María de San José, 8 de novembro de 1581, *The Collected Letters of Saint Teresa of Avila*, vol. 2, 471.
14. Ibid., 9 de janeiro de 1577, *Epistolario*, 390. Tradução de Ana Garriga e Carmen Urbita por Débora Landsberg.
15. "Lindsay Lohan's Infamous 2006 'Fire Crotch' Incident," YouTube, January 17 de janeiro de 2024. Disponível em: https://www.youtube.com /watch?v=-Cp7tk-_4Sl0.
16. Emily Kirkpatrick, "Paris Hilton Says She and Lindsay Lohan Finally Ended Their Feud Because 'They're Not in Highschool'", 27 de janeiro de 2022. Disponível em: https://www.vanityfair.com/style/2022 /01/paris-hilton--lindsay-lohan-feud-over-friendship-watch-what-happenslive?srsltid=AfmBOopPVBuUHM5uZuqYvFPnCmwAxuXurcVGfAESqwk688U85DZnYcv.
17. Carta de Teresa de Jesus a María de San José, 28 de março de 1578, *Epistolario*, 507.
18. Ibid., 19 de novembro de 1576, 340.
19. Carta de Teresa de Jesus a Luisa de la Cerda, 27 de maio de 1568, *The Collected Letters of Saint Teresa of Avila*, 48.
20. Carta de Teresa de Jesus a María de San José, 7 de setembro de 1576, *The Collected Letters of Saint Teresa of Avila*, vol. 1, 383.
21. Ibid., 11 de julho de 1577 e 7 de setembro de 1576, *Epistolario*, 452, 275.
22. Ibid., 10 de dezembro de 1577, *The Collected Letters of Saint Teresa of Avila*, 712.
23. Ibid., 14 de julho de 1582, vol. 2, 559.
24. Carta de Teresa de Jesus a María de San José, 2 de julho de 1576. *The Letters of Saint Teresa.* Edição completa traduzida do espanhol para o inglês e anotada pelas beneditinas de Santbrook, com introdução do cardeal Gasquet, vol. 2, 1921, 2.

25. María de San José, *A Wild Country Out in the Garden. The Spiritual Journals of a Colonial Mexican Nun*, seleção, organização e tradução de Kathleen A. Myers e Amanda Powell (Indiana University Press, 1999), 14.
26. Maria Stanchieri, "The Dark Side of Minimalism", *NSS Magazine*, 25 de outubro de 2022. Disponível em: https://www.nssmag.com/en/fashion/31236/nun-core-dark-minimalism.
27. Teresa de Jesus, *The Life of Teresa of Jesus*, tradução e organização de E. Allison Peers (Random House, 1960), 53. [Santa Teresa d'Ávila, *Livro da vida*, tradução de Marcelo Musa Cavallari (Penguin-Companhia, 2010).]
28. Ibid., 55.
29. Ibid., 187.
30. Ibid., 190.
31. Carta de Teresa de Jesus a Jerónimo Gracián, dezembro de 1576, *Epistolario*, 377.
32. Carta de Teresa de Jesus a María de San José, 15 de junho de 1576, *The Collected Letters of Saint Teresa of Avila*, vol. 1, 346.
33. Carta de Teresa de Jesus à Madre María Bautista, 29 de abril de 1576, *Epistolario*, 237.
34. María de la Encarnación, citação tirada de *Proceso de canonización y beatificación de Santa Teresa de Jesús*, organização de Silverio de Santa Teresa, vol. 1, Biblioteca Mística Carmelitana 18–20 (El Monte Carmelo, 1935), 329. Tradução de Ana Garriga e Carmen Urbita por Débora Landsberg.
35. Teresa de Jesus, *The Book of the Foundations*, c. XXIII, 146.
36. Carta de Teresa de Jesus a María de San José, 2 de julho de 1576, *The Collected Letters of Saint Teresa of Avila*, vol. 1, 355.
37. Ibid., 3 de janeiro de 1577, *Epistolario*, 385.
38. Ibid., 9 de setembro de 1576 e 7 de setembro de 1576, *The Collected Letters of Saint Teresa of Avila*, vol. 1, 421, 411.
39. Ibid., 11 de julho de 1577, 726.
40. Francisco de Santa María, *Reforma de los Descalzos de Nuestra Señora del Carmen de la primitiva observancia hecha por Santa Teresa de Jesús*, 2 vols. (Madri: Diego Díaz de la Carrera, 1644), livro IV, c. 30, n. 2. Tradução de Ana Garriga e Carmen Urbita por Débora Landsberg.
41. Carta de Teresa de Jesus a María de San José, 11 de julho de 1576, *Epistolario*, 260.
42. *The Interior Castle or the Mansions Translated from the Autograph of Saint Teresa of Jesus by the Benedictines of Stanbrook* (Thomas Baker, 1921), 37. [Santa Teresa de Ávila, *Castelo interior ou moradas*, tradução pelas Carmelitas Descalças do Convento de Santa Teresa do Rio de Janeiro (Vozes, 2024).]
43. Carta de Teresa de Jesus para María de San José, 17 de março de 1582, *The Colleted Letter of Saint Teresa of Avila*, 522.
44. Ibid., 4 de julho de 1580, *Epistolario*, 711.

45. María de San José, "Carta de una pobre presa descalza", *Humor y espiritualidad en la escuela teresiana primitiva: Santa Teresa de Jesús, Jerónimo Gracián, Ana de Jesús, María de San José* (El Monte Carmelo, 1966), 351. Tradução de Ana Garriga e Carmen Urbita por Débora Landsberg.
46. Ana de San Bartolomé, *Obras completas de la Beata Ana de San Bartolomé*, vol. 1, organização de Julen Urkiza (Teresianum, 1981), 598. Tradução de Ana Garriga e Carmen Urbita por Débora Landsberg.

## Trabalho

1. María de San José, *A Wild Country Out in the Garden: The Spiritual Journals of a Colonial Mexican Nun*, seleção, organização e tradução de Kathleen A. Myers e Amanda Powell (Indiana University Press, 1999), 54–55.
2. Ibid., 7.
3. Ibid.
4. Ibid., 8.
5. Ibid.
6. Carta de Teresa de Jesus a Dionisio Ruiz de la Peña, 4 de junho de 1582, *Epistolario*, organização de Teófanes Egido e Luis Rodríguez Martínez (Espiritualidad, 1984), 880. Tradução de Ana Garriga e Carmen Urbita por Débora Landsberg.
7. Carta de Teresa de Jesus a María de San José, 19 de desembro de 1577, *Epistolario*, 480.
8. Úrsula Suarez, *Relación autobiográfica de una monja venerable*, (Biblioteca Nacional, 1984), 230. Tradução de Ana Garriga e Carmen Urbita por Débora Landsberg.
9. María de San José, *A Wild Country Out in the Garden*, 37.
10. Ibid., 3.
11. Prefácio de Manuel Fernández de Santa Cruz a *Carta atenagórica*, citação tirada de Herón Pérez Martínez, *Estudios sorjuanianos* (El Colegio de Michoacán, 2015), 137. Tradução de Ana Garriga e Carmen Urbita por Débora Landsberg.
12. Sor Juana Inés de la Cruz, *The Answer*, segunda edição crítica e tradução de Electa Arenal e Amanda Powell (The Feminist Press, 2009), 39.
13. Ibid., 83.
14. Ibid., 45.
15. Ibid., 93.
16. Ibid., 103–102.
17. Sor Juana Inés de la Cruz, *Letter from Monterrey*, Antonio Alatorre, "La Carta de sor Juana al P. Núñez (1682)", *Nueva Revista de Filología Hispánica* 35, núm. 2 (1987a): 591–673, 625. Tradução de Ana Garriga e Carmen Urbita por Débora Landsberg.
18. Ibid., 591–673, 624.

19. Sor Juana Inés de la Cruz, "Documentos en el Libro de Profesiones del Convento de San Jerónimo", Documento 413 em *Obras completas*, organização de Alfonso Méndez-Plancarte and Alberto Salceda, vol. 4 (Fondo de Cultura Económica, 1975), 523. Tradução de Ana Garriga e Carmen Urbita por Débora Landsberg.
20. Teresa de Jesus, *The Life of Teresa of Jesus*, tradução e organização de E. Allison Peers (Random House, 1960), 60.
21. María de San José, *Libro de las recreaciones. Humor y espiritualidad en la escuela teresiana primitiva: Santa Teresa de Jesús, Jerónimo Gracián, Ana de Jesús, María de San José* (El Monte Carmelo, 1966), 314. Tradução de Ana Garriga e Carmen Urbita por Débora Landsberg.
22. Teresa de Jesus, *Constitutions. Obras completas*, organização de Efrén de la Madre de Dios e Otgger Steggnik (Biblioteca de Autores Cristianos, 2012), 832, 829. Tradução de Ana Garriga e Carmen Urbita por Débora Landsberg.
23. María de San José, *Ramillete de mirra. Resumptas de la Historia de la Fundación de los descalzos y descalzas carmelitas que fundo Santa Theresa de Jesús, nuestra madre. Año de 1562 el primer convento de monjas; y el primer de frayles año de 1577. Cuéntanse algunos trabajos que se pasaron en algunas fundaciones de frayles y monjas*, BNE, ms. 2176: ff. 45–45v. Tradução de Ana Garriga e Carmen Urbita por Débora Landsberg.
24. Ibid., "Carta de una pobre presa descalza", *Humor y espiritualidad en la escuela teresiana primitiva: Santa Teresa de Jesús, Jerónimo Gracián, Ana de Jesús, María de San José* (El Monte Carmelo, 1966), 356, 359. Tradução de Ana Garriga e Carmen Urbita por Débora Landsberg.
25. Carta de Ana de Jesús a Francisca de las Llagas, 28 de setembro de 1611, citação tirada de Ildefonso Moriones, *Ana de Jesús (1545–1621). Beata* (Ediciones El Carmen, 2021), 287. Tradução de Ana Garriga e Carmen Urbita por Débora Landsberg.
26. María de San José Salazar, *Book for the Hour of Recreation*, introdução e notas de Allison Weber, trad. Amanda Powell (University of Chicago Press, 2002), 33.

## Corpo

1. Giovanni Maria Crivelli, em Rudolph M. Bell, *Holy Anorexia* (University of Chicago Press, 1985), 77.
2. Citação tirada de Bell, *Holy Anorexia*, 27–28.
3. Giovanni Maria Crivelli, em Bell, *Holy Anorexia*, 28.
4. Kate Moss disse essa frase memorável em uma entrevista a *Women's Wear Daily* em 2009.
5. Filippo Maria Salvatori, *The Life of Saint Veronica Giuliani, Capuchin Nun* (R. Washbourne, 1874), 65.
6. Bell, *Holy Anorexia*, quarta capa.

7. Antonio Daza, *Historia, vida y milagros, extasis y reuelaciones de la bienauenturada virgen Sor Iuana de la Cruz de la Tercera Orden de . . . san Francisco* Madri: por Luis Sánchez, 1613, ff. 5v–6r. Tradução de Ana Garriga e Carmen Urbita por Débora Landsberg.
8. Inocencio García Andrés (org.), *El Conhorte: Sermones de una mujer santa* (Universidad Pontificia de Salamanca y Fundación Universitaria Española, 1999), 343. Tradução de Ana Garriga e Carmen Urbita por Débora Landsberg.
9. Ibid., 372.
10. Ibid., 405.
11. Ibid., 1200.
12. Ibid., 1299–1300.
13. *Vida manuscrita* de Juana de la Cruz, ff. 46r–46v, organização de María Luengo Balbás y Fructuoso Atencia Requena. Disponível em: https://catalogodesantasvivas.visionarias.es/index.php/Juana_de_la_Cruz#Vida_manuscrita_.281.29.
14. Silverio de Santa Teresa, *Procesos de canonización y beatificación de Santa Teresa de Jesús*, organização de Silverio de Santa Teresa, vol. 2, Biblioteca Mística Carmelitana 18–20 (El Monte Carmelo, 1935), 464. Tradução de Ana Garriga e Carmen Urbita por Débora Landsberg.
15. Bernardino Ramazzini, "De Virginum Vestalium Valetudine Tuenda Dissertatio (A Dissertation on the Care of the Health of Nuns)", *Journal of Occupational Medicine* 7, n. 10 (Outubro 1965), 519.
16. Teresa de Jesus, *Libro de la vida. Obras completas*, organização de Efrén de la Madre de Dios e Otgger Steggnik (Biblioteca de Autores Cristianos, 2012), 108–109. Tradução de Ana Garriga e Carmen Urbita por Débora Landsberg.
17. José Jiménez Samaniego, *Relación de la vida de la Venerable Madre Sor Maria de Jesus, escritora destos libros*, Valencia: por Juan de Baeza, 1695, f. 31. Tradução de Ana Garriga e Carmen Urbita por Débora Landsberg.
18. Citação tirada de Carlos Eire, *They Flew. A History of the Impossible* (Yale University Press, 2023), 205.

## Amor

1. *A Sor Juana Anthology*, tradução de Alan S. Trueblood (Harvard University Press, 1988), 39.
2. Citação tirada de Hortensia Calvo y Beatriz Colombí, *Cartas de Lysi. La mecenas de Sor Juana Inés de la Cruz en correspondencia inédita* (Iberoamericana/Vervuert, 2015), 177–78. Tradução de Ana Garriga e Carmen Urbita por Débora Landsberg.
3. Sor Juana Inés de la Cruz. *Obras completas de Sor Juana Inés de la Cruz I. Lírica personal*, organização de Antonio Alatorre (Fondo de Cultura Económica, 2009), 82. Tradução de Ana Garriga e Carmen Urbita por Débora Landsberg.
4. Ibid., 70.

5. *A Sor Juana Anthology*, tradução de Trueblood, 51.
6. *Constituciones* de Santa Teresa, *Obras completas*, organização de Efrén de la Madre de Dios y Otgger Steggnik (Biblioteca de Autores Cristianos, 2012), 821, 829–30. Tradução de Ana Garriga e Carmen Urbita por Débora Landsberg.
7. Bernardino de Villegas, *La esposa de Cristo, instruida con la vida de Santa Lutgarda virgen, monja de San Bernardo*, Murcia: Juan Fernández de Fuentes, 1635, fol. 232. Tradução de Ana Garriga e Carmen Urbita por Débora Landsberg.
8. Ibid.
9. Ibid., fol. 233.
10. Ibid.
11. Ibid.
12. Ibid., fol. 234.
13. Ibid.
14. Ibid.
15. Sor Juana Inés de la Cruz, *Obras completas*, 426.
16. *A Sor Juana Anthology*, tradução de Trueblood, 79.
17. Federico Garza Carvajal, *Las cañitas: un proceso por lesbianismo a principios del XVII* (Simancas, 2012), 111.
18. Ibid., 111–12.
19. Ibid., 110.
20. Ibid.
21. Ibid., 113.
22. Judith C. Brown, *Immodest Acts. The Life of a Lesbian Nun in Renaissance Italy* (Oxford University Press, 1996), 162.
23. Concepción Torres, *Ana de Jesús. Cartas (1590–1621). Religiosidad y vida cotidiana en la clausura femenina del Siglo de Oro* (Ediciones Universidad de Salamanca, 1995), 65. Tradução de Ana Garriga e Carmen Urbita por Débora Landsberg.
24. Teresa de Jesus, *The Way of Perfection. Obras completas*, organização de Efrén de la Madre de Dios y Otgger Steggnik (Biblioteca de Autores Cristianos, 2012), 254. Tradução de Ana Garriga e Carmen Urbita por Débora Landsberg.
25. Torres, *Ana de Jesús. Cartas (1590–1621)*, 68. [Teresa de Ávila, *Caminho de perfeição* (Vozes, 2024).]
26. Ibid., 81.
27. Ángel Manrique, *Vida de la venerable madre Ana de Jesús*, Bruxelas: en casa de Lucas de Meerbeeck, 1632. Tradução de Ana Garriga e Carmen Urbita por Débora Landsberg.

## Dinheiro

1. Carta de Teresa de Jesus a Lorenzo de Cepeda, 17 de janeiro de 1570, *Epistolario*, organização de Teófanes Egido e Luis Rodríguez Martínez (Espiritualidad, 1984), 107. Tradução de Ana Garriga e Carmen Urbita por Débora Landsberg.
2. Ibid., 105.
3. Carta de Teresa de Jesus a María de San José, 19 de novembro de 1576, *The Collected Letters of Saint Teresa of Avila*, tradução de Kieran Kavanaugh, vol. 2 (ICS Publications, 2007), 533.
4. Carta de Teresa de Jesus a María Bautista, 9 de junho de 1579, *Epistolario*, 615.
5. Carta de Teresa de Jesus a María de San José, 8–9 de fevereiro de 1580, *The Collected Letters of Saint Teresa of Avila*, 281.
6. Ibid., 5 de outubro de 1576, *Epistolario*, 297.
7. Carta de Teresa de Jesus a Jerónimo Gracián, 1º de setembro de 1582, *Epistolario*, organização de Teófanes Egido e Luis Rodríguez Martínez (Espiritualidad, 1984), 903. Tradução de Ana Garriga e Carmen Urbita por Débora Landsberg.
8. Ibid.
9. Ibid., 904.
10. Ibid., *The Collected Letters of Saint Teresa of Avila*, 580.
11. Ibid., *Epistolario*, 903–904. Tradução de Ana Garriga e Carmen Urbita por Débora Landsberg.
12. Ibid.
13. Ibid., 580.
14. Carta de Teresa de Jesus a Lorenzo de Cepeda, 17 de janeiro de 1577, *The Collected Letters of Saint Teresa of Avila*, 631.
15. Sor Juana Inés de la Cruz, *Obras completas de Sor Juana Inés de la Cruz I. Lírica personal*, organização de Antonio Alatorre (Fondo de Cultura Económica, 2009), 15. Tradução de Ana Garriga e Carmen Urbita por Débora Landsberg.
16. Ibid., 31.
17. Citado por M. Herrero García, "Tríptico madrileño. La Plaza Mayor de Madrid, los vecinos de la Plaza Mayor y la entrada de María Luisa de Orleans", *Revista de la biblioteca, archivo y museo*, 67 (1954), 140. Tradução de Ana Garriga e Carmen Urbita por Débora Landsberg.
18. Almudena Pérez de Tudela, "Crear, coleccionar, mostrar e intercambiar objetos: una perspectiva general de las fuentes de archivo relacionadas con las pertenencias personales de la infanta Isabel", *Isabel Clara Eugenia: soberanía femenina en las cortes de Madrid y Bruselas*, coordenado por Cordula van Wyhe, 2011, 60–87. 74. Tradução de Ana Garriga e Carmen Urbita por Débora Landsberg.

19. Juan de Palma, *Vida de la Serenissima Infanta Sor Margarita de la Cruz, religiosa descalza de Santa Clara*, Sevilla: por Nicolás Rodríguez de Abrego, 1653, f. 224. Tradução de Ana Garriga e Carmen Urbita por Débora Landsberg.
20. Ibid., f. 1333.
21. Begoña Álvarez Seijo, "En-Clave de género. Las mujeres fuertes del Antiguo Testamento en la Capilla de la Virgen de Guadalupe de las Descalzas Reales", *Anuario del Departamento de Historia y Teoría del Arte* 29–30 (2017–2018), 143–67, 150, n. 52. Tradução de Ana Garriga e Carmen Urbita por Débora Landsberg.
22. Regina Sanchez e Ivonne Smith, "Entrepreneurship and Faith: What a 12th-Century Nun Has to Say to 21st-Century Entrepreneurs", *Journal of Biblical Integration in Business* 16, n. 1 (2013), 49–64.
23. Arcangela Tarabotti, Francesca Medioli, *L' "Inferno monacale" di Arcangela Tarabotti* (Rosemberg & Sellier, 1990), 43. Tradução de Ana Garriga e Carmen Urbita por Débora Landsberg.
24. Citado por Isabella Campagnol, *Forbidden Fashions: Invisible Luxuries in Early Venetian Convents* (Texas Tech University Press, 2014), 41–42.
25. Ibid., 65.
26. Ibid., 112.
27. Ibid.
28. Ibid.

## Alma

1. Citação tirada de *El libro de la oración de María de Santo Domingo*, edição e introdução de Rebeca Sanmartín Bastida e María Victoria Curto Hernández (Iberoamericana/Vervuert, 2019), 46–47.
2. Margery Kempe, *The Book of Margery Kempe*, organização de PRH Christian Publishing, (PRH Christian Publishing, 2011), 211.
3. Citação tirada de *El libro de la oración de María de Santo Domingo*, 47.
4. Rebecca Reid, "Sadfishing: Using Your Sadness to Get Comments and Shares Is Making Misery Profitable", *Metro*, 21 de janeiro de 2019. Disponível em: https://metro.co.uk/2019/01/21/sadfishing-social-media-trend-making-misery-profitabl-8367931/.
5. Teresa de Jesus, *The Interior Castle or the Mansions Translated from the Autograph of Saint Teresa of Jesus by the Benedictines of Stanbrook* (Thomas Baker, 1921), 210.
6. Ibid.
7. Teresa de Jesus, *Las moradas. Obras completas*, organização de Efrén de la Madre de Dios y Otgger Steggnik (Biblioteca de Autores Cristianos, 2012), 545.
8. Heather Christle, *The Crying Book* (Catapult Books, 2019), 3.

9. Citação tirada de Rebeca Sanmartín Bastida, "Dame de aquellos arroyos de lágrimas: la performance del llano en una visionaria castellana de finales del medievo", *Poética das Lágrimas. Olhares Cruzados Sobre Textos e Contextos Femininos*, coordenação de Isabel Morujão e Geise Teixera (CITCEM, 2023), 91–106, 98. Tradução de Ana Garriga e Carmen Urbita por Débora Landsberg.
10. Catarina de Siena, *The Dialogue of the Seraphic Virgin Catherine of Siena*, tradução do original italiano para o inglês de Algar Thorold (Kegan Paul, Trench, Trübner & Co., 1896), 179.
11. Catarina de Siena, *Obras de Catalina de Siena*, edição preparada por José Salvador y Conde (Biblioteca de Autores Cristianos, 1996), 25. Tradução de Ana Garriga e Carmen Urbita por Débora Landsberg.
12. Raimondo da Capua, *Vita miracolosa della seráfica Santa Caterina da Siena* (Bernardo Giunti, 1608), 102. Tradução de Ana Garriga e Carmen Urbita por Débora Landsberg.
13. Catarina de Siena, *The Dialogue of the Seraphic Virgin Catherine of Siena*, 179.
14. Ibid., 179–80.
15. Ibid., 180.
16. Ibid.
17. Ibid.
18. Teresa de Jesus, *Camino de perfección. Obras completas*, organização de Efrén de la Madre de Dios y Otgger Steggnik (Biblioteca de Autores Cristianos, 2012), 295. Tradução de Ana Garriga e Carmen Urbita por Débora Landsberg.
19. Catarina de Siena, *The Dialogue*, 180.
20. Ibid., 190.
21. Jean Bodin, *De la démonomanie des sorciers* (Paris: Iaques du Puys, 1580), 224.
22. Jeanne des Anges, *Autobiographie d'une hystérique possedée, d'après le manuscrit inédit de la bibliothèque de Tours*, edição comentada e publicada pelos doutores Gabriel Legue e Gilles de la Tourette (Paris: Aux Bureaux du Progrès Médical, 1886), 54. Tradução de Ana Garriga e Carmen Urbita por Débora Landsberg.
23. Bodin, *De la démonomanie des sorciers*, 76.
24. Jeanne des Anges, *Autobiographie d'une hystérique possedée*, 86–87.
25. Jeanne des Anges, *Soeur Jeanne des Anges, supérieure du couvent des Ursulines de Loudun: Autobiographie*, 1644. Préface, JM. Charcot, texto comentado e publicado por Gabriel Legué e Georges Gilles de la Tourette (Editions Jérome Millon, 1990), 30.
26. Jeanne des Anges, *Autobiographie d'une hystérique possedée*, 59.
27. Ibid., 130.
28. Ibid., 146.

29. Ibid., 73.
30. José Gómez de la Parra, *Fundación y primero siglo. Crónica del primer convento de carmelitas de Puebla*, Puebla: pela viúva de Miguel Ortega, 1732, f. 399. Tradução de Ana Garriga e Carmen Urbita por Débora Landsberg.
31. Ibid.
32. Ibid., f. 389.
33. Ibid., f. 177.
34. Ibid., f. 397.
35. Ibid., f. 386.
36. Ibid., f. 396.
37. Ibid., f. 362.
38. Ibid., f. 394.

## Fama

1. *Cartas de algunos padres de la Compañía de Jesús sobre los sucesos de la monarquía, entre los años 1634 y 1648*, tomo I, imp. Nacional, 1861, 326. Tradução de Ana Garriga e Carmen Urbita por Débora Landsberg.
2. Fray Pedro de Balbas, *Memorial informativo en defensa de Sor Luisa de la Ascensión, monja profesa de Santa Clara de Carrión*, Madrid: por Diego Díaz de la Carrera, 1643, f. 91. Tradução de Ana Garriga e Carmen Urbita por Débora Landsberg.
3. Patrocinio García Barriuso, *La monja de Carrión: Sor Luisa de la Ascensión Colmenares Cabezón (aportación documental para una biografía)*, imp. Monte Casino, 1986, 276. Tradução de Ana Garriga e Carmen Urbita por Débora Landsberg.
4. Fray Pedro de Balbas, *Memorial informativo en defensa de Sor Luisa de la Ascensión*, f. 27.
5. Ibid., f. 26.
6. Ibid., f. 27v.
7. Ibid., f. 27.
8. Ibid., f. 26.
9. Patrocinio García Barriuso, *La monja de Carrión*, 271.
10. *Firmas de los miembros de los conventos y monastérios pertenecientes a la Hermandad de la Purísima Concepción*, MSS/8540 (Biblioteca Nacional de España). Tradução de Ana Garriga e Carmen Urbita por Débora Landsberg.
11. Patrocinio García Barriuso, *La monja de Carrión*, 298, 313, 315.
12. Sor Ana de Cristo, *Historia de nuestra santa madre Jerónima de la Asunción 1623–29*, Archivo del Monasterio de Santa Isabel de los Reyes (AMSIRT), Toledo, transcrição de Sarah E. Owens. Tradução de Ana Garriga e Carmen Urbita por Débora Landsberg.
13. Ibid.

14. Ibid.
15. Antonio Daza, *Historia, vida, y milagros, éxtasis y revelaciones de la bienaventurada Virgen Santa Juana de la Cruz*, Madrid: Luis Sánchez, 1610, ff. 51–52. Tradução de Ana Garriga e Carmen Urbita por Débora Landsberg.
16. Fray Ginés de Quesada, *Ejemplo de todas las virtudes y vida milagrosa de la venerable madre Jerónima de la Asunción: abadesa y fundadora del convento de la Concepción de la Virgen Nuestra Señora de Monjas Descalzas de Nuestra Madre de Santa Clara, de la ciudad de Manila.* México: pela viúva de Miguel de Ribera, v 58. Tradução de Ana Garriga e Carmen Urbita por Débora Landsberg.
17. Ibid., 545.
18. Ibid., 315.
19. María Jesús de Ágreda, "Relación autobiográfica (incompleta)", *Nueva edición de la Mística Ciudad de Dios*, vol. V, organização de Eduardo Royo. Herederos de Juan Gil editores, 1914, 52. Tradução de Ana Garriga e Carmen Urbita por Débora Landsberg.
20. Lindsay Lohan no programa de Jenny McCarthy na rádio SiriusXM (janeiro, 2019).
21. Citação tirada de Beatriz Ferrús Antón, *La monja de Ágreda. Historia y leyenda de la dama azul en Norteamérica* (PUV, 2008), 83. Tradução de Ana Garriga e Carmen Urbita por Débora Landsberg.
22. Francisco Palóu, *Relación histórica de la vida y apostólicas tareas del venerable padre fray Junipero Serra*... Imp. de dom Felipe de Zúñiga y Ontiveros, 1787, 334, 337. Tradução de Ana Garriga e Carmen Urbita por Débora Landsberg.
23. María Jesús de Ágreda, *Mística ciudad de Dios*, t. I, imp. de Pablo Riera, 1860, 207. Tradução de Ana Garriga e Carmen Urbita por Débora Landsberg.
24. María Jesús de Ágreda, *Tratado de la redondez de la tierra*, organização de Judith Farré Vidal y Beatriz Ferrús (University of North Carolina Press, 2023), 110. Tradução de Ana Garriga e Carmen Urbita por Débora Landsberg.

## Epílogo

1. Eve Fairbanks, "Behold the Millennial Nuns", HuffPost, 11 de julho de 2019. Disponível em: https://www.huffpost.com/highline/article/millennial-nuns/.
2. Sor Ana de Cristo, *Historia de nuestra santa madre Jerónima de la Asunción 1623–29*, Archivo del Monasterio de Santa Isabel de los Reyes (AMSIRT), Toledo, transcrição de Sarah E. Owens. Tradução de Ana Garriga e Carmen Urbita por Débora Landsberg.

# Bibliografia selecionada


Ahlgren, Gillian T. *Teresa of Avila and the Politics of Sanctity*. Cornell University Press, 1996.

Alabrús, Rosa María e Ricardo García Cárcel. *Teresa de Jesús. La Construcción de la santidad femenina*. Cátedra, 2015.

Alatorre, Antonio. "La Carta de sor Juana al P. Núñez (1682)". *Nueva Revista de Filología Hispánica* 35, núm. 2 (1987a): 591–673.

Álvarez Seijo, Begoña. "En-Clave de género. Las mujeres fuertes del Antiguo Testamento en la Capilla de la Virgen de Guadalupe de las Descalzas Reales". *Anuario del Departamento de Historia y Teoría del Arte* 29–30 (2017–2018): pp. 143–67.

Álvarez Vázquez, José Antonio. *Trabajos, dineros y negocios. Teresa de Jesús y la economía del siglo XVI (1562–1582)*. Trotta, 2000.

Ana de San Bartolomé. *Obras completas de la Beata Ana de San Bartolomé*. Organização de Julen Urkiza. Instituto Historicum Teresianum, 1981.

Arenal, Electa e Stacey Schlau. *Untold Sisters. Hispanic Nuns in Their Own Works*. 2ª ed. University of New Mexico Press, 2010.

Astigarraga, José Luis. "Escolias del P. Jerónimo Gracián a la *Vida* de Santa Teresa compuesta por el P. Ribera". *Ephemerides Carmeliticae*, n. 32 (1981–82): 343–430.

Balbas, Fray Pedro de. *Memorial informativo en defensa de Sor Luisa de la Ascensión, monja profesa de Santa Clara de Carrión*. Madrid: por Diego Díaz de la Carrera, 1643.

Belchior de Santa Ana. *Chronica de carmelitas descalços, particular do reyno do Portugal e provincia de Sam Felippe*. Lisboa: Henrique Valente de Oliueira, 1675.

Bell, Rudolph. *Holy Anorexia*. University of Chicago Press, 1985.

Bodin, Jean. *De la démonomanie des sorciers*. Paris: Jaques du Puys, 1580.

Bristol, Joan C. "'Although I am black, I am beautiful': Juana Esperanza de San Alberto, Black Carmelite of Puebla". *Gender, Race, and Religion in the Colonization of the Americas*. Organização de Nora E. Jaffary. Routledge, 2007.

Brown, Judith C. *Immodest Acts. The Life of a Lesbian Nun in Renaissance Italy*. Oxford University Press, 1996.

Bynum, Caroline Walker. *Holy Fast and Holy Feast. The Religious Significance of Food to Medieval Women*. University of California Press, 1988.

______. *Fragmentation and Redemption. Essays on Gender and the Human Body in Medieval Religion*. Zone Books, 1992.

Calvo, Hortensia e Beatriz Colombí. *Cartas de Lysi. La mecenas de Sor Juana Inés de la Cruz en correspondencia inédita*. Iberoamericana/Vervuert, 2015.

Campagnol, Isabella. *Forbidden Fashions. Invisible Luxuries in Early Modern Venetian Convents*. Texas Tech University Press, 2014.

Carrera, Elena. "Soledad, enfermedad y discapacidad en España y América, 1530–1680: Vigencia actual de los testimonios de una veinteañera y cuarentona inquieta (Teresa de Ávila), una viuda cincuentona (Marina Navas) y una esclava negra setentona (Esperanza)." *Studia Aurea* 18 (2024): 121–42.

*Cartas de algunos padres de la Compañía de Jesús sobre los sucesos de la monarquía, entre los años 1634 y 1648*. Tomo I. Imprenta Nacional, 1861.

Catherine of Siena. *The Dialogue of the Seraphic Virgin Catherine of Siena*. Tradução do original italiano para o inglês de Algar Thorold. Kegan Paul, Trench, Trübner & Co., 1896.

______. *Obras de Catalina de Siena*. Organização de José Salvador y Conde. Biblioteca de Autores Cristianos, 1996.

Christle, Heather. *The Crying Book*. Catapult Books, 2019.

Crowther, Kathleen. "The Virgin and the Globe: The Cosmography of Sor María de Ágreda". *Early Modern Women: An Interdisciplinary Journal*15, n. 2 (2021): 29–56.

Daza, Antonio. *Historia, vida y milagros, extasis y revelaciones de la bienaventurada virgen Sor Juana de la Cruz de la Tercera Orden de . . . san Francisco*. Madrid: por Luis Sánchez, 1613.

Egido, Teófanes. "The Economic Concerns of Madre Teresa". *Carmelite Studies* 4 (1987): 151–72.

Eire, Carlos N. M. *They Flew. A History of the Impossible*. Yale University Press, 2023.

Enrigue, Álvaro. *Valiente clase media. Dinero, letras y cursilería*. Anagrama, 2013.

Eugenides, Jeffrey. *A trama do casamento*. Tradução de Caetano W. Galindo. Companhia das Letras, 2012.

Ferrús Antón, Beatriz. *La monja de Ágreda. Historia y leyenda de la dama azul en Norteamérica*. PUV, 2008.

*Firmas de los miembros de los conventos y monasterios pertenecientes a la Hermandad de la Purísima Concepción*. MSS/8540. Biblioteca Nacional de España.

García Barriuso, Patrocinio. *La monja de Carrión: Sor Luisa de la Ascensión Colmenares Cabezón (aportación documental para una biografía)*. Imp. Monte Casino, 1986.

García Andrés, Inocencio, ed. *El Conhorte: Sermones de una mujer santa*. Universidad Pontificia de Salamanca y Fundación Universitaria Española, 1999.

Garza Carvajal, Federico. *Las cañitas: Un proceso por lesbianismo a principios del XVII*. Simancas, 2012.

Gómez De La Parra, José. *Fundación y primero siglo. Crónica del primer convento de carmelitas de Puebla*. Puebla: por la viuda de Miguel Ortega, 1732.

Herrero García, Miguel Herrero. "Tríptico madrileño. La Plaza Mayor de Madrid, los vecinos de la Plaza Mayor y la entrada de María Luisa de Orleans". *Revista de la biblioteca, archivo y museo*, n. 67 (1954): 131–87.

Jeanne des Anges. *Autobiographie d'une hystérique possedée, d'après le manuscrit inédit de la bibliothèque de Tours*. Annoté et publié par les docteurs Gabriel Legue et Gilles de la Tourette. Paris: Aux Bureaux du Progrès Médical, 1886.

______. *Soeur Jeanne des Anges, supérieure du couvent des Ursulines de Loudun: Autobiographie*, 1644. Prefácio por JM. Charcot, texto comentado e publicado por Gabriel Legué e Georges Gilles de la Tourette. Editions Jérome Millon, 1990.

Jiménez Samaniego, José. *Relación de la vida de la Venerable Madre Sor Maria de Jesus, escritora destos libros*. Valencia: por Juan de Baeza, 1695.

Juana de la Cruz. *Vida manuscrita*. Organização de María Luengo Balbás y Fructuoso Atencia Requena. https://catalogodesantasvivas.visionarias.es/index.php /Juana_de_la_Cruz#Vida_manuscrita_.281.29

Kempe, Margery. *The Book of Margery Kempe*. Organização de PRH Christian Publishing, 2011.

Lavrin, Asunción. *Brides of Christ. Conventual Life in Colonial Mexico*. Stanford Univeresity Press, 2008.

Lehfeldt, Elizabeth A. *Religious Women In Golden Age Spain. The Permeable Cloister*. Routledge, 2005.

Manrique, Ángel. *Vida de la venerable madre Ana de Jesús*. Bruxelas: en casa de Lucas de Meerbeeck, 1632.

María de San José. A *Wild Country Out in the Garden. The Spiritual Journals of a Colonial Mexican Nun*. Seleção, organização e tradução para o inglês de Kathleen A. Myers e Amanda Powell. Indiana UP, 1999.

María de San José Salazar. *Book for the Hour of Recreation*. Introdução e notas de Allison Weber, tradução para o inglês de Amanda Powell. University of Chicago Press, 2002.

______. "Carta de una pobre presa descalza." *Humor y espiritualidad en la escuela teresiana primitiva: Santa Teresa de Jesús, Jerónimo Gracián, Ana de Jesús, María de San José*. El Monte Carmelo (1966): 351–62.

______. "Instrucción de novicias." *Humor y espiritualidad en la escuela teresiana primitiva: Santa Teresa de Jesús, Jerónimo Gracián, Ana de Jesús, María de San José*. El Monte Carmelo (1966): 554–635.

______. *Aviso para el gobierno de religiosas.* Organização de Juan Luis Astigarraga. Instituto Histórico Teresiano, 1977.

______. "Libro de las recreaciones." *Humor y espiritualidad en la escuela teresiana primitiva: Santa Teresa de Jesús, Jerónimo Gracián, Ana de Jesús, María de San José.* El Monte Carmelo (1966): 153–362.

______. *Resumptas de la Historia de la Fundación de los descalzos y descalzas carmelitas que fundó Santa Theresa de Jesús, nuestra madre. Año de 1562 el primer convento de monjas; y el primer de frayles año de 1577. Cuéntanse algunos trabajos que se pasaron en algunas fundaciones de frayles y monjas.* Biblioteca Nacional de España, ms. 2176.

María Jesús de Ágreda. *Mística Ciudad de Dios.* 7 vols. Imp. de Pablo Riera, 1860.

______. "Relación autobiográfica (incompleta)." *Nueva edición de la Mística Ciudad de Dios*, t. V. Organização de Eduardo Royo. Herederos de Juan Gil editores, 1914.

______. *Tratado de la redondez de la tierra.* Organização de Judith Farré Vidal e Beatriz Ferrús. University of North Carolina Press, 2023.

Stephanie Merrim. *Early Modern Women's Writings and Sor Juana Inés de la Cruz.* Vanderbilt University Press, 1999.

Maria Salvatori, Filippo. *The Life of Saint Veronica Giuliani, Capuchin Nun.* R. Washbourne, 1874.

Moriones, Ildefonso. *Ana De Jesús (1545–1621). Beata.* Ediciones El Carmen, 2021.

Mujica, Barbara. *Teresa de Ávila. Lettered Woman.* Vanderbilt University Press, 2009.

______. *Women Religious and Epistolary Exchange in the Carmelite Reform. The Disciples of Teresa of Ávila.* Amsterdam University Press, 2020.

Myers, Kathleen. *Word from New Spain. The Spiritual Autobiography of Madre María de San José (1656–1719).* Liverpool University Press, 1992.

Owens, Sarah. *Nuns Navigating the Spanish Empire.* University of New Mexico Press, 2017.

Palma, Juan de. *Vida de la Serenissima Infanta Sor Margarita de la Cruz, religiosa descalza de Santa Clara.* Sevilla: por Nicolás Rodríguez de Abrego, 1653.

Palóu, Francisco. *Relación histórica de la vida y apostólicas tareas del venerable padre fray Junipero Serra . . .* Imprenta de don Felipe de Zúñiga y Ontiveros, 1787.

Pérez De Tudela, Almudena. "Crear, coleccionar, mostrar e intercambiar objetos: una perspectiva general de las fuentes de archivo relacionadas con las pertenencias personales de la infanta Isabel". *Isabel Clara Eugenia: soberania femenina en las cortes de Madrid y Bruselas.* Coordenação de Cordula van Wyhe (2011): 60–87.

Pérez Martínez, Herón. *Estudios sorjuanianos.* El Colegio de Michoacán, 2015.

Quesada, Fray Ginés de. *Ejemplo de todas las virtudes y vida milagrosa de la venerable madre Jerónima de la Asunción: abadesa y fundadora del convento de la Concepción de la Virgen Nuestra Señora de Monjas Descalzas de Nuestra Madre de Santa Clara, de la ciudad de Manila*. México: pela viúva de Miguel de Ribera.

Raimondo da Capua. *Vita miracolosa della serafica Santa Caterina da Siena*. Presso Bernardo Giunti, 1608.

Ramazzini, Bernardino. "*De Virginum Vestalium Valetudine Tuenda Dissertatio (A Dissertation on the Care of the Health of Nuns)*". *Journal of Occupational Medicine* 7, n. 10 (outubro 1965): 516–20. Transcrição de A. Meiklejohn e A.P. Curran.

Ramírez Santacruz, Francisco. *Sor Juana Inés de la Cruz. La resistencia del deseo*. Cátedra, 2019.

Sanchez, Regina; Smith, Ivone. "Entrepreneurship And Faith: What A 12th-Century Nun Has to Say to 21st-Century Entrepreneurs". *Journal of Biblical Integration in Business* 16, n. 1 (2013): 49–64.

Sanmartín Bastida, Rebeca. *La comida visionaria. Formas de alimentación en el discurso carismático femenino del siglo XVI*. Critical, Cultural and Communications Press, 2015.

______. "Juana de la Cruz's Heavenly Banquet: A Utopian Way of Thinking about Food". *Utopian Foodways: Critical Essays*. Organização de Teresa Botelho, Miguel Ramalhete Gomes e José Eduardo Reis, Porto, Universidade do Porto, 2019, pp. 221-39.

______. "'Dame aquellos arroyos de lágrimas': la performance del llanto en una visionaria castellana de finales del medievo". *Poética das lágrimas: Olhares cruzados sobre textos e contextos femininos*. Organização de Isabel Morujão e Gisela Teixeira. CITCEM, 2023, 91–106.

______ e María Victoria Curto Hernández. *El libro de la oración de María de Santo Domingo*. Iberoamericana/Vervuert, 2019.

Silverio de Santa Teresa. *Procesos de canonización y beatificación de Santa Teresa de Jesús*. 3 vols., Biblioteca Mística Carmelitana 18–20. Monte Carmelo, 1935.

Sor Ana de Cristo. *Historia de nuestra santa madre Jerónima de la Asunción* 1623–29. Archivo del Monasterio de Santa Isabel de los Reyes (AMSIRT), Toledo. Transcrição de Sarah E. Owens.

Sor Juana Inés de la Cruz. *The Answer*. Segunda edição crítica e tradução para o inglês de Electa Arenal e Amanda Powell. The Feminist Press, 2009.

______. *Obras completas*. Organização de Alfonso Méndez-Plancarte e Alberto Salceda, 4 vols. Fondo de Cultura Económica, 1975.

______. *Obras completas de Sor Juana Inés de la Cruz I. Lírica personal*. Organização de Antonio Alatorre. Fondo de Cultura Económica, 2009.

Suárez, Úrsula. *Relación autobiográfica de una monja venerable.* Organização de Mario Ferreccio Podesta. Biblioteca Nacional, 1984.

Tarabotti, Arcangela. *L'Inferno monacale di Arcangela Tarabotti.* Organização de Francesca Medioli. Rosemberg & Sellier, 1990.

Teresa de Jesús. *Epistolario.* Organização de Teófanes Egido e Luis Rodríguez Martínez. Espiritualidad, 1984.

______. *The Book of the Foundations.* Tradução para o inglês de Rev. John Dalton. T. Jones, 1853.

______. *The Collected Letters of Saint Teresa of Avila.* Tradução para o inglês de Kieran Kavanaugh, 2 vols. ICS Publications, 2007.

______. *The Interior Castle or the Mansions Translated from the Autograph of Saint Teresa of Jesus by the Benedictines of Stanbrook.* Thomas Baker, 1921.

______. *The Letters of Saint Teresa.* Edição completa traduzida do espanhol para o inglês, com notas das beneditinas de Santbrook. Com introdução do cardeal Gasquet, 2 vols. Thomas Baker, 1921.

______. *The Life of Teresa of Jesus.* Tradução para o inglês e organização de E. Allison Peers. Random House, 1960.

______. *Obras completas.* Organização de Efrén de la Madre de Dios e Otgger Steggnik. Biblioteca de Autores Cristianos, 2012.

Tiffany, Tanya. "'Little Idols': Royal Children and the Infant Jesus in the Devotional Practice of Sor Margarita de la Cruz (1567–1633)". *The Early Modern Child in Art and History.* Organização de Matthew Knox Averett. Pickering and Chatto, 2015.

Torres, Concepción. *Ana de Jesús. Cartas (1590–1621). Religiosidad y vida cotidiana en la clausura femenina del Siglo de Oro.* Ediciones Universidad de Salamanca, 1995.

Trueblood, Alan S. *A Sor Juana Anthology.* Harvard University Press, 1988.

Velasco, Sherry. *Lesbians in Early Modern Spain.* Vanderbilt University Press, 2011.

Villegas, Bernardino de. *La esposa de Cristo, instruida con la vida de Santa Lutgarda virgen, monja de San Bernardo.* Murcia: Juan Fernández de Fuentes, 1635.

Webb, Heather. "Lacrime Cordiali. Catherine of Siena on the Value of Tears." *A Companion to Catherine of Siena.* Organização de Carolyn Muessig, George Ferzoco e Beverly Mayne Kienzle. Brill, 2012.

Weber, Allison. *Teresa of Avila and the Rhetoric of Femininity.* Princeton Universty Press, 1996.

Este livro foi composto na tipografia Minion Pro,
em corpo 11,5/15,2, e impresso em papel off-white
e impresso na gráfica Plena Print.